붓다 시대의 갠지스 평원

룸비니
(네팔)
쿠시나라
콜리야
말라
비데하 & 밧지
메살리
칼라마
릭차비
파탈리푸트라
우루벨라
가야
날란다
참파
라자가하
마가다
(벵골)
캘커타
벵골 만

스스로 깨어난 자 붓다

First published in the United States under the title BUDDHA
by Karen Armstrong.
Copyright © Karen Armstrong, 2001.
Published by arrangement with Lipper Publication L.L.C.
and Viking Penguin, a division of Penguin Putnam Inc.
All rights reserved.

Korean translation copyright © 2002 by Prunsoop Publishing Co.
Korean translation rights arranged with Viking Penguin,
a division of Penguin Putnam Inc.
through Eric Yang Agency, Seoul.

이 책의 한국어판 저작권은 에릭양 에이전시를 통한 Viking Penguin 사와의 독점 계약으로
한국어 판권을 (주)도서출판 푸른숲이 소유합니다.
저작권법에 의하여 한국 내에서 보호를 받는 저작물이므로 무단 전재와 복제를 금합니다.

스스로 깨어난 자
붓다

buddha

카렌 암스트롱 | 정영목 옮김

푸른숲

■ **일러두기**

1. 일반적으로 불교의 핵심 용어는 산스크리트를 사용하고 있지만(예 : 니르바나, 다르마), 이 책에서는 저자의 뜻을 존중하여 팔리어 표현(예 : 닙바나, 담마)을 사용하였다.

2. 이 책의 각주는 모두 역자가 붙인 주석으로, 저자가 영어로 풀어서 설명한 불교의 여러 개념이나 언어들을 우리에게 익숙한 한자어로 바꾸어 표기한 것이다. 원주는 본문에 1), 2) 같은 숫자로 따로 표시하여 책의 맨 뒤에 실었다.

3. 본문에서 고딕체로 표기한 단어는 저자가 원서에서 강조한 부분을 그대로 적용한 것이다.

■ 머리말

  불교도 가운데는 싯닷타 고타마(Siddhatta Gotama)의 전기를 쓰는 것이 불교에는 어울리지 않는 일이라고 말하는 사람들이 있을지도 모른다. 그들의 관점에서 보자면 아무리 존엄한 존재라 하더라도 개인 숭배는 있을 수 없는 일이다. 불교도는 스스로 동기를 이끌어내고 자신의 노력에 의지해야지, 카리스마를 가진 지도자에게 의존해서는 안 된다는 것이다. 선불교인 임제종을 세운 9세기의 한 선사[1]는 권위적 인물들로부터 독립을 유지하는 일의 중요성을 강조하기 위해, 심지어 제자들에게 "붓다를 만나면 붓다를 죽여라!"라는 명령을 내리기도 했다. 고타마라면 이런 정서에 포함된 폭력을 인정하지 않을 것이다. 그러나 그 역시 평생에 걸쳐 개인 숭배에 대항하여 싸웠으며, 제자들의 관심이 자신에게 쏠리는 것을 끝까지 막았다. 중요한

---

1. 이 선사는 임제선사(臨濟禪師, 의현)이다.

것은 그의 가르침이지 그의 삶과 인격이 아니었다. 고타마는 스스로 존재의 가장 깊은 구조에 새겨진 하나의 진리에 눈을 떴다고 믿었다. 그것이 담마[2]였다. 이 말은 의미가 넓지만, 원래는 신, 인간, 동물에게 똑같이 적용되는 생명의 근본 법칙을 가리키는 말이었다. 고타마는 이 진리를 발견함으로써 깨달음을 얻었으며 심오한 내적 변화를 경험했다. 삶의 괴로움 한가운데서 평화와 면역을 얻은 것이다. 이렇게 해서 고타마는 붓다, 즉 '깨달은 자' 또는 '깨어난 자' 가운데 하나가 되었다. 그의 제자들 가운데 누구라도 이 방법을 따르면 똑같은 깨달음을 얻을 수 있었다. 그러나 인간 고타마를 숭배하기 시작하면, 자신의 본래 임무에는 한눈을 팔고 이런 숭배에만 의지하게 될 수도 있었다. 이런 쓸데없는 의존은 영적 진보에 방해만 될 뿐이었다.

불교 경전들은 이런 정신에 충실하기 때문에, 고타마의 삶과 인격에 대해서는 자세한 이야기를 하지 않는다. 따라서 현대적 기준에 맞는 붓다의 전기를 쓰는 것은 분명히 어려운 일이다. 역사적으로 확실하다고 여겨질 만한 정보가 거의 없기 때문이다. 불교라는 종교의 첫 번째 객관적 증거는 기원전 269~232년경에 북인도의 마우리아 왕국을 다스렸던 아소카 왕이 새긴 비문에서 찾아볼 수 있다. 그러나 아소카 왕은 붓다보다 200년

---

2. 담마 : 법(法). 팔리어 용어들에 대해서는 이 책 끝부분의 용어 해설 참조.

가량 뒷시대 사람이다. 이렇게 신뢰할 만한 사실이 부족하기 때문에 19세기 서구의 일부 학자들은 고타마가 역사적 인물이 아니라고 생각하기도 했다. 그들은 고타마가 당시 지배적인 삼캬철학을 인격화한 존재이거나 태양 숭배의 상징이라고 주장했다. 그러나 현대의 학자들은 이런 회의적인 자세에서 물러나, 불교 경전에는 대중에게 '복음적 진리'로 알려진 것이 거의 없지만, 싯닷타 고타마가 실존인물이고, 그의 제자들은 그의 삶과 가르침에 대한 기억을 최대한 보존했다는 상당한 확신을 가지게 되었다.

붓다를 알고자 할 때 우리는 엄청나게 많은 불교 경전에 의존하게 되는데, 이것들은 대부분 아시아의 여러 언어로 씌어졌을 뿐 아니라 도서관의 서고 몇 줄을 꽉 채울 정도의 양이다. 당연한 이야기이지만, 이 많은 양의 텍스트들이 씌어진 과정은 복잡하며, 그 다양한 텍스트들의 자격에 대해서도 논란이 많다. 그러나 가장 유용한 텍스트는 인도 북부의 방언인 팔리어로 씌어진 것들이라는 데 일반적인 합의가 이루어져 있다. 팔리어의 기원은 불확실하며, 고타마 자신이 사용했을 수도 있는 언어인 마가다어와 가까웠을 것이라고 짐작된다. 이 경전들은 테라바다파[3]에 속하는 스리랑카, 미얀마, 태국의 불교도들이 보존해왔다.

---

3. 테라바다파 : 소승불교(小乘佛敎)의 부파(部派) 가운데 하나인 상좌부(上座部)를 가리킨다.

그러나 인도는 아소카 시대에 이르기까지 글이 대중화되지 않았으며, 팔리어 경전도 구전되다가 기원전 1세기에 이르러서야 글로 기록되었을 것이다. 이 경전들은 어떻게 씌어졌을까?

붓다의 삶과 가르침에 대한 전승을 보존하는 과정은 기원전 483년(서구에서 전통적으로 인정되어온 연도에 따른 것이다)에 그가 죽은 직후부터 시작되었을 것이다. 이 시기의 불교 수도자들은 편력생활을 했다. 그들은 갠지스 평원의 도시들을 돌아다니며 사람들에게 깨달음을 얻어 괴로움으로부터 벗어나라는 메시지를 전했다. 그러나 돌아다니지 못하는 우기에는 여러 정착지에 모여, 교리와 관행에 대해 논의했다. 팔리어 텍스트에 따르면, 붓다가 죽은 직후 수도자들은 당시의 다양한 교리와 관행들을 평가하기 위하여 회의를 열었다. 그로부터 약 50년 뒤에도 인도 북동부 지역에는 그들의 위대한 '스승'을 기억하는 수도자들이 몇 명 남아 있었던 것으로 보인다. 다른 수도자들은 공식적으로 그들의 증언을 모으기 시작했다. 그들은 아직 이것을 기록하지는 못했지만, 그들 가운데 다수는 요가 수행을 통해 놀라울 정도로 뛰어난 기억력을 갖추고 있었기 때문에 붓다의 말씀과 교단의 자세한 규칙을 암기하는 방법들을 개발했다. 붓다 자신도 그랬을 것이라고 여겨지지만, 그들은 그의 가르침 가운데 일부를 운문으로 만들었다. 아마 실제로 노래로 부르기도 했을 것이다. 그들은 또 이 말씀을 수도자들이 쉽게 암기할 수 있도록 공식에 맞추어 반복하는 방식을 만들어내기도 했다

(글로 적힌 텍스트에도 여전히 그 흔적이 남아 있다). 그들은 설교와 규칙을 서로 구분되면서 또 간혹 겹치기도 하는 몇 개의 덩어리로 나누었고, 몇몇 수도자들에게 이런 덩어리 가운데 하나씩을 암기하여 다음 세대에게 전달하는 임무를 맡겼다.

붓다 사후 100년쯤 뒤 제2차 교단회의[4]가 개최되었는데, 이 무렵에는 텍스트들이 현재의 팔리어 경전의 형태를 갖추었던 것으로 보인다. 이 경전은 흔히 〈티피타카〉(세 개의 광주리)[5]라고 부르는데, 이것은 나중에 경전으로 기록할 때 텍스트들을 '설교의 광주리(〈숫타 피타카〉)'[6], '계율의 광주리(〈비니야 피타카〉)'[7], 그밖의 여러 가지 가르침들로 나누어 세 개의 보관함에 넣었기 때문에 생긴 말이다. 이 세 개의 '광주리'는 다시 다음과 같이 나뉜다.

첫 번째 광주리
〈숫타 피타카〉: 붓다의 설교를 모은 다섯 개의 '묶음(니카야)'[8]으로 이루어져 있다.

   1. 〈디가 니카야〉[9] : 가장 긴 설교 34편을 모은 묶음이다.

---

4. 교단회의 : 결집(結集).
5. 〈티피타카〉: 〈삼장(三藏)〉.
6. 〈숫타 피타카〉: 〈경장(經藏)〉.
7. 〈비니야 피타카〉: 〈율장(律藏)〉.
8. 니카야 : 아함(阿含).
9. 〈디가 니카야〉: 〈장부(長部)〉.

이 부분은 수도자의 영적 훈련, 평신도의 의무, 기원전 5세기 인도의 종교적 삶의 다양한 측면들에 초점을 맞추고 있다. 여기에는 붓다의 특질들(〈삼파사다니야〉[10])과 그의 삶의 마지막 며칠(〈마하파리닙바나〉[11])에 대한 이야기도 있다.

2. 〈마지히마 니카야〉[12] : 중간 길이의 설교(숫타) 152편을 모은 묶음이다. 여기에는 붓다에 대한 많은 이야기, 그의 깨달음과 초기의 가르침, 몇 가지 핵심적인 교리가 포함되어 있다.

3. 〈삼윳타 니카야〉[13] : 일련의 다섯 숫타의 묶음이다. 주제에 따라 나뉘어 있으며, '여덟 가지 길'[14]이나 사람의 인격 구성 등과 같은 문제들을 다루고 있다.

4. 〈안굿타라 니카야〉[15] : 열한 개 부분의 숫타로 나뉘어 있는데, 대개가 경전의 다른 부분들에 포함되어 있다.

5. 〈쿳닷카 니카야〉[16] : 작은 작품들의 모음집으로, 여기에는 몇 가지 대중적인 텍스트들이 포함되어 있다. 〈담마

---

10. 〈삼파사다니야〉 : 〈자환희경(自歡喜經)〉.
11. 〈마하파리닙바나〉 : 〈대반열반경(大般涅槃經)〉.
12. 〈마지히마 니카야〉 : 〈중부(中部)〉.
13. 〈삼윳타 니카야〉 : 〈상응부(相應部)〉.
14. 여덟 가지 길 : 팔정도(八正道).
15. 〈안굿타라 니카야〉 : 〈증지부(增支部)〉.
16. 〈쿳닷카 니카야〉 : 〈소부(小部)〉.

파다)[17]는 붓다의 경구와 짧은 시들을 묶은 것이다. 〈우다나〉[18]는 붓다의 격언들 가운데 일부를 모은 것인데, 주로 운문으로 씌어졌으며, 각각 그 격언이 나오게 된 경위를 알려주는 머리말이 달려 있다. 〈숫타-니파타〉[19] 역시 운문 모음집으로, 여기에는 붓다의 삶과 관련된 몇 가지 전설들이 포함되어 있다. 〈야타카〉[20]는 붓다와 그의 동행자들의 전생에 대한 이야기로, 한 사람의 **캄마**('행동들')[21]가 그의 미래의 존재에 영향을 주는 방식을 설명한다.

두 번째 광주리

〈비나야 피타카〉: '수도자들의 계율서'라는 뜻으로 교단의 규칙들을 모아놓은 책이다. 이 책은 세 부분으로 나뉜다.

1. 〈숫타 비방가〉[22] : 여기에는 2주일에 한 번씩 열리는 총회에서 고백해야 하는 227개의 죄가 나열되어 있으며, 각각의 규칙이 만들어진 경위에 대한 주석이 달려 있다.

2. 〈칸다카〉[23] : 〈마하박가〉(큰 연속물)[24]와 〈쿨라박가〉(작은 연

---

17. 〈담마파다〉: 〈법구경(法句經)〉.
18. 〈우다나〉: 〈자설경(自說經)〉.
19. 〈숫타-니파타〉: 〈경집(經集)〉.
20. 〈야타카〉: 〈본생경(本生經)〉.
21. 캄마 : 업(業).
22. 〈숫타 비방가〉: 〈경분별(經分別)〉.
23. 〈칸다카〉: 〈건도(健度)〉.

속물)[25]로 나뉘며, 교단에 입회하기 위한 규칙과 생활이나 의식의 규칙이 적혀 있다. 각 규칙들이 생겨나게 된 사건들을 설명하는 주석도 달려 있다. 이 주석들은 각각의 규칙 앞에 제시되어 있는데, 거기에는 붓다에 대한 중요한 전설이 포함되어 있다.

3. 〈파리바라〉[26] : 규칙들의 요약과 분류.

'세 번째 광주리(《아비담마 피타카》)'[27]는 철학적이고 교리적인 분석들을 다루는 것으로, 전기 작가의 관심은 끌지 못하는 부분이다.

제2차 교단회의 뒤 불교운동에 분열이 일어나 여러 종파가 생겨났다. 각 종파는 이 옛날 텍스트들을 가져가 자신들의 가르침에 맞게 재편성했다. 일반적으로 추가와 교정은 있었지만, 버린 자료는 없는 것으로 보인다. 테라바다 종파의 경전인 팔리어 경전이 〈티피타카〉의 유일한 판본은 아니지만, 경전 전체가 남은 것으로는 이것이 유일하다. 그러나 훗날 중국이나 티베트의 번역 경전에서 그동안 사라진 것으로 여겨졌던 인도 자

---

24. 〈마하박가〉 : 〈대품(大品)〉.
25. 〈쿨라박가〉 : 〈소품(小品)〉.
26. 〈파리바라〉 : 〈부수(附隨)〉.
27. 〈아비담마 피타카〉 : 〈논장(論藏)〉.

료의 단편들이 발견되었는데, 이것이 가장 오래된 산스크리트 텍스트를 이룬다. 이 텍스트는 서기 5, 6세기, 즉 붓다가 죽은 지 1000년 정도가 흐른 뒤에 번역되었지만, 그 일부는 팔리어 경전만큼 오래되었고, 또 그 내용을 확인해주기도 한다.

이상의 간략한 설명에서 우리가 이 경전 자료에 접근하는 방식에 영향을 줄 만한 몇 가지 사실들이 떠오른다. 첫째, 이 텍스트들은 수도자들의 권위 있는 해설이 첨가되지 않고 붓다 자신의 말만 묶은 것으로 주장된다. 이런 구전 방식은 개별 저자의 문제를 미연에 배제한다. 기독교의 경우에는 마태, 마가, 누가, 요한 등의 복음사가들이 등장하여 각자 독특한 관점에서 '복음'을 기록했지만, 불교의 경전들은 이런 개인들의 작업 결과물이 아니다. 우리는 이 모든 텍스트들을 모으고 편집한 수도자들에 대하여, 또 나중에 이것을 글로 적은 서기들에 대하여 아무것도 모른다. 둘째, 팔리어 경전은 테라바다 종파의 관점을 반영할 수밖에 없으며, 논쟁의 목적으로 원본을 왜곡했을 가능성도 있다. 셋째, 요가로 훈련된 수도자들의 탁월한 기억력에도 불구하고, 이런 전달 방식에는 결함이 있을 수밖에 없다. 아마 많은 자료들이 사라졌을 것이고, 일부는 오해되었을 것이다. 또 수도자들의 훗날의 관점이 붓다에게 투사되었을 것이 틀림없다.

우리에게는 이 이야기와 설교들 가운데 어느 것이 진짜이고 어느 것이 꾸며낸 것인지 구별할 수단이 없다. 이 경전들은 현대의 과학적 역사의 기준을 충족시킬 만한 정보를 제공하지 못한다. 여기에는 팔리어 경전이 확정된 시점, 즉 고타마 사후 세 세대 정도 뒤에 떠돌던 고타마에 대한 전설이 반영되어 있다고 이야기할 수 있을 뿐이다. 훗날 씌어진 티베트 경전과 중국의 경전에도 물론 고대의 자료가 포함되어 있지만, 이것들 또한 이 전설이 나중에 발전해 나간 모습을 보여줄 뿐이다. 게다가 현재 남아 있는 가장 오래된 팔리어 필사본도 불과 500년 정도밖에 되지 않았다는 이야기를 듣게 되면 맥이 빠질 수밖에 없다.

그러나 절망할 필요는 없다. 이 텍스트들에는 믿을 만하다고 판단되는 역사적 자료들이 포함되어 있기 때문이다. 우리는 이 텍스트들을 통해 기원전 5세기 인도 북부에 대하여 많은 것을 알게 되는데, 이것은 붓다와 같은 시대에 살았던 자이나교 경전의 내용과 일치한다. 이 텍스트들에는 베다 종교에 대한 정확한 언급이 포함되어 있는데, 이것은 훗날 경전과 주석을 기록한 불교도는 알기 힘든 내용이다. 우리는 또 마가다의 빔비사라 왕과 같은 역사적 인물, 도시생활의 등장, 당대의 정치와 경제와 종교제도에 대하여 알 수 있는데, 이것은 고고학자, 문헌학자, 역사학자들이 알아낸 사실들과 일치한다. 현재 학자들은 이 경전 자료 가운데 일부는 불교의 출발점으로까지 거슬러 올라간다고 믿고 있다. 오늘날에는 붓다가 불교도들의 발명품이라는 19세기의 관점을 받아들이기 어렵다. 많은 가르침들에

붓다의 전생 이야기를 담은 〈자타카〉의 한 장면. 기원전 2세기경에 제작된 조각으로, 원숭이에게 끌려가는 코끼리의 모습이다.

는 일관성이 있어, 단일하고 독창적인 지성의 존재를 뒷받침한다. 바꾸어 말하면 이것을 협동의 산물로 보기 어렵다는 뜻이다. 이 말들 가운데 일부는 실제로 싯닷타 고타마가 한 말일지도 모른다. 다만 어느 것이 그것인지는 확실히 알 수 없다.

 팔리어 경전과 관련된 이런 사항들로부터 또 한 가지 핵심적인 사실이 떠오른다. 여기에는 붓다의 삶에 대한 지속적인 이야기가 포함되어 있지 않다는 것이다. 일화들은 가르침 여기저기에 흩어져 있으며, 교리나 규칙을 소개하는 데 이용될 뿐이다. 붓다는 설교를 하다가 가끔 수도자들에게 자신의 어렸을 때의 생활이나 깨달음에 대해 이야기하기도 한다. 그러나 유대교나 기독교의 경전에 나오는, 모세나 예수의 삶에 대한 연대기적 설명 같은 것은 찾아볼 수 없다. 훗날 불교도들이 연속성을 가진 2차적 전기들을 쓰기는 했다. 티베트의 〈랄리타-비스타라〉(3세기)와 〈자타카〉의 이야기들에 대한 주석 형식을 띤 팔리어 〈니다나 카타〉(5세기) 등이 그것들이다. 5세기에 테라바다 학자 부다고사가 완성한 팔리어 주석들 역시 경전에 간헐적으로 또 비연속적으로 언급된 사건들을 연대기적으로 배열하는 데 도움을 준다. 그러나 이런 2차적인 이야기들에도 공백이 있다. 여기에는 붓다가 깨달음을 얻은 뒤 가르치는 일에 나섰던 45년에 대해서는 자세한 이야기가 나오지 않는다. 〈랄리타-비스타라〉는 붓다의 첫 번째 설교에서 끝난다. 〈니다나 카타〉는 코살라의 수도인 사밧티에 첫 불교도 정착지가 건립되는 것으로 끝을 맺는데, 이것은 붓다가 설교를 시작한 초기의 일이다. 결국 붓다의 전도생활 가운데 20년에 대해서는 아무런 정보가 없는 셈이다.

이런 점들을 고려할 때 역사적인 고타마의 이야기는 중요하지 않다는 불교도의 주장이 맞는 것처럼 보이기도 한다. 또 인도 북부 사람들은 우리가 생각하는 의미의 역사에는 관심을 가지지 않았다는 말도 사실일 것이다. 그들은 역사적 사건들의 의미에 더 큰 관심을 가졌다. 그 결과 경전들은 현대 서구학자 대부분이 불가결하다고 생각하는 문제들에 대해서는 거의 정보를 제공하지 않는다. 심지어 붓다가 몇 세기에 살았는지도 확실히 알 수 없다. 전통적으로 붓다는 기원전 483년경에 죽은 것으로 여겨져왔다. 그러나 중국쪽 자료는 기원전 368년에 죽었을 가능성을 이야기하기도 한다. 이렇게 불교도 자신이 고타마의 삶에 관심이 없는데, 다른 사람들이 굳이 고타마의 전기에 관심을 가질 이유는 무엇인가?

사실 불교도들이 고타마의 삶에 관심을 가지지 않는다는 것이 반드시 옳은 말은 아니다. 학자들은 훗날의 2차적 전기들이 제2차 교단회의가 열렸을 때 작성된 고타마의 삶에 대한 이야기—지금은 사라지고 없다.—에 기초를 두고 있다고 믿는다. 나아가서 경전들을 보면 최초의 불교도들은 고타마의 출생, 정상적인 가정생활의 포기, 깨달음, 가르침의 시작, 죽음 등 그의 삶의 핵심적인 순간들에 대해 깊이 생각했다는 것을 알 수 있다. 이런 사건들은 의미가 컸다. 우리는 고타마의 생애의 몇 가지 측면에 대해서는 아무것도 모르지만, 이런 핵심적 사건들의 전체적인 윤곽은 정확하다고 말할 수 있다.

붓다는 늘 자신의 가르침이 전적으로 자기 자신의 경험에 기초하고 있다고 주장했다. 그는 다른 사람들의 관점을 연구하거나 추상적 이론을 개발하지 않았다. 그는 자기 삶의 역사로부터 결론들을 끌어냈다. 그는 제자들에게 깨달음을 얻고자 한다면, 자기처럼 가정을 버리고 걸식하는 수도자가 되어 요가의 정신적 훈련을 해야 한다고 가르쳤다. 그의 삶과 가르침은 서로 뗄 수 없이 결합되어 있었다. 그의 철학은 기본적으로 자전적 철학이었으며, 그의 삶의 큰 윤곽은 다른 불교도에 대한 모범이자 영감으로서 경전과 주석에 묘사되어 있다. 붓다의 말을 빌면, "나를 보는 자는 담마[28](그의 가르침)를 보는 것이고, 담마를 보는 자는 나를 보는 것이다."

이것은 모든 주요한 종교적 인물들에도 해당되는 이야기이다. 현대 신학자들은 우리가 역사적 예수의 삶에 대해 의외로 별로 아는 것이 없다고 말한다. '복음적 진리'라는 것이 우리가 생각했던 것만큼 물샐 틈 없는 것은 아니다. 그러나 수많은 사람들이 이런 것에 구애받지 않고 예수의 삶을 본받았고, 그의 동정과 고난의 삶을 통해 새로운 종류의 삶으로 나아갔다. 예수는 물론 실존했다. 그러나 복음서들에서 그의 이야기는 하나의 범례로서 제시되었다. 기독교인들은 자신의 문제의 핵심을 파고들려고 할 때 예수를 돌아본다. 사실 예수를 온전히 파악하는 것은 어떤 의미에서는 개인적인 변화를 경험할 때에만

---

28. 담마 : 법(法).

가능하다. 붓다에 대해서도 똑같은 이야기를 할 수 있다. 붓다는 20세기까지 역사상 가장 영향력 있는 인물 가운데 하나였다. 그의 가르침은 인도에서 1,500년 동안 번창하다가, 이어 티베트, 중앙아시아, 중국, 한국, 일본, 스리랑카, 동남아시아로 퍼졌다. 수백만 명의 사람들에게 붓다는 인간이 처한 조건의 전형을 보여준 인물이었다.

따라서 붓다의 삶은 그의 가르침과 융합되어 있으며, 우리는 그 삶을 이해함으로써 인간의 곤경을 이해하는 데 도움을 얻을 수 있다. 그러나 붓다의 삶에 대한 기록은 21세기에 보통 씌어지는 전기들과는 다를 수밖에 없다. 이 전기에서는 실제로 일어난 일을 추적할 수도 없고, 붓다의 삶과 관련하여 논란의 여지가 있는 새로운 사실들을 발견할 수도 없다. 경전에는 우리가 흔쾌하게 역사적 사실이라고 인정할 수 있는 사건이 단 하나도 없기 때문이다. 전설이 존재했다는 것이 유일한 역사적 사실이라고 할 수 있다. 따라서 우리는 붓다가 죽은 지 100년 정도 지나 팔리어 텍스트들이 분명한 형태를 갖출 무렵까지 계속 발전해온 그 전설을 통째로 받아들여야 한다.

오늘날 많은 독자들은 이 전설의 여러 측면을 믿을 수 없다고 생각할 것이다. 고타마 삶의 좀더 세속적이고 역사적이고 그럴 듯한 사건들 사이사이에 신과 기적 이야기가 등장하기 때문이다. 현대의 역사적 비평에서는 일반적으로 기적적인 사건들을 훗날 첨가된 것으로 본다. 그러나 팔리어 경전에 이 방법을 적용하면 전설을 왜곡하게 된다. 우리는 좀더 정상적인 사건들이 이른바 이적이나 불가사의한 사건보다 전설의 원본에 더 가까운 것이라고 확신할 수 없다. 정전을 만들어온 수도자들은 물론 신들의 존재를 믿었을 것이다. 그러나 그들은 신들을 한계가 있는 존재로 보았으며, 우리가 앞으로 보겠지만, 인간의 심리적 상태의 투사로 보기 시작했다. 그들은 또 요가에 능숙한 수행자는 특별한 '기적적인 힘(잇디)'[29]을 얻는다고 믿었다. 요가 수행으로 훈련된 정신은 특별한 일을 할 수 있었다. 이것은 올림픽 출전 선수들이 발달된 몸으로 일반인은 할 수 없는 일을 하는 것이나 마찬가지이다. 사람들은 전문적인 요가 수행자는 공중에 뜨고, 사람들의 마음을 읽고, 다른 세계를 찾아갈 수 있다고 생각했다. 경전을 편찬한 수도자들은 붓다가 이런 일들을 할 수 있을 것이라고 상상했을 것이다. 물론 붓다 자신은 잇디에 대하여 좋지 않게 생각하고, 그것을 피해야 한다고 말했다. 앞으로 보게 되겠지만, '기적 이야기'들은 그런 영적인 과시가 쓸모없다는 것을 보여주려고 훈계하는 이야기인 경우가 많다.

팔리어 경전들에 기록된 이야기들 가운데 다수는 알레고리 또는 상징으로서 의미를 가지고 있다. 초기 불교도는 그들의 경전에서 역사적으로 정확한 세부적 사실보다는 의미를 찾았

---

29. 잇디 : 신력(神力).

다. 그러나 훗날에 씌어진 전기들, 예컨대 〈니다나 카타〉에 수록된 전기는 아버지의 집을 떠나겠다는 고타마의 결심과 깨달음에 대해 팔리어 정전의 산발적이고 이론적인 이야기들보다 더 정교하게 서술하고 있어, 그 사건들에 대한 대안적 기록으로 삼을 만하다. 이 훗날의 이야기들은 신화적 요소라는 면에서도 정전보다 더 풍부하다. 여기서는 신들이 나타나고, 땅이 흔들리고, 문이 기적적으로 열린다. 그렇더라도 기적과 관련된 이런 세부 사항들이 훗날 덧붙여졌다고 단정지을 수는 없다. 훗날 씌어진 연대기적 전기들은 붓다가 죽고 나서 100년쯤 지났을 무렵, 즉 정전이 결정적인 형태로 자리잡을 무렵에 씌어진 붓다의 삶에 대한 이야기—지금은 사라진 이야기—에 기초를 두고 있을 가능성이 높다. 초기 불교도는 이런 신화적인 성격이 노골적으로 드러난 이야기가 정전에 있는 이야기와 다르다는 점을 별로 개의치 않았을 것이다. 이것은 그들에게 그저 같은 사건들에 대한 다른 해석, 그 영적이고 심리적인 의미를 끄집어내는 해석이었을 따름이다.

그러나 이런 신화와 기적 이야기는 붓다를 안내자이자 범례로만 보아야 한다고 믿었던 테라바다 수도자들조차 그를 초인으로 보기 시작했음을 보여준다. 좀더 대중적인 마하야나 종파[30]에서는 실제로 고타마를 신격화했다. 과거에는 테라바다가 불

---

30. 마하야나 종파 : 대승불교(大乘佛敎).

교의 좀더 순수한 형태이고 마하야나는 타락한 형태라고 생각했으나, 현대의 학자들은 둘 다 진정한 불교로 본다. 테라바다는 계속 요가의 중요성을 강조하며, 아라한트,[31] 즉 붓다처럼 깨달음을 성취하여 '이룩한 자'가 된 수도자들을 기렸다. 그러나 붓다를 사람들의 삶 속의 영원한 존재이자 숭배의 대상으로 섬기는 마하야나에서는 팔리어 텍스트들에서 똑같이 강조하고 있는 다른 가치들, 특히 동정심의 중요성을 강조했다. 그들은 테라바다가 지나치게 배타적이며, 아라한트들이 깨달음을 자기 것으로만 끌어안는 이기적인 태도를 보인다고 생각했다. 그들은 보디사타,[32] 즉 붓다가 될 운명이었으나 구원의 메시지를 '많은 사람들'에게 전하기 위하여 깨달음을 늦춘 사람들을 숭배하는 것을 더 좋아했다. 앞으로 보게 되겠지만, 이것은 고타마 자신이 염두에 두었던 수도자들의 역할과 비슷하다. 두 종파 모두 중요한 덕목을 포착하고 있다. 어쩌면 둘 다 뭔가를 놓치고 있는지도 모른다.

고타마는 개인 숭배를 원하지 않았다. 그러나 붓다, 소크라테스, 공자, 예수 등과 같은 모범적 개인들은 신 또는 초인적 존재로 숭배받는 경향이 있다. 늘 자신이 평범한 인간임을 주

---

31. 아라한트 : 아라한(阿羅漢).
32. 보디사타 : 보살(菩薩).

붓다의 탄생을 표현한 부조. 고타마는 어머니 마야 부인의 옆구리에서 태어났다.

장했던 예언자 마호메트조차 이슬람교도에게는 '완전한 인간', 신에 대한 완전한 굴복(이슬람)의 원형으로 숭배된다. 이런 사람들의 존재와 성취의 광대함은 일반인들의 사고 범주를 넘어서는 것처럼 보였을 것이다. 팔리어 경전의 붓다 전설은 고타마에게도 이런 일이 일어나고 있었음을 보여준다. 이런 기적 이야기들이 문자 그대로 사실일 리는 없겠지만, 그럼에도 인간이 살아가는 방식에 대하여 뭔가 중요한 것을 이야기해준다. 붓다는 예수, 마호메트, 소크라테스와 마찬가지로 사람들에게 세상과 그 괴로움을 초월하는 방법, 인간의 편협함과 편의주의를 넘어서서 절대적 가치를 발견하는 방법을 가르쳤다. 이들은 모두 사람들이 자기 자신을 좀더 의식하고, 자신의 완전한 잠재력에 눈을 뜨게 하려고 노력했다. 이런 식으로 성인의 반열에 오른 사람의 전기는 물론 현대의 과학적 역사의 기준들을 만족시킬 수 없다. 그러나 팔리어 정전이나 그와 관련된 텍스트들에 제시된 원형적 인물을 연구함으로써 우리는 인간의 갈망에 대하여 좀더 많은 것을 배울 수 있으며, 인간의 과제의 본성에 대하여 새로운 통찰을 얻을 수 있다. 이 모범적 이야기는 불완전한 세계에서 괴로움을 겪으며 살아가는 인간의 조건에 대하여 또 다른 종류의 진실을 보여준다.

붓다의 전기를 쓰는 데는 다른 문제들도 있다. 예를 들어 복음서들은 예수를 특이한 성격을 지닌 독특한 인물로 제시한다. 그 안에는 특별한 말투, 깊은 감정이 복받치거나 갈등을 겪는 순간들, 급한 성미, 공포 등이 보존되어 있다. 그러나 붓다의 경우는 그렇지 않다. 붓다는 한 개인이라기보다는 하나의 유형으로 제시되어 있다. 예수나 소크라테스의 경우와는 달리 그의 말에서는 우리를 즐겁게 해주는 느닷없는 경구, 역설, 재치 같은 것을 전혀 발견할 수 없다. 붓다는 인도의 철학 전통이 요구하는 대로 말한다. 엄숙하고, 공식적이고, 비개인적이다. 붓다가 깨달음을 얻은 뒤에 우리는 그의 좋거나 싫은 감정, 희망과 공포, 절망이나 환희나 강한 노력의 순간들을 느낄 수 없다. 남은 것은 초인간적인 고요, 자기 통제, 피상적인 개인적 선호를 넘어선 고결한 기품, 심오한 평정뿐이다. 붓다는 종종 인간이 아닌 존재들, 즉 동물이나 나무나 식물에 비유된다. 그가 인간 이하이거나 비인간적이어서가 아니라, 우리의 조건에서는 피할 수 없다고 여겨지는 이기심을 완전히 초월했기 때문이다. 붓다는 인간이 되는 새로운 방식을 찾으려고 했다.

서구에서는 개인주의와 자기 표현을 높게 사지만, 이것은 사실 단순한 자기선전으로 전락하기 십상이다. 우리가 고타마에게서 발견하는 것은 깜짝 놀랄 만한 완전한 자기 포기이다. 붓다는 경전에서 자신이 원만한 '인격체'로 제시되지 않은 것을 보아도 놀라지 않을 것이다. 오히려 우리의 인격체 개념은 위험한 망상이라고 말할 것이다. 그는 자신의 삶에 독특한 것이 전혀 없다고 말할 것이다. 그의 앞에는 다른 붓다들이 있었으며, 그들 각각은 똑같은 담마를 전해주었고 똑같은 경험을 했다. 불교 전통에서는 그런 깨달은 인간이 25명 있으며, 현재의 역사시대가 지나고 이런 본질적 진리에 대한 지식이 희미해진 뒤에 멧테야[33]라고 부르는 새로운 붓다가 지상에 와서 똑같은 과정을 반복할 것이라고 주장한다. 붓다에 대한 이런 원형적 인식은 매우 강해서, 〈니다나 카타〉에서 가장 유명한 이야기, 즉 고타마가 아버지의 집을 '떠난'[34] 사건도 팔리어 경전에서는 고타마보다 앞선 붓다들 가운데 하나인 붓다 빗파시[35]에게

---

33. 멧테야 : 미륵불(彌勒佛).
34. 출가(出家).
35. 붓다 빗파시 : 비바시불(毘婆尸佛).

서 일어났던 일이라고 이야기된다. 경전들은 이렇게 고타마의 독특하고 개인적인 성취를 추적하는 것이 아니라, 모든 붓다들, 모든 인간들이 깨달음을 구할 때 택해야 하는 길을 제시하는 데 관심을 둔다.

고타마의 이야기는 우리가 살고 있는 시대에는 특별한 의미가 있다. 우리 역시 기원전 6세기와 5세기의 인도 북부 사람들처럼 과도기에 살고 있다. 우리 역시 그들처럼 전통적인 방식으로는 삶에서 거룩한 것을 경험하고 궁극적 의미를 발견하기 어렵거나 불가능하다는 것을 알고 있다. 그 결과 현대적인 경험에서 공허는 핵심적인 부분이 되었다. 고타마와 마찬가지로 우리는 정치적 폭력의 시대에 살고 있으며, 인간이 인간에게 저지르는 비인간적인 행동을 보며 공포에 떨고 있다. 우리 사회에도 불안이 병처럼 퍼져 있고, 도시에는 독특한 절망감이 감돌고, 사람들은 아노미 현상[36]을 경험한다. 우리도 눈앞에 등장하는 새로운 세계질서를 두려워하곤 한다.

붓다의 탐구 가운데 많은 측면들은 현대의 풍조에도 호소력을 지닌다. 지적이고 개인적인 독립에 대한 요구와 더불어 경험주의적 측면은 서구 문화의 실용주의적 기조에 특히 잘 어울

---

36. 행위를 규제하는 공통 가치나 도덕 기준이 없는 혼돈 상태. 프랑스의 사회학자 뒤르켐(Émile Durkheim)이 이야기했다.

린다. 초자연적인 하느님이라는 개념이 자신에게 맞지 않는다고 느끼는 사람들은 또 붓다가 '지고(至高)의 존재'를 인정하지 않는 것에 공감할 것이다. 붓다는 그의 탐구의 테두리를 자신의 인간적 본성으로 한정하였으며, 늘 자신의 경험—심지어 최고의 '닙바나 진리'조차도—이 자연스러운 인간성 내에서 찾아낸 것이라고 강조했다. 종교제도의 편협성에 질린 사람들은 또 붓다가 강조한 동정과 자비를 환영할 것이다.

그러나 붓다는 또한 도전이다. 그는 우리들 대부분보다 급진적이기 때문이다. 현대사회에는 섬뜩한 정통적 신앙, 즉 '긍정적 사고'라는 이름을 단 신앙이 나타났다. 이 습관적 낙관주의에 사로잡히다 보면 최악의 경우 모래밭에 머리를 묻고, 우리 모두에게, 또 세상 어디에나 고통이 존재한다는 것을 부인하게 된다. 나아가서 나 자신의 감정적 생존을 확보하기 위해 의도적으로 다른 사람들을 냉담하게 대하게 된다. 붓다라면 이런 태도를 싫어할 것이다. 그의 관점에서 보자면 괴로움이라는 현실의 침입을 허용하지 않는다면 영적 삶은 시작도 할 수 없다. 그 현실이 우리의 존재 전체에 완전히 스며들어 있다는 사실을 깨닫고, 우리 마음에 들지 않는 사람들을 포함한 다른 모든 사람들의 고통을 느끼는 데서부터 영적 삶은 시작한다. 우리 대부분은 붓다 수준으로 자기를 버릴 각오가 되어 있지 않다는 것 또한 사실이다. 우리도 자기 중심주의가 나쁘다는 것은 안다. 불교만이 아니라 세상의 모든 위대한 전통이 우리에게 이기심을 초월하라고 촉구한다는 것을 안다. 그러나 우리는 실제로 해방을 추구할 때는—종교적인 형식이든 세속적인 형식이든—자아에 대한 느낌을 드높이고 싶어한다. 현재 종교로 통용되는 것들 대부분은 신앙의 건립자들이 우리에게 버릴 것을 요구한 자아를 오히려 지탱하거나 강화하려고 애쓰고 있다.

붓다 같은 사람은 엄청난 노력 끝에 모든 이기심을 확실하게 물리쳤기 때문에, 비인간적이고, 유머가 없고, 딱딱할 것이라고 지레 짐작하곤 한다. 그러나 붓다는 그랬던 것 같지 않다. 그를 만난 사람들은, 그의 개성은 느끼지 못했을지 모르지만, 그가 성취한 상태로부터 특별한 감정을 느꼈다. 붓다가 얻은 부드러움, 공정함, 평정, 불편부당, 고요는 항상적이었으며, 물샐 틈 없다는 느낌이 들 정도였는데, 이런 모습은 사람들의 가장 깊은 갈망을 건드려 반향을 일으켰다. 사람들은 그의 감정 없는 차분함에 혐오감을 느끼지 않았으며, 어떤 한 가지, 어떤 한 사람을 선호하지 않는 태도에 주눅들지도 않았다. 오히려 그들은 붓다에게 끌렸으며, 그의 주위에 모여들었다.

사람들은 붓다가 고난받는 인류를 위해 처방한 치료법을 따르기로 작정할 때, 붓다에게서 "피난처를 구했다."[37]라고 말한다. 그는 자기 중심주의가 판치는 난폭한 세상에서 평화로운 피난처였다. 팔리어 경전에는 이런 감동적인 이야기가 나온다.

---

37. 귀의(歸依)하다.

한 왕이 깊은 상심에 빠져, 어느 날 거대한 열대 고목들이 가득한 공원 안으로 마차를 달렸다. 이윽고 그는 마차에서 내려 거대한 뿌리들 사이를 걸었다. 뿌리들만 해도 보통 사람의 키를 넘었다. 왕은 그 뿌리들이 "신뢰와 자신감을 불러일으킨다."는 것을 알았다. "그 뿌리들은 고요했다. 서로 어긋난 목소리들이 그들의 평화를 방해하지 않았다. 그 뿌리들은 보통 사람들의 세상으로부터 멀리 떨어져 있다는 느낌을 주었다. 그곳은 사람들을 피해 머물 수 있는 곳이었다." 왕은 삶의 잔혹한 현실로부터 피할 수 있는 곳을 발견한 셈이었다. 왕은 이 훌륭한 나무들을 보다가 바로 붓다를 떠올렸다. 왕은 얼른 마차에 올라타 먼 거리를 달려 붓다가 머무는 집에 이르렀다.[1] 세상으로부터 멀리 떨어져 세상과 구별되어 있으면서도 놀랍게도 세상 안에 있는 곳, 불편부당하고, 공정하고, 차분하고, 어떤 곤경에도 불구하고 우리 삶에는 가치가 있다는 믿음을 일깨워 주는 곳—이것은 많은 사람들이 '하느님'이라는 존재를 찾을 때 기대하는 것이다. 그러나 또 많은 사람들이 자아의 한계와 편파성을 넘어서버린 붓다라는 사람에게서, 한 인간에게서 그것을 찾았던 것 같다. 붓다의 삶은 우리의 가장 강한 신념 몇 가지에 도전한다. 동시에 그의 삶은 횃불이기도 하다. 우리는 붓다가 제시한 방법을 완벽하게 실천에 옮길 수 없을지도 모른다. 그러나 그의 모범은 우리가 향상된 인간성, 진정으로 동정적인 인간성에 이를 수 있는 몇 가지 길을 밝혀준다.

참고 : 필자는 불교 경전을 인용할 때 다른 학자들의 번역에 의존했다. 그러나 불교에 익숙하지 않은 독자들이 좀더 쉽게 접근할 수 있도록 나름대로 손을 보았다. 불교의 핵심적 용어 몇 가지는 이제 일상적인 이야기에도 널리 쓰이지만, 보통 팔리어보다는 산스크리트를 많이 사용한다. 그러나 필자는 일관성을 지키기 위해서 카르마, 다르마, 니르바나 같은 산스크리트 표현 대신 캄마, 담마, 닙바나 등의 팔리어 표현을 사용하기로 했다.

차례

- 머리말 _ 5

1. 버림 _ 33
2. 구도 _ 79
3. 깨달음 _ 119
4. 진리 _ 161
5. 전도 _ 193
6. 최후의 안식 _ 247

- 역자 후기 _ 282
- 용어 해설 _ 286
- 원주 _ 292

1

버림

buddha

　기원전 6세기 말경의 어느 날 밤, 싯닷타 고타마라는 한 젊은 남자가 히말라야 산맥의 산기슭에 자리 잡은 도시 카필라밧투의 안락한 자기 집을 떠나 길을 나섰다.[1] 그의 나이는 스물아홉이었다. 그의 아버지는 카필라밧투의 지도자였으며, 고타마를 키우면서 그에게 필요하다고 여겨지는 모든 쾌락을 제공했다. 고타마에게는 아내와 태어난 지 며칠 안 된 아들이 있었다. 그러나 고타마는 아이가 태어났을 때 아무런 기쁨을 느끼지 못했다. 그는 어린 아들을 라훌라, 즉 '족쇄'라고 불렀다. 이 아기가 그의 발목을 잡아, 그가 혐오하게 된 삶의 방식에 그를 묶어둘 것이라고 믿었기 때문이다.[2] 그는 '넓게 트인' 삶, '반짝이는 매끈한 조개처럼 완전하고 순수한' 삶을 갈망했다. 아버지의 집은 우아하고 세련되었지만, 고타마는 그 집이 자신을 옭죄는 듯한 느낌을 받았다. '혼잡하고', '먼지투성이'인 것 같았다. 하찮은 임무와 아무런 의미 없는 의무들에서 나오는 나쁜 기운이 모든 것을 더럽히고 있었다. 고타마는 점차 가정 생활과는 관계가 없는 삶의 방식에 갈망을 느끼게 되었는데, 인도의 금욕주의자들은 이것을 '집 없는 상태'라고 불렀다.[3] 갠지스 강의 비옥한 평원을 둘러싼 울창한 숲은 이른바 '거룩한 삶(브라마차리야)'*을 구하기 위하여 가족을 멀리하는 수천 명의 남자, 그리고 소수의 여자들이 모여 사는 곳이었다. 고타마는 그들과 합류하기로 결심했다.

그것은 낭만적인 결심이었다. 이 결심으로 인해 그를 사랑하는 사람들은 큰 고통을 겪었다. 훗날 그의 회고에 따르면, 그의 부모는 소중한 아들이 금욕주의자들의 제복인 노란 수도자복**을 걸쳐입고 머리카락과 턱수염을 밀어버리는 모습을 지켜보며 울었다.[4] 그러나 고타마는 떠나기 전에 위층으로 올라가, 잠든 아내와 아들을 마지막으로 한번 보고는 작별 인사도 없이 슬며시 빠져나왔다는 이야기도 있다.[5] 부인이 그에게 떠나지 말라고 간청하면 그의 결심이 흔들리기라도 했을 것 같은 느낌을 주는 이야기이다. 사실 이것이 문제의 핵심이었다. 고타마는 숲의 많은 수도자들과 마찬가지로, 고통과 슬픔의 구덩이에서 뒹구는 삶에 자신을 묶는 것이 사물과 사람들에 대한 애착

---

* 브라마차리야 : 범행(梵行).
** 훗날 불교의 가사(袈裟).

임을 확신하고 있었기 때문이다.

어떤 수도자들은 소멸할 것들에 대한 이런 정열과 갈망을 '먼지'에 비유하곤 했다. 영혼이 그 먼지에 짓눌려 우주의 정점으로 솟구치지 못한다는 것이다. 어쩌면 고타마가 자신의 집을 '먼지투성이'라고 묘사한 데도 그런 의미가 담겨 있었는지 모른다. 그의 아버지 집은 눈으로 보기에는 더럽지 않았다. 그러나 그곳에는 그의 마음을 잡아끄는 사람들, 그가 소중하게 여기는 물건들이 가득했다. 거룩하게 살고자 한다면, 이런 족쇄들을 잘라내고 자유로워져야 했다. 싯닷타 고타마는 출발점에서부터 가족생활은 당연히 가장 높은 수준의 영성과 양립할 수 없다고 생각했다. 이것은 인도의 다른 금욕주의자들만이 아니라 예수도 공유했던 인식이다. 훗날 예수는 가능성이 있는 제자들에게 자신을 따르려면 처자식과 나이든 친척을 떠나야 한다고 말했다.[6]

아마도 고타마는 현재 우리가 숭배하는 '가족의 가치'에 동의하지 않을 것이다. 그와는 다른 지역에 살았지만 비슷한 시대에 살았던 공자(기원전 551~479년)나 소크라테스(기원전 469~399년)도 여기에 동의하지 않을 것이다. 이들 역시 가족을 중시하지 않았으며, 고타마와 마찬가지로 이 시기 인류의 영적, 철학적 발전에서 중심 인물이 된 사람들이다. 왜 이런 거부가 나타났을까? 훗날의 불교 경전들은 고타마가 가정생활을 버리고 집 없는 상태로 '떠난'* 것에 대하여 정교한 신화적인 이야기들을 만들어나가게 된다. 이 문제에 대해서는 이 장의 뒷부분에서 살펴볼 것이다. 그러나 팔리어 정전의 초기 텍스트들은 이 젊은 남자의 결심을 좀더 선명한 그림으로 보여주고 있다.

고타마의 눈에는 인간의 삶에서 괴로움의 무자비한 순환밖에 보이지 않았다. 이 순환은 출생이라는 충격적 체험에서부터 시작하여 '노화, 병, 죽음, 슬픔, 부패'로 냉혹하게 이어져간다.[7] 그 자신도 이런 보편적 법칙에서 예외가 아니었다. 현재는 젊고, 건강하고, 잘생겼지만, 앞으로 다가올 괴로움을 생각하자 젊음의 모든 기쁨과 자신감이 사라져버렸다. 호사스러운 생활도 아무런 의미가 없고 하찮게만 여겨졌다. 노쇠한 늙은이를 보거나 끔찍한 병으로 일그러진 사람을 볼 때도 '불쾌감'을 느낄 여유가 없었다. 똑같은 운명, 어쩌면 그보다 훨씬 더 나쁜 운명이 그 자신이나 그가 사랑하는 모든 사람들에게 닥칠 터였기 때문이다.[8]

그의 부모, 그의 아내, 그의 갓난 아들, 그의 친구들 역시 약하고 무력했다. 그가 그들에게 애착을 가지고 애정을 갈구하는 것은 고통을 가져다줄 수밖에 없는 일에 감정을 투자하는 것이었다. 아내는 아름다움을 잃을 것이고, 어린 라훌라는 내일 죽을지도 몰랐다. 죽어갈 덧없는 존재에서 행복을 구하는 것은

---

* 출가(出家).

불합리한 일이었다. 그 자신만이 아니라 그가 사랑하는 사람들을 기다리고 있는 괴로움은 그의 현재에 어두운 그림자를 던졌으며, 그들과의 관계에서 얻을 수 있는 모든 기쁨을 앗아가버렸다.

고타마는 왜 이렇게 냉혹한 눈길로 세상을 보았을까? 죽음은 견디기 힘든 삶의 진실이다. 인간은 자신이 언젠가 죽을 것이라는 사실을 알면서 살아가야 하는 유일한 동물이며, 늘 이 소멸의 전망을 감당하지 못해 힘겨워했다. 그러나 우리 대부분은 인간 경험의 또 한 부분인 행복과 애정에서 어느 정도 위안을 얻게 된다. 어떤 사람들은 마치 모래에 머리를 묻은 듯 세상의 슬픔을 보지 않으려 하지만, 이것은 지혜롭지 못한 행동이다. 이렇게 전혀 준비가 되어 있지 않은 상태에서는 삶의 비극이 참담한 결과를 낳을 수 있기 때문이다.

먼 옛날부터 사람들은 종교를 만들어 거기에서 우리 존재에 어떤 궁극적 의미와 가치가 있다―그 반대 방향을 가리키는 낙담할 만한 증거들에도 불구하고―는 느낌을 얻으려 했다. 그러나 신화와 종교 관행은 사람들의 신뢰를 잃기도 한다. 그러면 사람들은 일상의 고통과 좌절을 넘어서기 위하여 다른 방법들로 눈길을 돌린다. 미술, 음악, 섹스, 마약, 운동, 철학 등이 그런 예들이다. 우리는 아주 쉽게 절망에 빠지는 존재들이기 때문에, 주위로부터 눈에 들어오는 고통, 잔혹, 질병, 불의에도 불구하고 삶은 결국 좋은 것이라는 신념을 우리 내부에서 만들

집을 떠나기 전, 마지막으로 잠든 아내와 아들을 바라보는 고타마.

어내기 위해서는 매우 열심히 노력해야 한다. 고타마가 집을 떠나기로 결심했을 때, 그는 불쾌한 삶의 진실들을 견디며 살아갈 능력을 잃어버리고 깊은 우울에 빠져 있었다고 생각해볼 수도 있다.

그러나 그렇지는 않았다. 고타마가 일반적인 인도 가정의 가족생활에 환멸을 느낀 것은 사실이지만, 삶 자체에 대한 희망을 잃지는 않았다. 오히려 그 반대였다. 그는 존재의 수수께끼를 푸는 해결책이 있으며, 자신이 그것을 찾을 수 있다고 확신했다. 고타마는 이른바 '영원철학'에 찬동하고 있었다. 사실 이것은 근대 이전 세계의 모든 문화, 모든 민족에 공통된 철학이었다.[9] 지상의 생명은 물론 약하며 죽음의 그림자에 덮여 있다. 그러나 그것이 진실의 전부는 아니다. 이 철학에 따르면, 현세의 모든 것은 거룩한 영역에 좀더 강력하고 긍정적인 닮은꼴을 가지고 있다. 우리가 지상에서 경험하는 모든 것은 천상의 영역에 있는 원형을 본딴 것이다. 신들의 세계가 원래의 본질이며, 인간의 현실은 그 흐릿한 그림자일 뿐이다.

이러한 인식은 대부분의 고대 문화의 신화, 의식, 사회 조직의 특징이었으며, 오늘날에도 전통적인 사회에서는 계속 영향력을 행사하고 있다. 이것은 현대를 살아가는 우리로서는 수용하기 어려운 관점이다. 그것은 경험적으로 입증될 수 없으며, 우리가 진리의 핵심이라고 여기는 합리적 토대를 갖추지 못했기 때문이다. 그러나 이 신화는 삶이 불완전하며 이것이 전부일 리 없다는 느낌, 인류에게 막 찾아오기 시작한 느낌을 제대로 표현하고 있다. 다른 곳에는 뭔가 더 나은 것, 더 완전한 것, 더 만족스러운 것이 틀림없이 있다는 것이다. 뭔가를 열렬하게 기다리다가 놓쳤을 때, 손을 조금만 더 뻗었으면 그것을 잡을 수도 있었다는 느낌이 드는 경우가 많다. 고타마도 이런 확신을 가졌지만, 중요한 차이가 있었다. 그는 이 '다른 뭔가'가 신들의 거룩한 세계에 한정되어 있다고 생각하지 않았다. 그는 괴로움, 슬픔, 고통으로 가득 차 있으며 결국 소멸할 운명인 이 세계 안에서 그것을 입증 가능한 현실로 만들 수 있다고 확신했다.

우리 삶에 '출생, 노화, 병, 죽음, 슬픔, 부패'가 있다면, 이런 고난을 주는 것에는 틀림없이 그 긍정적인 대응물이 있다는 것이 그의 추론이었다. **틀림없이** 또 다른 존재 양식이 있고, 그것을 발견하는 일이 자신에게 달려 있다는 것이었다. 고타마는 말했다. "내가 이런 굴레로부터 벗어나, 태어남이 없는, 늙음이 **없는, 아픔이 없는, 죽음이 없는, 슬픔이 없는, 부패가 없는,** 최고의 자유를 찾으러 나선다면 어떨까?" 그는 이런 "없는" 상태를 전적으로 만족스러운 상태인 닙바나('불어서 끔')*라고 불렀다.[10] 고타마는 마치 우리가 불을 끄듯이, 인간에게 그렇게 큰 고통을 안겨주는 정열, 애착, 망상을 '끌' 수 있다고 확신했다. 닙바나를 얻는 것은 열이 났다가 회복될 때 우리가 경험하는 '서늘함'과 비슷할 것이다. 고타마의 시대에 닙바나와 관련된 형용사 **닙부타**는 회복기 환자를 묘사하는 일상적 용어였다. 따라서 고타마는 인류를 괴롭히고 불행하게 만드는 병에 대한 치료책을 발견하기 위해 집을 떠났던 셈이다. 실망스럽고 비참한 삶의 원인인 보편적 괴로움은 우리가 영원히 견뎌야만 하는 운명은 아니었다. 우리의 삶이 현재 뒤틀려 있다면, 원형의 법칙

---

* 닙바나 : 열반(涅槃).

에 따라, 우연적이거나 불완전하거나 덧없지 않은 또 다른 형태의 삶이 있음에 틀림없었다. 고타마는 훗날 이렇게 말한다. "보통의 방식으로 태어나지 않은 뭔가가 있다. 그것은 창조된 것도 아니며, 언제까지나 훼손되지도 않는다. 만일 그것이 존재하지 않는다면, 출구를 찾는 것은 불가능할 것이다."[11]

현대인이라면 이런 순진한 낙관주의에 웃음을 지을지도 모른다. 또 영원한 원형의 신화를 전혀 믿을 수 없는 것으로 간주할지도 모른다. 고타마는 이에 대해 자신이 실제로 탈출구를 발견했으며, 따라서 닙바나는 존재한다고 주장할 것이다. 그러나 그는 다른 많은 종교인들과는 달리 이런 만병통치약이 초자연적인 것이라고 생각하지 않았다. 그는 다른 세계로부터 오는 거룩한 도움에 의존하지 않았다. 그는 닙바나가 인간에게 완전히 자연스러운 상태이며, 진정으로 구하는 사람은 누구나 경험할 수 있는 것이라고 확신했다. 고타마는 자신이 구하는 자유를 이 불완전한 세상 한가운데서 발견할 수 있다고 믿었다. 그는 신들이 주는 메시지를 기다리는 대신 자신 안에서 답을 찾으려 했고, 자기 정신의 가장 먼 영역을 탐사하려 했으며, 자신의 모든 신체적 자원을 활용하려 했다. 그는 제자들에게도 똑같은 일을 하라고 가르쳤으며, 누구도 자신의 가르침을 귀로 듣는 것으로 끝내서는 안 된다고 강조했다. 누구든 그가 제시한 해결책의 타당성을 자신의 경험으로 입증해야 하며, 그의 방법이 진정 효과가 있다는 것을 스스로 확인해야 했다. 신들에게서는 아무런 도움을 기대할 수 없었다.

고타마는 신들이 존재한다고 믿었지만, 신들에게 별 관심은 가지지 않았다. 그는 이 점에서도 역시 그의 시대와 문화에 속한 사람이었다. 인도 사람들은 예전부터 신들을 섬겼다. 인드라는 전쟁의 신이었고, 바루나는 신들의 질서의 수호자였고, 아그니는 불의 신이었다. 그러나 기원전 6세기 무렵 이 신들은 가장 사려 깊은 사람들에 의해 종교적 의식으로부터 멀어지기 시작했다. 그들은 이런 신들을 무가치한 존재로 여기지는 않았지만, 섬기는 대상으로서는 불만족스럽게 여겼다. 사람들은 점차 신들이 그들에게 진정한 실질적 도움을 줄 수 없음을 깨닫게 되었다. 신을 기리는 희생제의로는 사람들의 비참한 상태가 완화되지 않았고, 사람들은 점차 자신에게만 의지해야 한다는 쪽으로 마음을 굳히게 되었다. 그들은 우주는 비인격적인 법칙이 지배하며, 신들조차 그 법칙에 종속된다고 믿었다. 신들은 고타마에게 닙바나에 이르는 길을 보여줄 수 없었다. 그는 자신의 노력에 의존해야 했다.

따라서 닙바나는 믿는 사람이 죽은 뒤에 가게 되는 기독교의 천국 같은 곳이 아니었다. 그 당시 사람들 가운데 행복한 불멸을 바라는 사람은 거의 없었다. 사실 고타마 시대의 인도 사람들은 자신이 현재의 고통스러운 존재 양식에 영원히 갇혀 있다고 생각했다. 이것은 6세기 무렵 널리 받아들여졌던 환생교리를 보아도 알 수 있다. 환생교리에 따르면, 사람은 죽은 뒤에 새로운 상태로 다시 태어나는데, 그 상태는 현생에서 그들의 행동(캄마)*의 질에 따라 결정된다. 나쁜 캄마는 노예나 동물이나 식물로 다시 태어나게 한다. 좋은 캄마는 다음 생에서 더 나은 존재를 약속한다. 왕, 심지어 신으로 다시 태어날 수도 있다. 그러나 하늘 한 곳에서 다시 태어나는 것이 좋은 결말은 아니다. 신성(神性)은 다른 상태와 마찬가지로 영원한 것이 아니기 때문이다. 결국 신도 자신을 신으로 만들어준 좋은 캄마를 다 써버리게 된다. 그러면 신도 죽어서 전보다 낮은 지위로 다시 태어나게 된다. 따라서 모든 존재가 **삼사라**('계속 진행됨')**의 무한한 순환에 사로잡혀 있다. 삼사라는 이들을 한 생에서 다른 생으로 계속 몰고간다.

이 같은 이론은 외부인에게는 괴상망측하게 보일지 모른다. 그러나 이들에게는 괴로움의 문제를 해결하려는 진지한 시도였다. 어찌 보면 인간의 운명을 인격화된 신—이 신은 악한 자들이 번창하도록 잘 돌보아주는 것처럼 보이기도 한다.—의 변덕스러운 결정 탓으로 돌리는 것보다는 이것이 본질적으로 더 만족스럽게 느껴질 수도 있다. 캄마의 법칙은 모두에게 차별 없이 공정하게 적용되는 완전히 비인격적인 장치이다. 그러나 거듭해서 삶을 살아야 한다는 생각 때문에 고타마는 인도 북부

---

* 캄마 : 업(業).
** 삼사라 : 윤회(輪廻).

의 대부분의 사람들과 마찬가지로 커다란 공포를 느꼈다.

어쩌면 이것은 이해하기 어려울지도 모르겠다. 오늘날 많은 사람들은 우리 삶이 너무 짧다고 생각하며, 다시 살 수 있는 기회가 생긴다면 반가워할 것이기 때문이다. 그러나 고타마와 그의 동시대 사람들을 사로잡았던 것은 다시 태어난다는 희망이기보다는 다시 죽는다는 공포였다. 나이가 들거나 만성적인 병에 시달리다가 무시무시하고 고통스럽게 죽는 과정을 한 번 겪는 것도 괴로운 일이었다. 하물며 그것을 끝도 없이 되풀이해 겪어야 한다는 것은 견딜 수도 없고 의미도 없는 일로 여겨졌다. 당시 종교적 해결책의 대부분은 사람들이 삼사라에서 벗어나 최종적 해방을 얻는 데 도움을 주기 위해 고안된 것들이었다.

닙바나의 자유는 상상하기 힘들다. 그것은 우리의 일상경험으로부터 너무나 동떨어져 있기 때문이다. 우리는 좌절도, 슬픔도, 고통도 없는 삶, 우리의 통제를 벗어난 요인들에 의해 규정되지 않는 삶의 양식은 묘사하기는커녕 상상도 할 수 없다. 그러나 고타마 시대의 인도 현자들은 이런 해방이 진정으로 가능하다고 확신했다. 서양 사람들은 인도 사상이 부정적이고 허무적이라고 말하는 경우가 많다. 그러나 사실은 그 반대이다. 인도 사상은 놀랄 만큼 낙관적이며, 고타마는 누구 못지않게 희망에 가득 차 있었다.

고타마는 먹을 것을 구걸하는 탁발 수도자로서 노란 수도자복을 입고 아버지의 집을 떠날 때, 자신이 흥미진진한 모험에 나선다고 믿었다. 그는 '넓게 열린' 길의 매혹과 '집 없는 상태'의 빛나는 완전함을 맛보았다. 이 당시에는 모두가 '거룩한 삶'을 사는 것이 고귀한 구도행위라고 생각했다. 왕, 상인, 부유한 가장들은 모두 이런 **빅쿠**('빌어먹는 사람')*들을 존경했으며, 그들에게 먹을 것을 주는 특권을 누리기 위해 서로 경쟁했다. 일부는 단골 후원자나 제자가 되기도 했다. 이것은 일시적인 유행이 아니었다. 인도인들도 얼마든지 물질주의적일 수 있는 사람들이지만, 그들은 오래전부터 영적인 것을 탐구하는 사람들을 존중하는 전통을 세워놓았으며, 지금도 그들을 계속 지원하고 있다.

기원전 6세기 말 갠지스 강 주변 지역에는 특별히 긴박한 분위기가 감돌았다. 사람들은 세상을 등진 사람들을 허약한 낙오자로 보지 않았다. 이 지역 사람들은 영적 위기를 겪고 있었다. 고타마가 겪었던 환멸과 아노미는 널리 퍼져 있었으며, 사람들은 새로운 종교적 해법이 필요하다는 것을 절실하게 느끼고 있었다. 따라서 수도자는 사람들에게 도움을 줄 수 있는 탐구에 나섰으며, 그 과정에서 자신은 엄청난 희생을 치르기도 했다.

고타마는 힘, 에너지, 정복 등을 나타내는 영웅적인 이미지로 묘사되는 경우가 많다. 그는 사자, 호랑이, 성난 코끼리에

---

* 빅쿠 : 비구(比丘).

비유된다. 젊은 시절 그는 "정예부대나 코끼리 무리를 이끌 능력을 갖춘 잘생긴 귀족"이었다.[12] 사람들은 금욕주의자를 선구자로 여겼다. 그들은 괴로워하는 사람들에게 구원을 주기 위해 영의 영역들을 탐험하고 있었다. 널리 퍼진 불안 때문에 많은 사람들이 붓다*를 갈망했다. 붓다는 '깨달은' 자, 인간 최대의 잠재력에 '눈 뜬' 자로서, 갑자기 낯설고 황폐하게 느껴지는 세상에서 사람들이 평화를 찾도록 도와줄 터였다.

이 당시 인도 사람들은 왜 이렇게 삶에서 불안을 느꼈을까? 이런 심리적 질병은 인도 아대륙에만 제한된 것이 아니었다. 서로 멀리 떨어진 문명세계의 몇몇 지역 사람들도 이 병으로 괴로워했다. 조상들의 영적 관행이 자신에게는 효과가 없다고 느끼는 사람들이 늘어갔으며, 이에 따라 예언적이고 철학적인 능력을 지닌 천재들 몇 명이 그 해결책을 찾기 위해 엄청난 노력을 기울이기 시작했다. 어떤 역사가들은 이 시기(대략 기원전 800년부터 200년 사이)를 '축의 시대'라고 부르기도 한다. 이 시기가 인류에게 중추적인 역할을 했다고 보기 때문이다. 지금도 사람들은 이 시기에 형성된 에토스 속에서 살아가고 있다.[13] 고타마는 축의 시대의 선각자들 가운데 가장 중요하고 가장 전형적인 인물로 꼽히게 된다. 이런 인물들로는 기원전 8, 7, 6세

---

* 붓다 : 불(佛).

기의 위대한 헤브라이 예언자들이 있다. 또 기원전 6세기와 5세기에 중국의 종교적 전통을 개혁한 공자와 노자가 있다. 이란에서는 기원전 6세기에 현자 조로아스터가 등장했다. 소크라테스와 플라톤(기원전 427~327년경)은 그리스인들에게 자명해 보이는 진리들도 의문의 대상으로 삼으라고 촉구했다. 이 위대한 변화에 참여했던 사람들은 자신이 새로운 시대의 벽두에 섰으며, 모든 것이 전과는 달라질 것이라고 확신했다.

우리가 현재 알고 있는 인류는 축의 시대에 탄생했다. 이 시기에 사람들은 전례 없는 방식으로 자신의 존재, 자신의 본성, 자신의 한계를 의식하게 되었다.[14] 그들은 잔인한 세계에서 완전한 무력감을 느끼면서 그들 존재의 깊은 곳에서 가장 높은 목표와 절대적 실재를 구하게 되었다. 이 시대의 위대한 현자들은 사람들에게 삶의 비참한 상태에 대처하고, 무력한 상태를 넘어서고, 이 불완전한 세상 한가운데서 평화롭게 사는 방법을 가르쳤다. 이 시기에 등장한 새로운 종교체계들—중국의 도교와 유교, 인도의 불교와 힌두교, 이란과 중동의 일신교, 유럽의 그리스 합리주의—은 그 명백한 차이들에도 불구하고 근본적인 특징들을 공유하고 있었다. 이 대규모의 변화에 참여한 민족들만 역사의 전진에 합류할 수 있었다.[15]

그러나 축의 시대는 이런 중요성에도 불구하고 여전히 수수께끼로 남아 있다. 우리는 이런 시대가 나타난 원인을 모른다. 그리고 어째서 세 핵심 지역, 즉 중국, 인도, 이란, 지중해 동부에서만 뿌리를 내렸는지도 모른다. 왜 중국인, 이란인, 인도인, 유대인, 그리스인만이 이런 새로운 지평을 경험하고, 깨달음과 구원을 향한 탐구에 나서게 되었을까? 바빌론과 이집트에서도 위대한 문명을 창조했지만, 그곳 사람들은 이 시점에서 축을 이루는 이념을 만들어내지 못했으며, 훗날에야 축을 형성하던 원래의 충동을 다시 정리한 이슬람교나 기독교를 통해 새로운 에토스에 참여했다. 그러나 축을 이루는 나라에서는 소수의 사람들이 새로운 가능성을 느끼고 낡은 전통으로부터 뛰쳐나왔다. 그들은 자기 존재의 가장 깊은 영역에서 변화를 구했고, 영적 생활에서 안으로 더 깊이 파고들었으며, 현세적 조건과 범주를 초월하는 실재와 하나가 되려고 노력했다. 축의 시대가 지난 뒤, 사람들은 이런 한계를 넘어 나아갈 때에만 가장 완전하게 자기 자신이 된다고 느끼게 되었다.

기록된 역사는 기원전 3000년 경에야 시작되었다. 그 이전에는 인간이 생활하고 사회를 조직한 방식에 대한 기록된 증거가 거의 없다. 그러나 사람들은 선사시대의 2만 년이 어떠했을지 상상하려고 하며, 자신의 경험의 뿌리를 그곳에서 찾으려 한다. 세계 전역의 모든 문화에서 이 선사의 고대는 신화에만 묘사되어 있다. 신화는 역사적 근거는 제공하지 않지만, 사라진 낙원과 원시의 재난들에 대해 이야기해준다.[16] '황금시대'에는 신들이 인간과 함께 땅을 걸어다녔다고 한다. 서구의 잃어버린 낙원인 〈창세기〉의 '에덴동산' 이야기가 전형적이다. 그때에는 인류와 신 사이에 불화가 없었다. 시원한 저녁이면 하느님이 동산을 거닐었다. 인간도 서로 나뉘어 있지 않았다. 아담과 하와는 성적 차이나 선과 악의 차이를 모르고 조화를 이루어 살았다.[17] 이것은 현재의 파편화된 존재로서는 상상할 수 없는 통일의 상태이다. 그럼에도 거의 모든 문화에서 이런 원시적인 조화를 보여주는 신화가 등장하는데, 이것은 사람들이 평화와 완전을 계속 갈망해왔고, 또 그것이 인간의 제대로 된 상태라고 생각했음을 보여준다. 사람들에게 자의식의 탄생은 은총의 상태로부터 고통스럽게 타락하는 과정이었다. 헤브라이 성경은 완전과 충족의 상태를 **샬롬**이라고 표현했다. 고타마는 닙바나에 대해 말하고, 그것을 찾기 위해 집을 떠났다. 그는 인간이 전에는 이런 평화와 충족의 상태에서 살았으나, 이제 거기에 이르는 길을 잊어버렸다고 생각했다.

앞서 보았듯이 고타마는 자신의 삶이 의미 없다고 느꼈다. 세상이 뒤틀려 있다는 확신은 축을 이루는 나라들에서 등장했던 영성의 기초를 이룬다. 이러한 변화에 참여한 사람들은 불안을 느꼈다. 고타마도 마찬가지였다. 그들은 무력감에 시달렸으며, 자신의 죽음에 대한 강박감에 사로잡혔고, 세상에 대한 깊은 공포와 세상으로부터의 소외를 느꼈다.[18] 그들은 이런 느낌을 여러 가지 방식으로 표현했다. 그리스인들은 삶을 비극적 서사시로 보았으며, 이 드라마 속에서 **카타르시스**와 해방을 찾으려 했다. 플라톤은 인간이 신성과 분리되었다고 말하면서,

현재의 불순한 상태를 벗어던지고 '선(善)'과 통합하기를 갈망했다. 기원전 8, 7, 6세기의 헤브라이 예언자들 역시 신으로부터 소외되었다고 느꼈으며, 자신들의 정치적 추방을 영적인 상태의 상징으로 보았다. 이란의 조로아스터교도들은 삶을 '선'과 '악' 사이의 우주전쟁으로 보았으며, 중국에서 공자는 조상들의 이상으로부터 멀어진 자신의 시대의 어둠을 보며 탄식했다. 인도의 고타마와 숲의 수도자들은 삶이 **둑카***라고 확신했다. 그들에게서 삶은 근본적으로 '뒤틀려' 있으며, 고통, 비애, 슬픔으로 가득 차 있었다. 세상은 무시무시한 곳이 되었다. 불교 경전들은 사람들이 도시 밖으로 나가 숲으로 들어갈 때 겪는 '공포, 외경, 두려움'을 이야기한다.[19] 자연은 왠지 모르게 위협적이다. 아담과 하와가 타락한 뒤에 자연과 사이가 나빠진 것과 비슷한 면이 있다. 고타마는 집을 떠나 숲 속에서 자연과 행복하게 교류한 것이 아니라, 계속 '두려움과 공포'를 경험했다.[20] 그는 훗날, 사슴이 다가오거나 바람 때문에 잎이 바스락거려도 머리털이 쭈뼛 섰다고 회상했다.

무슨 일이 있었던 것일까? 누구도 이 축의 시대에 영성의 연료가 되었던 슬픔을 완전하게 설명하지 못한다. 물론 사람들은 그 전에도 괴로움을 겪었다. 실제로 이 시대로부터 수백 년 전

---

*둑카 : 고(苦).

에 이집트와 메소포타미아에서 만든 점토판에도 비슷한 환멸이 표현되고 있다. 그런데 왜 축을 이루는 3대 핵심 지역에서 괴로움의 경험이 그렇게 강렬한 수준에 이르렀을까? 어떤 역사가들은 인도유럽계 기마 유목민의 침공이 공통 요인이라고 설명한다. 이 아리아계 부족민들은 중앙아시아로부터 나와 기원전 3000년대가 끝날 무렵에는 지중해에 이르렀으며, 기원전 1200년경에는 인도와 이란에 자리를 잡았다. 또 기원전 2000년대가 끝날 무렵에는 중국에도 들어갔다. 그들은 원주민들에게 광대한 지평과 가없는 가능성을 느끼게 해주었다. 그리고 지배자 민족으로서 비극적이고 서사시적인 의식을 발전시켜왔다. 그들은 안정되고 원시적인 낡은 공동체들을 없앴는데, 그 과정에서 첨예한 갈등과 고통의 시기를 겪어야 했다. 이것이 축의 시대에 만연했던 불안의 원인일지도 모른다.[21] 그러나 유대인과 그들의 예언자들은 이들 기마 아리아인과 충돌하지 않았다. 또한 이들 아리아인의 침략은 수천 년에 걸쳐 이루어졌지만, 축을 이루는 주요한 변화들은 거의 같은 시기에 일어났다.

더욱이 문화의 유형들, 예컨대 인도의 아리아인이 만들어낸 문화의 유형은 축의 시대의 창조성과 아무런 관계가 없다. 기원전 1000년에 이르면 아리아계 부족민들은 정착을 하여, 인도 아대륙 전역에 걸쳐 농업공동체를 형성한다. 그들이 인도 사회를 철저하게 지배했기 때문에, 현재 우리는 아리아인 이전의 인더스 강 유역의 토착문명에 대해서는 아는 것이 거의 없다.

아리아인의 인도는 그 출발은 역동적이었지만, 정착한 뒤에는 축의 시대 이전의 대부분의 문화와 마찬가지로 정적이고 보수적으로 바뀌었다. 이 문화에서는 사람들이 네 개의 분명한 계급으로 나뉘었다. 훗날 봉건유럽에서 네 개의 신분이 생긴 것과 유사하다. **브라민***은 사제 카스트로 종교와 관련된 일을 맡았으며, 가장 큰 권력을 휘두르게 되었다. 전사 계급인 **크샤트리야***는 행정과 국방을 담당했다. **바이샤**는 경제를 지탱하는 농업과 축산업 종사자들이었다. **수드라**는 노예나 자기 카스트에서 추방당한 사람들로, 아리아인의 체제에 동화될 수 없었다. 원래 이 네 계급은 세습되지 않았다. 인도 원주민들은 필요한 기술만 있으면 크샤트리야도 될 수 있고 브라민도 될 수 있었다. 그러나 고타마 시대에 이르면 사회 계급이 신성시되어 변동이 불가능하게 되었다. 이 계급 질서가 우주의 원형적 질서를 반영한다고 생각했기 때문이다.[22] 한 카스트에서 다른 카스트로 이동하여 질서를 바꾸는 것은 불가능하였다.

아리아인의 영성은 축의 시대 이전 고대 종교의 전형이었다. 그들은 현상을 그대로 받아들이는 데 주안점을 두었으며, 삶의 의미에 대한 사색은 거의 하지 않았고, 성스러운 진리를 이미 주어진 것 혹은 변할 수 없는 것으로 간주했다. 진리를 구하는 것이 아니라 수동적으로 받아들였다. 아리아인들은 소마라는

---

* '브라민'과 '크샤트리야'는 팔리어가 아니라, 산스크리트이다. 이 두 용어는 불교가 아니라 베다신앙에 속한 것이므로, 산스크리트가 적합하다고 할 수 있다.

고대 인도의 크사트리야 계급을 나타낸 부조. 성문을 나서는 전사들의 모습이다.

약초를 재배했으며, 브라민은 이 약을 먹고 황홀경에 빠져들어 영감으로 가득한 산스크리트 텍스트인 〈베다〉를 '들었다(스루티)'.[23] 〈베다〉는 신들이 구술한 것이 아니라, 신과 인간 외부에 존재하면서 우주의 근본 원리들을 반영한 것으로 여겨졌다. 신과 인간의 삶을 똑같이 관장하는 보편적 법칙 또한 고대 종교의 공통된 특징이었다. 〈베다〉는 글로 적혀진 것이 아니었다. 인도 아대륙에는 글이 없었기 때문이다. 따라서 브라민의 의무는 이 영원한 진리를 암기하고 보존하여 한 세대에서 다른 세대로 전하는 것, 물려받은 전승을 아버지로부터 아들에게 전하는 것이었다. 이 성스러운 지식을 통해 인간은 **브라만,**^{**} 즉 세상을 거룩하게 만들고 살아 있게 해주는 근원적인 원리와 접할

1. 버림 53

수 있었다. 수백 년에 걸쳐 원래 아리아 부족민의 언어였던 산스크리트는 지역 방언들로 대체되었으며, 따라서 브라민 외에는 누구도 이해할 수가 없었다. 결국 브라민의 권력과 존엄은 높아질 수밖에 없었다. 게다가 그들만이 〈베다〉에 규정된 희생의식을 진행하는 방법을 알았는데, 이 의식이 있어야만 세상 전체가 계속 유지될 수 있었다.

베다신앙에 따르면, 태초에 신비한 창조주가 최초의 희생제의를 올려 신, 인간, 우주 전체가 창조되었다. 이 최초의 제사는 브라민이 올리는 동물 희생제의의 원형이었으며, 브라민은 희생제의를 통해 삶과 죽음을 관장할 권력을 얻었다. 심지어 신들도 이 희생제의에 의존하여, 의식이 정확하게 거행되지 않으면 괴로워했다. 따라서 삶 전체가 이 의식을 중심으로 이루어졌다. 브라민은 물론 이 종교에서 핵심적인 역할을 했지만, 크샤트리야와 바이샤도 중요한 역할을 했다. 왕과 귀족은 제사를 드릴 돈을 댔으며, 바이샤는 제물로 쓰일 소를 길렀다. 베다신앙에서는 불이 매우 중요했다. 불은 인간이 자연의 힘을 통제한다는 상징이었으며, 브라민은 성소에서 세 개의 거룩한 불을 보살폈다. 각 가정의 가장 또한 가족끼리 의식을 거행하며 집안의 불을 보살폈다. 음력으로 매달 '4분의 1(우포사타)'***이 되는 날이면, 브라민과 일반 가장들은 모두 금식을 하고 여자

** 브라만 : 범(梵), 카스트들 가운데 하나인 브라민과 구별.
*** 우포사타 : 포살(布薩).

와 일을 멀리하면서 불 옆에서 철야를 했다. 이때가 신들이 불 옆에 있는 가장과 그의 가족 '근처에 거하는' 거룩한 시간 **우파바사타**였다.[24]

축의 시대 이전 고대 종교의 전형이었던 이 베다신앙은 발전하거나 변형되지 않았다. 이 신앙은 원형적 질서에 순응하였으며, 뭔가 다른 것이 되기를 바라지 않았다. 이 신앙은 또 외적인 의식에 의존했는데, 이 의식은 마법적인 결과를 낳았으며, 그 목표는 우주통제였다. 베다신앙은 소수에게만 알려진 불가해한 비교(秘敎)적 전승에 기초를 두고 있었다.[25] 이 매우 보수적인 영성은 시간과 변화를 초월한 실재에서 안정을 얻으려 했다.

이것은 축의 시대의 새로운 에토스와는 완전히 달랐다. 이 점은 소크라테스만 생각해보아도 금방 알 수 있다. 그는 전통적으로 확실하게 여겨져온 것들이 아무리 존엄하다 하더라도, 결코 그것을 최종적인 것으로 받아들이지 않았다. 그는 스루티 베다처럼 외부로부터 지식을 받아들이는 데 만족하는 대신, 각자가 자신의 존재 내에서 진리를 찾아야 한다고 믿었다. 소크라테스는 모든 것에 의문을 제기하여, 그와 대화하는 사람을 당황하게 했다. 혼란이 철학적 탐구의 시작이었기 때문이다.

헤브라이 예언자들은 고대 이스라엘의 낡은 신화적 확실성 가운데 몇 가지를 뒤집어 엎었다. 하느님은 이제 이집트로부터 탈출하던 시대와는 달리, 무조건 그의 민족을 편들지 않았다.

하느님은 이제 이방민족을 이용하여 유대인에게 벌을 주었으며, 유대인 각각은 정의롭고, 공정하고, 성실하게 행동할 개인적 책임이 있었다. 이제 구원과 생존은 외적인 의식에 좌우되지 않았다. 유대민족 각 사람의 마음에 새로운 율법과 계약이 씌어지게 될 것이었다. 하느님은 희생제의보다는 자비와 동정을 요구했다. 축의 시대의 신앙은 개인이 책임을 지도록 했다.

앞서 보았듯이, 축의 시대의 현자와 예언자들은 어디에서나 추방, 비극, 둑카를 겪었다. 그러나 그들은 잔혹, 불의, 정치적 패배에도 불구하고 자신들이 구하는 진리를 통해 평화를 발견할 수 있었다. 강압적 국가에 의해 처형을 당하면서도 소크라테스가 보여주었던 빛나는 평정을 기억해보라. 개인은 여전히 괴로워하고 죽는다. 그러나 이제 낡은 마법적 수단으로 운명을 피하려는 시도는 없었다. 그럼에도 삶의 비극들 한가운데서 개인은 평정을 누릴 수 있었고, 이것이 이 불완전한 세계에서 존재에 의미를 부여했다.

새로운 종교들은 마법적인 통제보다는 내적인 깊이를 구했다. 현자들은 이제 외적인 순응에 만족하지 않고, 행동에 앞서는 심오한 심리적 내향성을 염두에 두고 있었다. 새로운 종교들의 핵심은 무의식적인 힘들과 희미하게 인식된 진리들을 환한 빛 속으로 끌어내고자 하는 욕망이었다. 소크라테스 입장에서 보자면 사람들은 이미 진리를 알고 있었다. 다만 그 진리는 내부에 모호한 기억으로 존재했다. 사람들은 이 지식을 일깨워야 했다. 그의 변증법적 질문 방식을 통하여 그것을 완전하게 의식해야 했다. 공자는 그때까지 당연시되어 전혀 검토되지 않던 자기 민족의 고대 관습들을 연구했다. 그들이 신성하게 간직해온 가치들의 원래의 광채를 되살리려면 이제 의식적으로 노력을 해야 했다. 공자는 이전에는 단지 직관으로만 파악되던 것을 분명한 관념들로 표현하려 했다. 파악하기 힘들고, 대충만 이해되던 암시들을 분명한 언어로 바꾸려 했다.

사람들은 자기 자신을 연구하고, 자신이 실패한 이유를 분석해야 했다. 그렇게 해서 죽음이라는 현실과 마주해도 의미가 사라지지 않는 세계에서 아름다움과 질서를 찾아야 했다. 축의 시대의 현자들은 낡은 신화를 꼼꼼하게 연구해서 그것을 재해석했으며, 낡은 진리에 본질적으로 윤리적인 의미를 부여했다. 도덕성이 종교에서 중심적인 자리를 차지하게 되었다. 인류는 자신과 자신의 책무에 눈을 뜨고, 자신의 완전한 잠재력을 깨닫고, 사방에서 밀려오는 어둠으로부터 출구를 찾아야 했는데, 그것은 마법이 아니라 윤리를 통해 가능했다. 현자들은 과거를 의식하고 있었으며, 사람들이 존재의 근본을 잊었기 때문에 세상이 뒤틀려버렸다고 믿었다. 모두 이 세상의 혼란을 초월한 절대적 실재―하느님, 닙바나, 도(道), 브라만―가 있다고 확신했으며, 그것을 일상생활의 조건 속에서 찾아내려 했다.

마지막으로 축의 시대의 현자들은 브라민과는 달리 은밀한 진리를 혼자만 끌어안으려 하지 않고, 그것을 널리 알리려 했다.[26] 이스라엘의 예언자들은 웅변적인 설교와 열정적인 몸짓으로 보통 사람들을 향해 말했다. 소크라테스는 만나는 모든 사람에게 질문을 했다. 공자는 사회를 바꾸고, 귀족만이 아니라 가난하고 초라한 사람들에게 가르침을 베풀기 위해 널리 여행을 다녔다. 이 현자들은 자신의 이론을 검증해보겠다고 결심했다. 경전은 이제 사제 카스트의 사적 소유물이 아니라, 새로운 신앙을 다중에게 전파하는 수단이 되었다. 연구와 토론은 중요한 종교 활동이 되었다. 이제 현상을 맹목적으로 수용하는 일은 없어야 했다. 이미 받아들인 관념에 무조건 충성하는 일도 없어야 했다. 진리는 그것을 얻으려고 애쓰는 사람들의 삶 안에서 현실이 되어야 했다. 우리는 앞으로 고타마가 축의 시대의 가치들을 거의 그대로 받아들였다는 것, 그가 특별한 천재성으로 당시 인류의 딜레마를 포착했다는 것을 확인하게 될 것이다.

고타마가 카필라밧투의 집을 나섰을 때 인도에서는 이미 축의 시대의 변화가 한창 진행 중이었다. 역사가와 학자들은 이런 혁신적인 이념들이 모두 시장이라는 환경에서 창조되었다는 점에 주목하는데, 시장은 기원전 6세기에 새롭게 중심적 의미를 획득했다.[27] 권력은 왕과 성직자라는 오랜 동반자들로부터 상인에게로 옮겨가고 있었다. 그들은 이전과는 다른 종류의 경제를 만들어나갔다. 이런 사회적 변화로 영적인 혁명을 완전히 설명할 수는 없겠지만, 그런 변화는 틀림없이 중요한 몫을 담당했을 것이다. 시장경제는 기존 질서를 파괴했다. 상인들은 이제 사제와 귀족을 존경하거나 그들에게 복종할 수 없었다. 그들은 자립적이었으며, 사업에서는 얼마든지 무자비해질 각오가 되어 있었다. 도시에서 탄생한 이 새로운 계급에게는 힘과 추진력과 야망이 있었으며, 이들은 스스로 자신의 운명을 개척해나가겠다는 결심이 단단했다. 이 계급은 새롭게 등장하는 영적인 에토스에서 분명히 편안함을 느꼈을 것이다.

인도 북부 갠지스 강 주변의 평원은 축을 이루던 다른 지역들과 마찬가지로 고타마의 생애 동안 이런 경제적 변화를 겪고 있었다. 기원전 6세기에는 철기시대의 새로운 테크놀로지가 오래전 아리아인 침략자들이 세워놓은 농촌공동체를 바꾸고 있었다. 농부들은 새로운 기술을 이용해 빽빽한 밀림을 밀어내고 새로운 경작지를 얻었다. 이 지역으로 새로운 인구가 유입되면서, 인구밀도가 높아지는 동시에 생산성도 높아졌다. 이곳을 다녀온 여행자들은 이 지역에 과일, 쌀, 참깨, 기장, 밀, 보리 등이 풍부하다고 기록을 남겼다. 이런 작물들의 생산량은 이 지역 사람들의 수요를 초과하여, 남는 부분은 교역에 넘겼다.[28]

갠지스 평원은 인도문명의 중심이 되었다. 사밧티, 사케타, 코삼비, 바라나시, 라자가하, 참파 등 6대 도시가 교역과 산업의 중심을 이루었으며, 이 도시들은 새로운 무역로로 연결되었다. 도시들은 흥미진진한 곳이었다. 화려하게 채색된 마차와 상품을 싣고 먼 땅을 오가는 거대한 코끼리들이 도시의 거리를 지나다녔다. 이곳에서는 도박, 연극, 춤, 매춘, 떠들썩한 술판을 볼 수 있었는데, 이 대부분이 근처 시골 마을 사람들에게는 충격적인 광경이었다. 인도의 모든 지역과 모든 카스트 출신의 상인들이 시장에서 뒤섞였으며, 거리, 시청, 교외의 숲이 우거진 공원에서는 새로운 철학에 대한 활발한 토론이 벌어졌다. 도시는 이제 낡은 카스트 제도를 귀찮게 여기고, 브라민과 크샤트리야에게 도전하는 새로운 부류의 사람들이 지배하게 되었다. 상인, 사업가, 은행가들이 그들이었다.[29)] 도시는 엄청난 혼란의 원천인 동시에 활력의 원천이기도 했다. 도시 거주자들은 스스로 변화의 첨단에 서 있다고 느꼈다.

이 지역의 정치생활에도 변화가 일어났다. 갠지스 강 유역에는 원래 수많은 작은 왕국과 몇 개의 이른바 공화국이 자리를 잡고 있었다. 이 공화국들은 사실상 씨족과 부족의 오랜 통치기구들에 바탕을 두고 통치가 이루어지는 과두체제였다. 고타마는 이 공화국들 가운데 가장 북쪽에 있는 삭카에서 태어났으며, 그의 아버지 숫도다나는 삭카의 부족들과 그 가족들을 통치하는 귀족들의 의회인 **상가***의 구성원이었던 것으로 보인다. 삭카인들은 자부심과 독립심이 강한 것으로 유명했다. 그들의 영토는 워낙 외떨어졌기 때문에 아리아 문화도 그곳에는 제대

---

* 상가 : 나중에는 불교교단을 가리키는 승가(僧家)의 의미로 쓰인다.

붓다 시대 인도의 번화한 도시 모습. 발코니의 여인들은 창부들이다.

로 뿌리를 내리지 못했다. 카스트 제도도 없었다. 그러나 시대는 변하고 있었다. 삭카의 수도 카필라밧투는 이제 새로 열린 무역로 옆에 자리잡은 중요한 교역기지였다. 바깥 세계가 이 공화국 안으로 밀려들기 시작했고, 그것이 점차 주류로 자리를 잡게 되었다.[30] 이 지역의 동부에 있던 말라, 콜리야, 비데하, 나야, 밧지 등 다른 공화국들과 마찬가지로 삭카 역시 두 군주국 코살라와 마가다로부터 위협을 받고 있었다. 이 두 군주국은 호전적인 태도로 갠지스 평원의 오래되고 허약한 공화국들을 무자비하게 장악해나가고 있었다.

코살라와 마가다는 이들 오래된 공화국들보다 훨씬 더 효율적으로 운영되고 있었다. 공화국에서는 혼란과 내분이 끊이지 않은 반면 이 새로운 왕국들은 관료제와 군대를 정비했는데, 이들은 부족 전체가 아니라 왕 한 사람에게 충성을 맹세했다. 이것은 곧 왕이 전투부대를 마음대로 움직일 수 있다는 뜻이었다. 왕은 이를 기반으로 자신의 영토에 질서를 세우고 이웃나라의 영토를 정복할 권력을 확보했다. 이런 새로운 유형의 군주는 새로운 무역로의 치안을 효율적으로 유지하였기 때문에, 왕국의 경제를 책임지고 있는 상인들에게 환영을 받았다.[31] 덕분에 이 지역에는 새로운 안정이 찾아왔지만, 거기에는 대가가 따랐다.

많은 사람들이 이 새로운 사회의 폭력과 무자비함에 당황하게 되었다. 왕은 백성들에게 자신의 의지를 강요할 수 있었고, 경제는 탐욕을 기초로 움직였다. 호전적인 경쟁심에 사로잡힌 은행가와 상인은 서로 잡아먹을 듯이 다투고, 전통적인 가치들은 붕괴되어갔다. 익숙한 생활방식은 사라지고 그 자리에 새로 들어서는 질서는 무시무시하고 낯설었다. 많은 사람들에게 삶이 둑카로 느껴진 것도 당연한 일이었다. 이 말은 보통 '괴로움'이라고 번역되지만, '불만족스럽다', '결함이 있다', '뒤틀렸다'와 같은 말들이 원뜻에 더 가깝다.

이렇게 변화하는 사회에서 브라민들이 섬기는 고대 아리아인의 종교는 점점 설 자리를 잃어갔다. 그 오래된 의식들은 정적인 농촌공동체에는 어울렸다. 그러나 도시의 좀더 동적인 세계에서는 거추장스럽고 낡은 것으로 보이기 시작했다. 상인들은 떠돌아다녔기 때문에 불을 늘 보살필 수가 없었으며, 우포사타(포살)를 지킬 수도 없었다. 이 새로운 사람들은 카스트 제도 속으로 들어가기가 힘들었기 때문에, 영적 진공 상태로 밀려난 듯한 느낌을 받았다. 동물 희생제의는 축산이 경제의 기초일 때에만 의미가 있었다. 그러나 새로운 왕국들은 농산물에 의존하고 있었다. 가축의 숫자는 줄어들었으며, 희생제의는 낭비일 뿐 아니라 잔인한 짓으로 여겨졌다. 공적 생활의 여러 부분에서 목격할 수 있는 폭력을 연상시키는 면도 있었다. 자수성가한 자립심 강한 사람들이 도시공동체를 지배하면서, 사람들은 브라민의 지배에 점차 반감을 가지게 되었고, 스스로 자신의 영적인 운명을 통제하고 싶어했다. 게다가 희생제의는 더 이상 그들에게 효과가 없었다. 브라민은 이런 의식을 거행하는 행동(캄마)이 이 세상에서 부와 물질적 성공을 가져다줄 것이라고 주장했지만, 이런 약속된 이익이 현실화되는 경우는 거의 없었다. 새로운 경제적 환경에서 도시인들은 더 확실한 투자 효과가 보장되는 캄마에 집중하기를 원했다.

시장경제에 바탕을 둔 새로운 군주제와 도시 때문에 갠지스 지역 사람들은 변화의 속도를 민감하게 의식하게 되었다. 도시

거주자들은 자신의 눈으로 사회가 급속하게 변모하는 것을 지켜볼 수 있었다. 그들은 그 진전 속도를 가늠할 수 있었으며, 농촌공동체의 순환적인 생활방식과는 사뭇 다른 생활방식을 경험하였다. 농촌공동체 사람들은 계절에 맞추어 해마다 똑같은 일을 반복했다. 도시 사람들은 자신의 캄마가 오랜 세월에 걸쳐 영향을 미친다는 것을 알았다. 그 결과를 직접 보지 못한다 해도, 자기의 다음 세대가 그 영향을 받을 수도 있다고 생각했다. 그 무렵 생겨난 환생교리는 낡은 베다신앙보다는 이런 세계에 훨씬 잘 어울렸다. 캄마 이론에 따르면, 우리의 운명에 대해서 우리 자신 외에는 책임을 물을 사람이 없으며, 우리의 캄마는 아주 먼 미래에까지 영향을 미칠 수 있었다. 물론 캄마만 가지고는 삼사라의 피곤한 굴레로부터 벗어날 수 없다. 그러나 좋은 캄마는 귀중한 보답을 안겨주었다. 다음 생에는 좀 더 바람직한 존재로 태어날 수 있었기 때문이다. 몇 세대 전만해도 환생교리는 심한 논란을 불러일으켰으며, 소수의 엘리트에게만 알려져 있었다. 그러나 고타마 시대에 오면 사람들이 원인과 결과를 완전히 새로운 방식으로 인식하게 되면서 모두가 그것을 믿었다—심지어 브라민들도.[32]

그러나 축에 속하는 다른 나라들의 경우와 마찬가지로, 인도 북부 사람들 역시 변화된 조건에 대해 좀더 직접적으로 이야기해줄 수 있는 다른 종교적 관념과 관행을 실험하기 시작했다.

고타마가 태어나기 직전, 갠지스 평원 서쪽 지역에서 일군의 현자들이 오랜 베다신앙에 은밀하게 반역을 일으켰다. 그들은 일련의 문건을 작성하기 시작했으며, 이 문건은 스승으로부터 제자에게로 은밀하게 전달되었다. 이 새로운 경전들은 〈우파니샤드〉라고 불렸다. 이것은 이 혁명적인 전승의 비교(秘敎)적인 성격을 강조하는 이름이었다. 산스크리트인 아파-니-사드(옆에 앉다)에서 나온 말이기 때문이다. 〈우파니샤드〉는 겉으로 보기에는 베다 전통에 의존했지만, 그것을 재해석하여 좀더 영적이고 내면화된 의미를 부여했다. 이것이 오늘날의 힌두교—이 또한 축의 시대에 형성된 위대한 종교 가운데 하나이다.—의 기원이다. 현자들이 영적인 탐구를 통해 도달하고자 한 것은 브라만이라는 절대적 실재, 즉 우주의 비인격적 본질이자 존재하는 만물의 근원이었다. 그러나 브라만은 멀리 떨어져 있는 초월적 실재가 아니었다. 살아 숨쉬는 모든 것에 스며 있는 내재적 존재이기도 했다. 〈우파니샤드〉의 가르침을 따르는 수행자는 자신의 존재의 핵심에 브라만이 있다는 것을 알게 된다. 구원은 브라민들이 가르치는 것과는 달리 동물의 희생에 있는 것이 아니었다. 신들보다도 더 높은 절대적이고 영원한 실재인 브라만이 자신의 가장 깊은 '자아(아트만)'*와 동일하다**는 영

---

* 아트만 : 아(我). 저자는 대문자로 시작하는 Self와 소문자로 시작하는 self를 구별하는데, 번역에서는 Self를 '자아'로 표기했다.
** 범아일여(梵我一如).

적인 깨달음에 있었다.33)

앞으로 보게 되겠지만, 고타마는 영원하고 절대적인 '자아'라는 관념 때문에 크게 번민하게 된다. 사실 그것은 주목할 만한 통찰이었다. 자신의 가장 깊은 '자아'가 브라만, 즉 최고의 실재와 동일하다고 믿는 것은 인류의 신성한 잠재력을 믿는 놀라운 신앙이었다. 이 교리의 고전적인 표현은 초기에 나온 〈찬도갸 우파니샤드〉에서 찾아볼 수 있다. 브라민 계급인 웃달라카는, 〈베다〉에 대한 지식을 자랑하는 아들 스베타케투에게 낡은 종교의 한계를 알려주고 싶었다. 그는 아들에게 그릇에 담긴 물에 소금 한 줌을 녹여보라고 했다. 다음날 아침 스베타케투의 눈에는 소금이 사라진 것처럼 보였다. 그러나 스베타케투는 물에서 소금을 다시 걸러낼 수 있었다. 이로써 스베타케투는 소금이 눈에 보이지는 않지만 그릇 속의 액체 전체에 퍼져 있었다는 것을 알게 되었다. 브라만도 이와 같다. 그것은 볼 수는 없지만 존재한다. 웃달라카는 설명하기 시작했다. "온 우주가 이 제일의 본질(브라만)을 그 '자아(아트만)'로 가지고 있다. 브라만이 곧 '자아'이며, 브라만이 또한 너이다, 스베타케투여!"34) 이것은 진실로 전복적이었다. '절대자'가 나 자신을 포함한 만물 속에 있다면, 사제 엘리트는 필요 없다. 사람들은 잔인하고 부질없는 희생제의를 지내는 대신 자신의 존재 내부에서 스스로 궁극적인 것을 찾으면 된다.

브라민의 낡은 신앙을 거부한 사람들은 〈우파니샤드〉의 현자들만이 아니었다. 갠지스 지역 동부의 숲속에 사는 수도자와 고행자들 대부분은 〈우파니샤드〉의 영성을 알지 못했다. 그것은 아직 서부 평야지대에 한정된 지하의 비교신앙이었다. 그러나 일부 사상은 대중적인 수준으로까지 새어나왔다. 갠지스 동부에서는 브라만에 대한 이야기가 없었다. 불교 경전도 브라만에 대해서는 한 번도 언급하지 않는다. 그러나 이 최고의 원리는 민중적으로 변형되어 새로운 신 브라마* 숭배가 인기를 얻기 시작했다. 그들에게 브라마는 가장 높은 하늘에 산다고 여겨지는 신이었다.

고타마는 브라만에 대해서는 들어본 적이 없었지만, 브라마는 알고 있었던 것 같다. 앞으로 보게 되겠지만, 브라마는 고타마 자신의 개인적 드라마에서도 나름대로의 역할을 하게 된다.[35] 고타마는 카필라밧투를 떠났을 때 동부 지역으로 향했다. 그리고 이후 평생에 걸쳐 새로운 왕국 코살라와 마가다, 그리고 인접해 있는 오래된 공화국들을 돌아다녔다. 이 지역에서는 고대의 아리아인 전통에 대한 영적인 거부가 좀더 실용적인 경향을 드러냈다. 사람들은 궁극적 실재의 본성에 대한 형이상학적 추론보다는 개인의 해방에 더 관심을 가졌다.

숲속의 수도자들은 초월적인 브라만에는 관심이 없었을지 몰라도 아트만, 즉 내부의 절대적 '자아'는 간절히 알고 싶어

---

* 브라마 : 범천(梵天).

1. 버림 67

했으며, 이 영원한 내재적 원리에 접근하는 다양한 방법을 만들어냈다. '자아' 교리는 매력적이었다. 삶의 괴로움으로부터의 해방이 분명히 손에 닿을 수 있는 곳에 있고, 게다가 사제의 중재도 필요 없었기 때문이다. 이것은 또한 새로운 사회의 개인주의나 자립 정신과도 잘 어울렸다. 자신의 진정한 '자아'를 발견하면, 고통과 죽음이 인간의 궁극적 조건이 아니라는 것을 심오한 수준에서 이해할 수 있을 터였다. 그러나 어떻게 '자아'를 발견하여 삼사라의 끝없는 순환으로부터 해방을 얻을 것인가? '자아'가 각자의 내부에 있다고는 하지만, 수도자들은 그것을 찾아내는 일이 결코 만만치 않다는 것을 알게 되었다.

갠지스 동부 지역의 영성은 훨씬 더 대중적이었다. 서부에서 〈우파니샤드〉의 현자들은 대중이 자신들의 교리에 다가오지 못하게 했다. 그러나 동부에서는 민중이 이런 문제들을 열심히 토론했다.[36] 앞서 보았듯이, 그들은 탁발 수도자들을 쓸모없는 기생충이 아니라 영웅적 선구자들로 보았다. 그들은 또 반역자들로서 존경을 받았다. 이들 수도자들이 〈우파니샤드〉의 현자들과 마찬가지로 낡은 베다신앙을 당당하게 거부했기 때문이다. 구도자는 구도의 출발점에서 **팝밧자**('떠남')*라고 알려진 의식을 치렀다. 말 그대로 아리아인 사회 밖으로 떠난 사람이 되었다는 의미였다.

---

* 팝밧자 : 출가(出家).

구도자는 이 의식에서 자신이 속했던 카스트의 모든 외적인 표지들을 버렸으며, 희생제의에서 사용하던 도구를 불에 던졌다. 이때부터 그는 산냐신*('버린 자')이라고 불렸으며, 그의 노란 수도자복은 반역의 상징이 되었다. 마지막으로 이 새로운 수도자는 의식의 절차에 따라 상징적으로 거룩한 불을 삼켰다. 아마 이것은 그가 좀더 내적인 종교를 선택했음을 선포하는 방식이었을 것이다.[37] 그는 사회체제의 중추인 가장으로서의 삶과 절연함으로써 낡은 세상에서 자신의 자리를 의도적으로 거부했다. 결혼한 남자는 경제를 유지하고, 다음 세대를 생산하고, 가장 중요한 희생제의의 비용을 대고, 사회의 정치생활에 참여하는 것이 정상이었다. 그러나 수도자들은 이런 의무들을 내던지고, 근본적인 자유를 추구했다. 그들은 가정이라는 구조화된 공간을 뒤로 하고 길들여지지 않은 숲으로 향했다. 그들은 이제 카스트의 제약에 얽매이지 않았으며, 출생이라는 우연에 구속당하지 않았다. 그들은 상인들과 마찬가지로 마음대로 세상을 떠돌아다녔다. 그들은 자기 자신 외에 누구도 책임을 지지 않았다. 따라서 그들은 상인들과 마찬가지로 그 시대의 새로운 인간 부류였으며, 그들의 생활방식은 그 시대의 특징인 고양된 개인주의를 표현했다.

따라서 고타마는 집을 떠날 때, 새로운 세계를 버리고 전통

---

* 산냐신 : 수행자 또는 구도자.

적인 혹은 낡은 생활방식을 찾아간 것이 아니라(오늘날의 수도자들은 그렇게 여겨지는 경우가 많다), 사실상 변화의 선봉에 서 있었다. 그러나 그의 가족이 이런 관점을 공유해주기를 기대할 수는 없었다. 삭카공화국은 워낙 고립된 지역이라서 남쪽의 갠지스 평원에서 발전하는 사회와는 단절되어 있었다. 그곳은 심지어 베다의 에토스조차 받아들이지 못한 곳이었다. 삭카 사람들 대부분에게 새로운 관념들은 낯설어 보였을 것이다. 그럼에도 숲속 수도자들의 반역 소식은 이 공화국에도 이르러, 젊은 고타마의 마음을 흔들어놓았던 것이 분명하다.

앞서 보았듯이, 팔리어 텍스트들은 고타마가 집을 떠나기로 결정한 것에 대해 아주 간략하게 이야기한다. 그러나 고타마의 떠남에 대해서는 또 하나의 좀더 자세한 이야기를 찾아볼 수 있는데, 여기서는 팝밧자의 더 깊은 의미를 파악할 수 있다.[38] 그 이야기는 서기 5세기에 씌어진 것으로 보이는 〈니다나 카타〉 등 훗날의 확장된 전기와 주석에서만 찾아볼 수 있다. 그러나 이 이야기가 훗날의 불교 텍스트에서만 발견된다 해도, 이야기 자체는 팔리어 전설들과 마찬가지로 오래된 것일 수 있다. 일부 학자들은 팔리어 경전이 최종적인 형태를 갖춘 것과 같은 시기, 즉 고타마가 죽고 나서 약 1세기 뒤에 이 연대기적 전기도 씌어졌을 것이라고 믿고 있다. 팔리어 전설에도 같은 이야기가 나오기는 하지만, 그것을 고타마가 아니라 그보다 이전 시대에 깨달음을 얻었던 붓다 비팟시의 이야기로 간주한다.[39]

따라서 이 이야기는 모든 붓다에게 적용할 수 있는 하나의 원형인 셈이다. 이 이야기는 팔리어 경전에 나오는 고타마의 떠남에 대해 문제를 제기하지 않으며, 우리가 사용하는 의미에서 역사적으로 입증된 이야기라고 스스로 주장하지도 않는다. 신의 개입이나 기적적인 사건들이 등장하는 이 신화적인 이야기는 대신 팝밧자라는 핵심적 사건에 대한 대안적 해석을 보여준다.

팝밧자는 모든 붓다—비팟시는 물론 고타마도—가 구도의 출발점에서 해야만 하는 일이다. 사실 깨달음을 구하는 모든 사람은 영적인 삶을 출발할 때 이런 변화를 경험해야만 한다. 이런 점에서 이 이야기는 축의 시대 영성의 한 전형을 보여준다고 할 수 있다. 이 이야기에 나오는 인물은 축의 시대 현자들이 요구하는 방식으로 자신의 상황을 완전하게 의식하게 된다. 사람은 고통이라는 불가피한 현실을 깨달을 때에만 완전한 인간이 되는 과정에 들어설 수 있다. 〈니다나 카타〉에 나오는 이야기는 상징적이며, 또 보편적인 의미를 가지고 있다. 깨달음을 얻지 못한 사람들은 삶의 괴로움을 부정하려 하고, 그것이 자신과 관계없다고 생각하기 때문이다. 그러한 부정은 쓸모없다(누구도 이런 고통에 면역된 사람은 없으며, 이런 삶의 진실들이 침입하는 것을 막을 방법은 없기 때문이다). 뿐만 아니라 위험하다(이로 인해 영적 발전을 가로막는 망상에 사로잡히기 때문이다).

〈니다나 카타〉에는 어린 싯닷타가 다섯 살이 되었을 때 그의 아버지가 100명의 브라민을 불러 잔치를 열었다는 이야기가 나온다. 혹시 아기의 몸에 미래를 예측할 만한 표지가 있는지 살펴보려는 것이었다. 이 브라민 가운데 8명은 아이에게 영광스러운 미래가 보장되어 있다고 말했다. 최고의 영적 깨달음을 얻는 붓다가 되거나, 대중적인 전설에 나오는 '세상의 군주'가 되어 온 세상을 통치할 것이라는 예언이었다. "그는 특별히 거룩한 수레를 소유하게 될 것이다. 각각의 바퀴는 세상의 네 방향을 향해 굴러갈 것이다. 이 '세상의 군주'는 엄청난 수의 병사들을 이끌고 하늘을 활보할 것이며, 우주에 정의와 올바른 삶을 확립하는 '정의의 바퀴'를 굴릴 것이다."

이 신화는 코살라와 마가다 군주국의 새로운 왕권숭배의 영향을 받은 것이 분명한데, 고타마는 평생에 걸쳐 이 또 하나의 운명과 맞서야 했다. '세상의 군주(착카밧티)'*라는 이미지는 그의 상징적인 또 다른 나, 그가 마침내 성취한 모든 것의 대립물이 된다. 착카밧티는 권세도 있고, 그의 치세는 세상에 유익할 수도 있다. 그러나 그는 영적인 깨달음을 얻은 사람은 아니다. 그의 일은 오로지 힘에 의존하고 있기 때문이다. 100명의 브라민 가운데 한 사람인 콘단냐는 어린 싯닷타가 결코 착카밧티가 되지 않을 것이라고 확신했다. 대신 싯닷타는 가장으로서의 안락한 삶을 버리고 세상의 무지와 어리석음을 정복하는 붓다가

---

* 착카밧티 : 전륜왕(轉輪王). 바퀴를 굴린다는 말에서 나온 표현이다.

될 것이라고 말했다.[40]

숫도다나는 이런 예언을 듣고 기분이 좋지 않았다. 그는 아들을 착카밧티로 만들겠다고 결심했다. 그가 보기에는 착카밧티의 삶이 세상을 버린 금욕적 삶보다 훨씬 바람직한 선택이었다. 콘단냐는 언젠가 싯닷타가 네 가지―노인, 병자, 시체, 수도자―를 보게 될 것이며, 이 경험을 통해 집을 '떠나야' 한다는 확신을 얻게 될 것이라고 말했다. 그래서 숫도다나는 아들이 이런 것들을 볼 기회를 막아버리겠다고 결심했다. 그는 불쾌한 현실이 접근하지 못하도록 궁 주위에 경비병들을 세웠다. 싯닷타는 호화롭고 겉으로 보기에 행복한 생활을 했지만, 결국 죄수와 다름없었다. 고타마가 살던 쾌락의 궁전은 현실을 부정하는 마음을 보여주는 놀라운 상징이다. 우리가 사방에서 우리를 둘러싸고 있는 보편적인 고통에 우리의 마음을 닫아걸겠다고 고집하는 한, 우리는 미숙한 상태에서 벗어나지 못하며, 성장할 수도 영적인 통찰을 얻을 수도 없다. 어린 싯닷타는 미망 속에서 살았다. 그의 눈에 비치는 세상이 진짜 세상과 일치하지 않았기 때문이다. 숫도다나는 훗날 불교 전통에서 비난하게 되는 권위적 인물의 좋은 예이다. 그는 자신의 관점을 아들에게 강요했으며, 아들이 스스로 결심하도록 내버려두지 않았다. 이런 유형의 강제는 깨달음에 방해가 될 뿐이다. 사람을 진정성이 없고 유아적이고 깨닫지 못한 자아 속에 가두기 때문이다.

그러자 신들이 나서기로 했다. 그들은 설사 아버지가 받아들이지 못한다 해도, 고타마는 보디삿타,* 즉 붓다가 될 운명을 타고난 사람이라는 것을 알았다. 물론 신들이 고타마를 깨달음으로 이끌 수는 없었다. 그들 역시 삼사라에 사로잡혀 있어, 인간들과 마찬가지로 그들에게 해방의 길을 가르쳐줄 붓다를 간절히 원하고 있었다. 그러나 신들은 보디삿타에게 필요한 자극을 줄 수는 있었다. 고타마가 스무 살이 되었을 때 신들은 그가 바보의 낙원에서 살 만큼 살았다고 판단하고, 신 하나를 노인으로 변장시켜 쾌락의 정원으로 보냈다. 이 노인은 신의 힘을 이용하여 숫도다나의 경비병들을 피할 수 있었다. 고타마는 정원에서 수레를 타다가 이 노인을 보고 겁에 질려, 수레를 몰던 찬나한테 노인에게 무슨 일이 생긴 것이냐고 물었다. 찬나는 노인이 그냥 늙은 것일 뿐이며, 누구나 오래 살면 그렇게 쇠약해진다고 설명했다. 고타마는 깊은 고민에 사로잡혀 궁으로 돌아왔다.

숫도다나는 이 이야기를 듣자 경비병을 두 배로 늘리고, 새로운 쾌락으로 아들의 관심을 돌리려 했다. 그러나 아무런 소용이 없었다. 신들은 다시 병자와 시체의 모습으로 고타마 앞에 나타났다. 마지막으로 고타마와 찬나는 노란 수도자복 차림의 수도자로 변장한 신 옆을 지나가게 되었다. 찬나는 신들로부터 영감을 받아, 고타마에게 이 사람은 세상을 버렸다고 말

---

* 보디삿타 : 보살(菩薩).

고타마가 생로병사와 마주치는 장면을 그린 프레스코화(1383년).

하면서 그의 금욕적인 삶을 열정적으로 찬양했다. 그 말을 듣고 고타마는 생각에 깊이 잠긴 채 궁으로 돌아왔다. 그날 밤 고타마는 저녁에 그를 즐겁게 해주던 음유시인과 무희들이 잠든 뒤에 눈을 떴다. 그의 잠자리 주위에는 아름다운 여인들이 어지럽게 누워 있었다. "몇 사람은 몸에 가래와 침이 묻어 미끌미끌했다. 몇 사람은 이를 갈면서 알아들을 수 없는 잠꼬대를 했다. 몇 사람은 입을 떡 벌리고 있었다." 고타마의 세계관에 변화가 일어났다. 이제 그는 예외 없이 모든 인간을 기다리고 있는 괴로움을 알았기 때문에, 모든 것이 추해 보였다. 심지어 역겨워 보이기까지 했다. 삶의 괴로움을 감추었던 베일이 찢어지

자, 우주는 고통과 무의미만으로 지어진 감옥처럼 보였다. "얼마나 숨 막히고 답답한가!" 고타마는 소리쳤다. 그는 침대에서 나와, 그날 밤에 바로 '떠나기로' 결심했다.[41]

인간 조건의 불가피한 한 부분인 괴로움을 차단하려는 유혹은 매우 강렬하다. 그러나 일단 괴로움이 우리가 조심스럽게 세워놓은 장벽을 뚫고 들어오면, 우리는 세상을 결코 전과 똑같이 볼 수 없다. 삶은 무의미해 보인다. 축의 시대의 선구자라면 결국 기존의 낡은 패턴들을 부수고 이런 고통에 대처하는 새로운 방법을 찾아나설 수밖에 없다. 오직 내부에서 평화로운 안식처를 찾을 때에만 삶은 다시 의미와 가치를 찾을 수 있기 때문이다. 고타마는 둑카의 광경이 그의 삶에 침입하여 그의 세계를 찢어발기는 것을 그대로 받아들였다. 슬픔이 가까이 다가오는 것을 막기 위해 많은 사람들이 딱딱한 등딱지 안에 들어가 숨지만, 그는 오히려 그 등딱지를 부수어버렸다. 괴로움이 안으로 들어오는 것을 받아들이자 구도를 시작할 수 있었다.

그는 집을 떠나기 전에 위층으로 살며시 올라가 잠이 든 아내와 아기를 마지막으로 보았다. 그러나 작별 인사는 할 수가 없었다. 이어 그는 궁을 몰래 빠져나왔다. 그는 자신의 말 칸타카에 안장을 얹고 말을 달려 도시를 통과했다. 찬나는 그가 떠나는 것을 막으려고 말꼬리에 필사적으로 매달렸다. 그러나 신들은 그를 내보내기 위해 도시의 문들을 열어주었다. 고타마는 일단 카필라밧투 밖으로 나오자, 삭발을 하고 노란 수도자복을 입었다. 이어 찬나와 칸타카를 아버지의 집으로 돌려보냈다. 다른 불교 전설에 따르면, 칸타카는 상심하여 죽지만, 붓다의 깨달음에 한 몫을 한 보답으로 우주의 하늘 가운데 한 곳에서 신으로 다시 태어났다.

고타마는 진지하게 구도를 시작하기 전에 마지막 유혹을 견뎌내야 했다. 갑자기 이 세상의 주인이며 죄, 탐욕, 죽음의 신인 마라*가 위협적으로 그의 앞에 불쑥 모습을 나타냈던 것이다. "수도자가 되지 마라! 세상을 버리지 마라!" 마라는 간청했다. 만약 고타마가 집에 딱 일주일만 더 머물게 된다면 착카밧티가 되어 온 세상을 다스리게 될 것이라는 이야기였다. "네가 얼마나 좋은 일을 할 수 있을지 생각해보라! 자비로운 나라를 세워 삶의 괴로움을 끝낼 수도 있을 것이다." 그러나 그것은 쉬운 선택인 동시에 망상이었다. 고통은 절대 힘으로 정복할 수 없기 때문이다. 그것은 깨닫지 못한 존재의 제안이었다.

이후에도 마라는 고타마의 평생에 걸쳐 그의 진보를 방해하며, 그의 기준을 낮추려고 유혹을 한다. 그날 밤 고타마는 마라의 제안을 쉽게 무시할 수 있었다. 그러나 성난 마라는 포기하려 하지 않았다. 그는 혼잣말로 중얼거렸다. "네가 탐욕이나 앙심이나 매정한 마음을 품는 바로 그 순간 너는 내 손아귀에 들어올 것이다." 그는 고타마가 약해지는 순간 함정에 빠뜨리려

---

* 마라 : 마(魔).

고 "늘 따라다니는 그림자"처럼 그를 쫓아다녔다.[42] 고타마는 최고의 깨달음을 얻고 나서 오랜 시간이 지난 뒤에도 마라에 대한 경계심을 늦출 수 없었다. 융 학파의 심리학자라면 아마 마라가 고타마의 그림자 측면, 즉 심리 내부에서 그의 해방에 저항하여 싸우는 모든 무의식적 요소를 나타낸다고 해석할 것이다.

깨달음은 결코 쉽지 않다. 우리의 낡은 자아를 떠나는 것은 겁나는 일이다. 그것이 우리가 아는 유일한 삶의 방식이기 때문이다. 익숙한 것이 비록 만족스럽지 않다 해도, 우리는 거기에 그대로 매달리는 경향이 있다. 미지의 것이 두렵기 때문이다. 그러나 고타마가 끌어안으려 한 거룩한 삶은 그가 사랑한 모든 것과 그의 낡은 인격을 구성하는 모든 것을 뒤에 버리고 떠날 것을 요구했다. 그는 전환기를 맞이할 때마다 자기를 완전히 버리지 못하고 움츠러드는 그 자신의 일부(마라로 상징된다)와 싸워야 했다. 고타마는 한 인간으로서 완전히 다른 삶의 방식을 찾고 있었다. 그러나 새로운 자아의 탄생에는 오래고 힘든 노력이 필요했다. 여기에는 또 기술도 필요했다. 그래서 고타마는 그에게 깨달음에 이르는 길을 가르쳐줄 수 있는 스승을 찾아나섰다.

2 구도

buddha

고타마는 외딴 삭카 공화국을 떠나 마가다 왕국에 들어섬으로써 새로운 문명의 핵심에 이르렀다. 팔리어 전설에 따르면, 우선 그는 융성하던 마가다의 수도 라자가하의 외곽에 한동안 머물렀다. 고타마는 이곳에서 탁발을 하다가 다름아닌 빔비사라 왕의 눈길을 끌게 되었다고 전해진다. 왕은 삭카 출신의 젊은 빅쿠가 마음에 쏙 들어 그를 자신의 후계자로 삼고 싶어했다.[1] 이 사건은 고타마가 처음 라자가하를 방문한 일을 화려하게 장식하기 위한 허구임이 분명하지만, 그가 앞으로 맡게 될 사명의 중요한 측면을 강조하고 있다. 고타마는 카필라밧투의 명망 높은 가문 출신으로, 왕이나 귀족과 어울려도 불편함을 느끼지 않았다. 삭카에는 카스트 제도가 없었지만, 고타마는 갠지스 지역의 주류 사회로 들어서자 자신이 정부 일을 관장하는 카스트인 크사트리야 소속이라고 밝힌다. 그러나 그는 외부자의 객관적인 눈으로 베다 사회의 구조를 볼 수 있었다. 그는 브라만을 숭배하도록 교육받지 않았으며, 그들과 함께 있어도 결코 처진다는 생각을 하지 않았다. 고타마는 훗날 자신의 교단을 세웠을 때 세습되는 것을 근거로 사람들을 구분하는 관행을 받아들이지 않았다. 이런 태도 때문에 그는 카스트 제도가 붕괴하고 있던 여러 도시에서 유리한 입장에 설 수 있었다. 고타마의 구도 항해의 첫 기항지가 외딴 암자가 아니라 커다란 도시였다는 점도 의미심장하다. 그는 앞으로 거의 평생 동안 갠지스의 여러 도시에서 일하게 된다. 도시는 도시화로 인한 격변 때문에 불안과 혼란이 퍼져 있던 곳이며, 영적인 갈증도 그만큼 큰 곳이었다.

고타마는 라자가하에 도착한 후, 그곳에서 오랜 시간을 보내지 않고 바로 스승을 찾아나섰다. 영적 도제 기간을 이끌어주고 거룩한 생활의 기초를 가르쳐줄 사람이 필요했던 것이다. 고타마는 삭카에서는 수도자를 거의 보지 못했을 것이다. 그러나 도시들을 연결하는 새로운 교역로를 따라 떠돌기 시작하면서, 방랑하는 빅쿠들의 무리가 엄청나게 많은 것을 보고 깜짝 놀랐을 것이다. 그들은 노란 수도자복을 입고 탁발그릇*을 들

---

* 바리때.

고 상인들과 함께 걸어다녔다. 도시에서는 수도자들이 여염집 문간에 말없이 서 있는 모습을 보았을 것이다. 탁발 수도자는 말로 먹을 것을 청하지 않고 그냥 그릇만 내밀었다. 그러면 집의 가장은 다음 생에서 좋은 삶을 누리기 위한 공덕을 쌓고 싶은 마음에 남은 음식으로 그 그릇을 채워주곤 했다. 고타마는 또 길에서 벗어나 반얀나무, 흑단나무, 야자나무가 울창한 숲속으로 자러 들어갔을 때, 그곳에서 야영을 하며 함께 살고 있는 수도자들의 무리와 마주쳤을 것이다. 그들 가운데 일부는 부인을 데려와 자연 속에서 가정을 꾸리고 거룩한 생활을 추구했다. 심지어 '고귀한 탐구'를 하는 브라민도 있었는데, 이들은 여전히 성스러운 세 가지 불을 보살피고 좀더 엄격하게 베다의 맥락에서 깨달음을 구했다.

6월 중순에 이 지역을 덮쳐 9월까지 계속되는 장마철에는 여행이 불가능했다. 그래서 물이 빠지고 다시 통행이 가능해질 때까지, 많은 수도자들이 숲이나 교외의 공원과 공동묘지에서 함께 살곤 했다. 고타마가 그들과 합류했을 무렵, 방랑하는 빅쿠들은 이 지역 풍경의 중요한 특징이 되었으며, 사회적으로도 무시할 수 없는 세력이 되었다. 상인과 마찬가지로 이들은 제5의 계급이나 다름없었다.[2]

처음에 많은 사람들이 이런 **아지바카***라는 특별한 직업을 택

---

* 아지바카 : 사명외도(邪命外道), 불교에서는 생계를 영위하기 위한 방편으로 수행하는 자를 가리킨다.

한 것은 주로 가정 생활과 정규 직업의 단조롭고 고된 일로부터 벗어나려는 의도에서였다. 물론 집을 버린 사람들 가운데는 탈락자나 채무자나 파산자나 도망자가 끼어 있었다. 그러나 고타마가 구도의 길을 나설 무렵에는 구도자들의 조직이 견고해져서, 종파에 소속되지 않은 수도자라 하더라도 자신의 존재를 정당화할 이념을 내세워야 했다. 때문에 수많은 종파들이 생겨났다. 능률적으로 관리되는 새로운 왕국 코살라와 마가다에서는 정부가 주민에 대한 통제를 강화하였으며, 백성이 사회 전체에 아무런 기여를 하지 않는 이러한 대안적 생활방식을 택하는 것을 허용하지 않으려 했다. 이에 따라 수도자들은 자신들이 기생충이 아니라, 믿음을 통해 나라의 영적 건강을 개선할 수 있는 철학자들임을 입증해야 했다.[3]

새로운 이념들 대부분은 환생과 캄마교리에 집중되어 있었다. 그 목적은 한 생에서 다음 생으로 몰고가는 삼사라의 끝없는 순환으로부터 해방을 얻는 것이었다. 〈우파니샤드〉는 괴로움의 주된 원인이 무지라고 가르쳤다. 구도자가 자신의 진정하고 절대적인 '자아'에 대한 깊은 지식을 얻으면, 전처럼 심한 고통을 겪지 않게 되고 최종적인 해방의 암시를 얻게 된다는 주장이었다. 그러나 마가다, 코살라, 갠지스 평야 동쪽에 있는 공화국들의 수도자들은 실제적인 일에 더 큰 관심을 가졌다. 그들은 둑카의 주된 원인이 무지가 아니라 욕망(타나)*이라고 보았다. 이들이 말하는 욕망은 거룩한 삶을 추구하는 것처럼 사람들에게 영감과 발전을 주는 고귀한 염원이 아니라, "나는 원한다."라고 말하게 만드는 갈망을 의미했다. 그들은 새로운 사회에 만연한 탐욕과 자기 중심주의를 크게 걱정했다. 앞서 보았듯이, 이 수도자들 역시 그 시대의 인간들이었으며, 따라서 시장에서 등장한 개인주의와 자립의 에토스에 물들어 있었다. 그러나 그들은 축의 시대의 다른 현자들처럼 자기 중심주의가 위험할 수도 있다는 것을 알았다.

갠지스 동부의 수도자들은 이 목마른 타나 때문에 사람들이 삼사라에서 벗어나지 못한다고 확신했다. 그들은 크든 작든 욕망이 우리의 모든 행동을 유발한다고 생각했다. 우리는 뭔가를 원할 때 그것을 얻기 위해 행동한다. 남자가 여자에게 욕정을 품을 때, 그는 그녀를 유혹하는 수고를 아끼지 않는다. 사람들은 사랑에 빠지면 사랑하는 사람을 소유하고 싶어하고, 그 사람에게 집착하게 되고, 강박적인 갈망을 품게 된다. 또한 물질적 안락을 원치 않는다면 아무도 따분한 일을 열심히 하려 들지 않을 것이다. 따라서 욕망은 사람의 행동(캄마)을 부추기며, 이 행동은 오랜 세월 동안 영향을 미치는 결과를 낳고 다음 생의 삶을 좌우하게 된다.

캄마는 재출생을 초래한다. 만일 우리가 아무런 행동도 하지 않을 수 있다면, 다시 태어나 괴로움을 겪다가 죽는 순환으로

---

* 타나 : 애(愛), 갈애(渴愛).

부터 벗어날 가능성이 있을지 모른다. 그러나 우리는 욕망 때문에 행동을 할 수밖에 없다. 따라서 수도자들은 만일 우리가 마음으로부터 타나를 없앨 수 있다면 캄마를 덜 지을 것이라고 결론내렸다. 그러나 가정을 가진 사람은 욕망을 없애는 것이 불가능하다. 그의 삶 전체가 그를 순환의 운명에 빠뜨리는 캄마들로 이루어진다.[4] 후손을 생산하는 것은 결혼한 사람의 의무인데, 어느 정도의 욕정이 없으면 부인과 잠자리를 할 수 없을 것이다. 조금이라도 탐욕이 없다면 장사나 산업에서 성공을 거두지 못하고 자신감도 갖지 못할 것이다. 왕이나 크샤트리아일 경우 권력에 대한 욕망이 없다면 통치를 할 수도 없고, 적과 전쟁을 할 수도 없을 것이다.

사실 타나와 거기서 나오는 캄마가 없다면 사회는 정지할 것이다. 가정을 가진 사람의 삶은 욕정, 탐욕, 야망에 의해 지배되기 때문에, 그는 존재의 그물에 얽혀드는 행동을 할 수밖에 없다. 그 결과 그는 불가피하게 다시 태어나 또 한 번 고통스러운 삶을 견뎌야 한다. 물론 가정을 가진 사람도 선한 캄마를 지음으로써 공덕을 쌓을 수 있다. 예를 들어 빅쿠에게 먹을 것을 주는 등의 행동으로 공덕을 쌓아 장차 혜택을 얻을 수도 있다.

그러나 모든 캄마는 제한적이기 때문에, 그 결과 역시 한정될 수밖에 없다. 가정을 가진 사람은 캄마를 통해서 닙바나의 측량할 수 없는 평화에 이를 수 없다. 우리의 캄마 가운데 가장 선한 것이라도 우리가 다음 생에서 하늘세계 가운데 한 곳의 신으로 태어나게 하는 일 이상을 해줄 수는 없다. 이러한 천상의 존재조차도 언젠가는 종말을 맞이하게 된다. 따라서 가정을 가진 사람의 삶을 구성하는 의무와 책임의 끝없는 순환은 삼사라의 상징이며, 거룩함으로부터 축출당한 상태의 상징이 되었다. 가정을 가진 사람은 운명적 캄마의 쳇바퀴를 돌기 때문에 해방될 희망이 없었다.

그러나 수도자들은 이보다 나은 입장이었다. 그들은 욕정을 포기했다. 자식이나 다른 부양 가족도 없으므로, 일자리를 얻거나 장사를 할 필요가 없다. 그들은 가장과 비교할 때 상대적으로 행동으로부터 자유로운 삶을 누렸다.[5] 그러나 수도자들이 캄마를 덜 짓는다고는 하지만, 그들을 이 생에 묶는 욕망은 사라지지 않는다. 아무리 헌신적인 수도자라 하더라도 자신이 갈망으로부터 해방되지 못했다는 사실을 깨달을 수밖에 없었다. 여전히 욕정에 시달리며, 이따금씩은 삶에서 작은 위로를 갈망하기도 했다. 실제로 그들의 결핍 상태가 오히려 욕망을 더 부추기기도 했다.

수도자는 어떻게 자신을 해방시킬 수 있을까? 최선을 다해 노력을 해도 여전히 자기도 모르는 사이에 이 땅에 속한 것들을 갈망하게 되기 마련이다. 어떻게 하면 자신의 진정한 '자아'에 이르고 이 '자아'를 물질세계로부터 벗어나게 할 수 있을까? 여러 종파에서 서로 다른 해결책을 내놓았다. 어떤 스승은 이런 다루기 힘든 문제를 처리하기 위해 **담마**,* 즉 교리와 규율의 체계를 만들었다. 그리고 제자들을 모아 **상가**** 또는 가나(부족의 모임을 가리키는 오래된 베다 신앙의 용어들)라는 것을 만들었다. 이런 것들은 현대의 종교 교단처럼 잘 짜여진 조직은 아니었다. 공동생활을 거의 또는 전혀 하지 않았으며, 공식적인 행동 규칙도 없었고, 구성원들은 마음대로 드나들었다. 수도자가 더 마음에 맞는 담마를 발견할 경우 현재의 스승을 버리는 일을 막을 수도 없었다. 그래서 수도자들은 장터에서 물건을 고르듯이 최고의 스승을 찾아 돌아다녔다. 빅쿠가 길에서 다른 빅쿠를 만났을 때, "당신 스승은 누구인가? 당신은 어느 담마를 따르는가?" 하고 묻는 것이 당시의 관습이었다.

고타마도 마가다와 코살라를 여행하면서 지나가는 수도자들에게 이런 식으로 질문을 던졌을 것이다. 그는 스승과 상가를 찾고 있었기 때문이다. 처음에는 이념들이 충돌하며 혼란이 일어나는 광경이 눈에 들어왔을지도 모른다. 상가들은 서로 경쟁적이었으며, 마치 상인들이 시장에 자신의 상품을 내놓듯이 호전적으로 자신의 담마를 홍보했다. 열정적인 제자들은 자신의 스승을 '붓다(깨달은 자)'나 '신과 사람들의 스승'이라고 불렀다.[6]

축을 이루는 다른 나라들과 마찬가지로, 이곳에서도 격렬한

---

* 담마 : 불교에서는 법(法).
** 상가 : 불교에서는 승가(僧家).

토론이 벌어지고, 매우 세련된 논증이 제시되고, 사람들은 이런 문제들에 큰 관심을 가졌다. 종교 생활은 괴짜 광신자 몇 명의 전유물이 아니라, 모든 사람들의 관심사였다. 스승들은 도시의 공회당에서 토론을 벌였다. 공개 설교가 열리면 사람들이 몰려들었다.[7] 일반인들은 편이 갈려 서로 다른 상가를 지지하기도 했다. 어떤 상가의 지도자가 도시에 도착하면 가장, 상인, 공무원들이 그를 찾아나서 그의 담마에 대하여 질문을 던졌으며, 마치 오늘날 사람들이 스포츠 팀들을 놓고 토론을 벌이듯이 그 담마의 장단점을 놓고 열심히 토론을 벌였다. 일반인들도 이런 토론의 세밀한 부분까지 이해했으나, 그들의 관심은 결코 이론적인 것이 아니었다.

인도에서는 종교적 지식을 평가하는 기준이 오로지 하나뿐이었다. 그것이 효과가 있는가? 그것이 한 개인을 바꾸고, 삶의 고통을 덜어주며, 궁극적 해방의 평화를 주거나 혹은 그것을 얻을 것이라는 희망을 주는가? 누구도 형이상학적 교리 자체에는 관심을 가지지 않았다. 따라서 담마에는 실용적 지향이 빠질 수 없었다. 예를 들어 숲의 수도자들의 이념은 모두가 새로운 사회의 호전성을 완화하려는 목표를 가지고 있었으며, 이런 맥락에서 부드러움과 상냥함을 옹호하는 **아힘사**(해치지 않음)*의 윤리를 장려했다.

---

* 아힘사 : 불살생(不殺生).

막칼리 고살라와 푸르나 캇사파 같은 스승을 따르는 아지바카들은 당시 유행하던 캄마이론을 부정했다. 그들은 설사 수천 년이 걸리더라도 모든 사람이 궁극적으로 삼사라로부터 해방을 얻게 될 것이라고 믿었다. 다만 그 전까지 고정된 숫자의 생을 통과하며 모든 형태의 삶을 경험해야 한다는 것이었다. 이 담마의 핵심은 마음의 평화였다. 미래에 대해 걱정하는 것은 소용없었다. 모든 것이 미리 예정되어 있었기 때문이다.

비슷한 맥락에서 현자 아지타가 이끄는 물질주의자들은 환생의 교리를 부정하면서, 인간은 오로지 물질적인 피조물이기 때문에 죽은 뒤에는 원소로 돌아갈 뿐이라고 주장했다. 모두가 이런 똑같은 운명에 처해 있기 때문에 어떻게 행동하느냐 하는 것은 중요하지 않았다. 따라서 마음 편하게 행복을 추구하는 것이 낫다고 하면서, 그런 목적을 달성하기 위한 캄마만 지으라고 권했다.

회의주의자들의 지도자인 산자야는 궁극적인 진리의 존재 가능성을 부인하면서, 모든 캄마는 우애와 마음의 평화를 목표로 삼아야 한다고 가르쳤다. 모든 진리는 상대적이기 때문에 토론은 상처만 줄 뿐이며, 따라서 가급적 피해야 한다는 것이었다.

고타마가 살던 시대에 자이나교도는 마하비라('위대한 영웅')로 알려진 바르다마나 지나티푸트라가 이끌었다. 그는 악한 캄마는 영혼을 미세한 먼지로 덮는데, 이 먼지가 영혼을 짓누르

자이나교의 현자와 사도들을 조각해놓은 동판.

게 된다고 믿었다. 따라서 어떤 행동도 하지 않으려는 사람들이 있었다. 특히 다른 생물—심지어 식물이나 곤충까지—을 해치는 캄마를 피하려 했다. 어떤 자이나교도는 자기도 모르는 사이에 막대기를 밟거나 물 한 방울을 흘릴까 봐 꼼짝도 하지 않으려 했다. 그런 미천한 생명에도 이전 생에서 악한 캄마를 지은 영혼이 들어 있다고 믿었기 때문이었다. 그러나 자이나교도의 이런 특별한 너그러움에는 자신을 향한 폭력이 수반되는 경우가 많았다. 그들은 악한 캄마의 결과를 태워버리기 위해 무시무시한 회개의 행동을 했다. 그들은 굶기도 하고, 물을 마시거나 씻는 일을 거부하기도 하고, 극심한 열이나 냉기에 몸을 노출시키기도 했다.[8]

고타마는 이런 상가들에는 가입하지 않았다. 대신 그는 삼캬 철학을 가르치던 알라라 칼라마의 담마에 입문하기 위해 비데하 공화국의 수도인 베살리 근처로 갔다.[9] 고타마는 이 학파를 이미 잘 알고 있었을지도 모른다. 삼캬철학은 기원전 7세기에 카필라가 처음 가르쳤는데, 그는 카필라밧투와 관련이 있는 인물이었다. 이 학파는 괴로움의 뿌리에는 욕망보다 무지가 있다고 믿었다. 우리의 괴로움은 진정한 '자아'에 대한 이해가 없기 때문에 생긴다는 것이다. 보통 이 '자아'를 자신의 일반적인 정신 심리적인 삶과 혼동하지만, 해방을 얻기 위해서는 '자아'가 이런 덧없고 제한적이고 불만족스러운 마음 상태들과는 아무런 관련이 없다는 것을 깊은 수준에서 인식해야 한다. '자아'는 영원하며, '절대정신(푸루샤)'과 동일하다. 이 절대정신은 모든 사물과 모든 몸 안에 잠재해 있지만 자연의 물질적 세계(프라크트리)에 의해 가려져 있다.

삼캬에 따르면, 거룩한 삶의 목표는 프라크트리로부터 푸루샤를 분별해내는 것이다. 수도자는 감정의 혼란을 넘어선 생활을 하면서 인간의 가장 순수한 부분인 지성을 계발해야 한다. 지성은 마치 거울이 꽃을 비추듯이 영원한 '정신'을 비출 수 있다. 이것은 쉬운 과정이 아니지만, 수도자는 자신의 진정한 '자아'가 완전히 자유롭고, 절대적이고, 영원하다는 것을 인식할 때에만 해방을 얻을 수 있다. 해방을 얻는 즉시 자연(프라크트리)은 '자아'로부터 물러난다. 고전적 텍스트에서는 이것을 "주인의 욕망을 채워준 뒤에 물러나는 무희"에 비유했다.[10]

이렇게 되면 수도자는 깨달음을 얻게 된다. 자신의 진정한 본성에 눈을 떴기 때문이다. 이제 괴로움은 그를 건드리지 못한다. 그는 자신이 영원하고 절대적임을 알기 때문이다. 이제 그는 "나는 괴롭다."라고 말하는 대신 "그것이 괴롭다."라고 말한다. 고통은 이제 멀리 떨어진 곳에서 일어나는 경험, 자신의 진정한 정체성으로부터 멀리 떨어진 경험이 되었기 때문이다. 깨달은 현자는 계속 세상 속에서 살면서 자신이 전에 저지른 악한 캄마의 잔재를 불태우게 된다. 그러나 죽으면 절대 다시 태어나지 않는다. 물질적 프라크트리로부터 해방되었기 때문

이다.[11]

고타마는 삼캬철학이 마음에 들었다. 그래서 훗날 자신의 담마를 정리할 때도 이 철학의 몇 가지 요소는 그대로 남겼다. 삼캬는 고타마처럼 세상에 대한 환멸의 기억이 생생한 사람에게는 매우 매력적인 이념이었을 것이다. 삼캬는 수도자들에게 모든 곳에서 거룩함을 찾으라고 가르쳤기 때문이다. 자연은 덧없는 현상에 불과했다. 그것은 혼란을 일으킬 뿐 궁극적 실재는 아니었다. 세상이 낯선 곳으로 여겨지는 사람들에게 삼캬는 치유의 비전이었다. 삼캬에서는 자연이 그 가망 없는 외관에도 불구하고 우리의 친구라고 가르쳤다. 자연은 인간이 깨달음을 얻도록 도와줄 수 있었다. 사람들과 마찬가지로 자연세계의 모든 생물들도 '자아'를 해방하고자 하는 요구를 느끼고 그것에 따라 움직였다. 따라서 자연은 '자아'가 자유를 얻도록 스스로를 없애는 일에 열중했다. 심지어 괴로움도 구원에 도움을 주었다. 괴로움을 겪을수록 그러한 고통으로부터 자유로운 상태를 바라는 마음도 강해지기 때문이다.

프라크트리 세계의 제약을 경험할수록, 해방을 바라는 염원도 더 강해진다. 외적인 힘들이 우리 삶을 규정한다는 것을 좀 더 분명하게 깨달을수록, 절대적이고 무조건적인 실재 푸루사를 바라는 욕망도 더 강해진다. 그러나 이 욕망이 아무리 강할지라도 수도자는 물질세계로부터 해방을 얻는 것이 극히 어렵다는 것을 깨닫곤 한다. 감정의 혼란스러운 삶, 육체의 무정부

주의적인 삶에 시달리는 한낱 인간이 어떻게 이런 소용돌이를 넘어서서 지성에만 의지해 살 수 있겠는가?

고타마는 곧 이러한 문제에 부딪쳤다. 그는 삼캬의 진리들을 명상하는 것만으로는 진정한 구원을 얻을 수 없다는 것을 깨달았다. 그러나 고타마는 처음에는 장족의 진보를 했다. 알라라 칼라마는 그를 제자로 받아들였으며, 그가 곧 담마를 이해하여 스승만큼 많은 것을 알게 될 것이라고 장담했다. 고타마가 이 교리를 자신의 것으로 소화할 것이라는 이야기였다. 고타마는 금방 핵심을 파악하고, 곧 상가의 다른 구성원들처럼 능숙하게 스승의 가르침을 암송할 수 있게 되었다. 그러나 확신할 수는 없었다. 뭔가가 빠져 있었다. 알라라 칼라마는 그가 이런 가르침들을 '깨닫고', 이 가르침들에 대한 '직접적인 지식'을 얻게 될 것*이라고 믿었다. 진리가 자신과 떨어져 존재하는 것이 아니라, 자신의 심리와 통합되어 자신의 삶의 현실이 될 것이라는 이야기였다. 자신이 곧 담마의 살아 있는 구현체가 된다는 것이었다.

그러나 그런 일은 일어나지 않았다. 알라라 칼라마가 예언한 것과는 달리, 그는 교리 '안으로 들어가', '그 안에서 살게' 되지 않았다. 가르침들은 여전히 머나먼 형이상학적 추상개념들로 남아 있었으며, 그의 실존과는 아무런 관계가 없었다. 그는

---

* 지견(知見)하다.

노력을 했지만, 자신의 진정한 '자아'를 어렴풋하게도 인식할 수 없었다. 그의 '자아'는 뚫고 들어갈 수 없는 프라크트리의 껍질 속에 감추어진 채 모습을 드러내지 않았다.

이것은 종교에서 흔히 빠지게 되는 곤경이다. 사람들은 흔히 신앙에 대한 전통적 진리들을 받아들이고 다른 사람들의 증언을 수용하지만, 종교의 내적인 핵, 그 빛을 발하는 본질은 손에 잡히지 않는 곳에 그대로 있다는 것을 깨닫곤 한다. 고타마는 이런 접근 방법이 마음에 들지 않았다. 그는 기존의 것을 그대로 믿고 받아들이는 것을 거부했다. 나중에 자신의 상가를 가지게 되었을 때에도, 그는 제자들에게 어떤 것을 전해 듣는 대로 받아들이지 말라고 경고했다. 스승이 그들에게 말하는 모든 것을 무비판적으로 삼킬 것이 아니라, 모든 지점에서 담마를 검토하여 그것이 자신의 경험과 공명하는지 확인하라는 것이었다.

그래서 고타마는 구도의 최초의 단계에서도 알라라 칼라마의 담마를 믿느냐 마느냐의 문제로 받아들이지 않으려 했다. 그는 스승에게 나아가, 어떻게 이 교리들을 '깨달았느냐'고 물었다. 다른 누군가의 말을 그냥 받아들이지는 않았을 것 아니냐는 물음이었다. 알라라 칼라마는 자기가 명상만으로 삼캬에 대한 '직접적 지식'을 얻은 것이 아님을 인정했다. 그는 정상적이고 합리적인 사고만이 아니라, 요가 훈련을 이용하여 이런 교리를 꿰뚫을 수 있었던 것이다.[12]

인도에 언제 처음으로 요가 수행이 나타났는지는 확인할 수 없다.[13] 아리아인의 침입 이전에도 인도 아대륙에 요가의 몇 가지 형태가 있었다는 증거가 있다. 기원전 2000년대의 인장(印章)에도 사람들이 요가 자세로 앉아 있는 모습이 등장한다. 요가에 대한 글은 고타마 시대로부터 한참 지난 뒤에야 나타난다. 고전적인 문헌들은 서기 2, 3세기에 씌어졌으며, 기원전 2세기에 살았던 신비주의자 파탄잘리의 가르침에 기초를 두고 있다.

파탄잘리의 명상과 집중방법은 삼캬철학에 기초를 두었지만, 삼캬가 끝나는 지점에서 시작되었다. 그의 목표는 형이상학 이론을 제출하는 것이 아니라, 감각의 영역 너머에 놓인 진리로 진입할 수 있는 의식의 또 다른 양식을 계발하는 것이었다. 이렇게 하려면 심리적이고 생리적인 기술을 이용하여 정상적인 의식을 억눌러야 하는데, 요가 수행자는 이를 통해 감각과 이성을 초월한 통찰을 얻을 수 있었다. 파탄잘리는 일반적인 추론과 명상으로는 프라크트리에서 '자아'를 해방할 수 없음을 알았다. 요가 수행자는 순전히 힘으로 이것을 성취해야 했다. 수행자는 실재를 인식하는 일반적인 방법을 버리고, 정상적인 사고 과정을 없애고, 세속적인 일반 자아를 없애야 했다. 말하자면, 잘 움직이지 않으려 하는 고집 센 정신을 오류와 착각의 영역 너머로 강제로 밀고 가야 했다. 그러나 요가에 초자연적인 것은 없었다. 파탄잘리는 요가 수행자가 자신의 타고

난 심리적, 정신적 능력을 활용할 뿐이라고 믿었다.

파탄잘리는 붓다가 죽고 나서 오랜 세월이 흐른 뒤에 가르쳤지만, 삼캬철학과 연관이 있는 요가 수행은 고타마 시대에 이미 갠지스 지역에 자리를 잡았고, 숲의 수도자들에게 인기를 끌고 있었던 것이 분명하다. 요가는 고타마의 깨달음에도 핵심적인 역할을 하게 되며, 실제로 고타마는 요가의 전통적 훈련을 이용하여 자신의 담마를 발전시키게 된다. 따라서 고타마가 알라라 칼라마에게서 배웠고 또 닙바나의 길로 나아가는 데 활용했던 전통적인 요가 방법들을 이해하는 것이 중요하다.

'요가' 라는 말은 '멍에를 씌우다' 또는 '함께 묶는다' 는 뜻을 가진 동사 유지에서 나왔다.[14] 그 목표는 요가 수행자의 마음을 '자아'와 연결시켜, 마음의 모든 힘과 충동을 속박하는 것이다. 이렇게 하면 인간에게 보통은 불가능한 방식으로 의식이 통일된다. 우리의 마음은 산만해지기 쉽다. 오랫동안 한 가지에 집중하는 것은 쉽지 않은 일이다. 원치도 않는데, 심지어 아주 엉뚱한 순간에, 마음의 표면에서 생각과 공상이 나타나기도 한다. 우리는 이런 무의식적 충동에 대해서는 통제력을 행사하기 힘들다.

우리의 정신활동 가운데 많은 부분은 저절로 움직인다. 하나의 이미지가 다른 이미지를 불러오고, 오래전에 잊었거나 망각으로 물러났던 연상들에 의해 두 이미지가 합쳐진다. 우리는 하나의 사물이나 관념을 있는 그대로 생각하는 경우가 거의 없다. 그것은 개인적 연상에 물들어 있다. 이 연상이 그것을 즉각 왜곡시키기 때문에 객관적으로 생각할 수가 없다. 이런 심리 정신적인 과정 가운데 일부는 고통으로 채워져 있다. 이런 과정은 무지, 아집, 격정, 혐오, 자기 보존 본능을 특징으로 한다. 이런 과정은 통제하기 어려우면서도 우리 행동에는 깊은 영향을 주는 무의식적 활동(바사나)*에 뿌리를 두고 있기 때문에 강력한 힘을 발휘한다.

프로이트와 융이 근대 정신분석을 발전시키기 오래전에 이미 인도의 요가 수행자들은 무의식을 발견했으며, 그것을 어느 정도는 정복하게 되었다. 따라서 요가는 깊은 수준에서 축의 시대의 에토스와 일치한다. 그것은 인간이 자신을 좀더 완전하게 의식하고, 과거에는 직관으로 희미하게 파악했던 것을 밝은 빛 속으로 끌어내려는 시도이기 때문이다.

요가 수행자는 이를 통해 제멋대로 움직이는 바사나를 인식하고, 그것이 자신의 영적 진보를 방해할 경우에 그것을 제거할 수 있었다. 이것은 어려운 과정이었다. 한 걸음 나아갈 때마다 스승의 세심한 감독을 받아야 했다. 오늘날 정신분석을 받는 사람이 정신분석가의 도움을 필요로 하는 것과 마찬가지이다. 이렇게 무의식을 통제하려면 요가 수행자는 정상적 세계와 모든 유대를 끊어야 했다. 우선 다른 수도자들과 마찬가지로

---

* 바사나 : 습기(習氣).

사회를 '떠나야' 했다. 그런 뒤에 엄격한 훈련을 통하여 일반적인 행동 패턴과 정신 습관을 넘어선 곳으로 한 걸음씩 나아갔다. 말하자면 자신의 낡은 자아를 죽임으로써 진정한 '자아', 완전히 다른 존재 양식을 깨우기를 바랐던 것이다.

이런 이야기는 요가를 매우 다른 방식으로 경험해온 일부 서양인들에게는 이상하게 들릴지도 모르겠다. 그러나 축의 시대의 현자와 예언자들은 그들이 추구하는 절대적이고 거룩한 실재를 경험하는 데 아집이 가장 큰 장애라는 것을 차츰 깨닫기 시작했다. 신의 실재나 브라만이나 닙바나를 파악하고자 한다면, 인간 특유의 이기심을 버려야 했다. 중국 철학자들은 깨달음을 얻으려면 욕망과 행동이 삶의 핵심적인 박자를 따르게 해야 한다고 가르쳤다. 헤브라이 예언자들은 신의 의지에 복종하라고 말했다. 훗날 예수는 제자들에게 영적인 구도는 자아의 죽음을 요구한다고 가르쳤다. 그는 밀알 한 알이 땅에 떨어져 죽어야 잠재력을 한껏 발휘하여 많은 열매를 맺는다고 말했다. 마호메트는 신 앞에서 전 존재가 실존적으로 굴복하는 이슬람의 중요성을 설교했다.

앞으로 보게 되겠지만, 이기심과 아집을 버리는 것은 고타마 자신의 담마의 요체가 된다. 그러나 인도의 요가 수행자들은 이미 이것의 중요성을 알고 있었다. 요가는 우리의 세계관을 왜곡하고 우리의 영적 진보를 가로막는 아집을 체계적으로 벗겨내는 것이라고 말할 수 있다. 오늘날 미국이나 유럽에서 요가를 수행하는 사람들이 반드시 이런 목적을 가지는 것은 아니다. 그들은 흔히 건강을 얻기 위해 요가를 한다. 이렇게 집중하는 연습을 통해 사람들은 지나친 불안을 풀거나 누르는 데 도움을 얻는다. 요가 수행자들이 영적인 황홀경을 얻기 위하여 사용하는 시각화 기법이 암으로 고통받는 사람들에게 활용되는 경우도 있다. 그들은 병든 세포를 상상하면서, 잠재의식의 힘들을 불러내어 병의 진전을 막도록 한다. 물론 요가의 수행 방법들을 제대로 실행하면 스스로를 통제하고 고요한 마음을 얻을 수 있다. 그러나 원래의 요가 수행자들은 더 좋은 기분을 얻거나 더 정상적인 삶을 살기 위해 이 길을 갔던 것이 아니다. 그들은 오히려 정상적인 상태를 없애고 싶어했으며, 세속적 자아를 지워버리려 했다.

고타마와 마찬가지로 갠지스 평원의 많은 수도자들 역시 논리적이고 추론적인 방법으로 담마를 명상해서는 해방을 얻을 수 없다는 것을 깨달았다. 이런 이성적인 사고 방법은 정신의 극히 작은 부분만을 이용할 뿐이었다. 게다가 영적인 문제에 초점을 맞추려 할 때면 이 부분이 스스로 움직이는 무정부적인 생명력을 가지고 있음이 드러나곤 했다. 아무리 집중하려 해도 정신을 산만하게 하는 수많은 잡념이나 도움이 되지 않는 연상들이 끊임없이 나타났다. 담마의 가르침들을 실행에 옮기기 시작하면 자신의 내부에서 걷잡을 수 없는 온갖 저항들과 마주쳤다. 그들의 의지력이 아무리 강해도 그들 자신 안에 묻혀 있는 어떤 부분은 여전히 금지된 것들을 갈망했다.

사람의 마음에는 깨달음에 고집스럽게 저항하는 잠재적인 경향들이 있는 것 같았다. 불교 경전에서는 이런 힘들을 마라라는 인물로 인격화하고 있다. 이런 잠재의식적 충동들은 과거에 심어진 요인들이 빚어낸 결과인 경우가 많았다. 수도자들이 이성을 갖출 만한 연령에 이르기 전에 심어진 것일 수도 있고, 그들이 유전적으로 물려받은 것일 수도 있었다. 물론 갠지스의 수도자들이 유전자 이야기를 한 것은 아니다. 그들은 이런 저항의 원인이 전생의 나쁜 캄마라고 생각했다. 어떻게 하면 이런 요인들을 넘어 절대적 '자아'에 이를 수 있을까? 그들은 이 '자아'가 정신적 혼란 너머에 있는 것이라고 확신했다. 어떻게 하면 이 미쳐 날뛰는 프라크트리로부터 '자아'를 구할 수 있을까?

수도자들은 정상적인 의식으로는 얻을 수 없는 자유, 오늘날 서구에서 추구하는 자유—이것은 보통 우리의 한계와 타협할 것을 요구하기 마련이다.—보다 훨씬 더 근본적인 자유를 구했다. 인도의 수도자들은 인격의 특징을 규정하는 조건으로부터 자유를 얻고자 했으며, 지각의 한계를 이루는 시간과 공간의 제약을 없애려 했다. 그들이 구한 자유는 아마 훗날 사도 바울이 '하느님 자손들의 자유'[15)]라고 부른 것과 흡사할 것이다. 그러나 인도의 수도자들은 이것을 나중에 하늘나라에서 경험할 수 있을 때까지 기다리지 않았다. 그들은 지금 이곳에서 자신의 노력으로 그것을 얻으려 했다. 요가 훈련은 깨달음의 무의

고타마는 집을 떠나 여러 스승과 수도자들을 만난다. 왼쪽 맨 위에 누워 있는 사람과 그 아래 나무 그늘 아래 서 있는 사람이 바로 고타마이다.

식적 장애물들을 부수고, 인간의 인격을 형성하는 조건들을 없애기 위해 고안되었다. 요가 수행자들은 이것을 이루면 마침내 진정한 '자아'와 하나가 된다고 믿었는데, 이 자아는 무조건적이고, 영원하고, 절대적이었다.

따라서 '자아'는 존재의 거룩한 수준의 주요한 상징이며, 일신교의 신, 힌두교의 브라만/아트만, 플라톤 철학의 '선(善)'과 같은 기능을 한다. 고타마는 알라라 칼라마의 담마 안에 들어가 '살려고' 했을 때, 〈창세기〉에서 최초의 인간들이 에덴에서 경험했다고 하는 그런 평화와 온전함으로 들어가 그 안에 살고 싶었을 것이다. 이 에덴의 평화, 이 샬롬, 이 닙바나를 머리로 아는 것으로는 충분하지 않았다. 그는 우리가 물리적인 대기 안에 들어가 살고 숨쉬듯이, '직접적인 지식'이 그를 완전히 감싸기를 원했다. 그는 초월적 조화에서 나오는 이 고요한 느낌을 자신의 심리 깊은 곳에서 발견할 수 있으며, 이것이 그를 완전히 바꾸어놓을 것이라고 확신했다. 그는 육신이 당하는 괴로움으로부터 벗어난 새로운 '자아'를 얻으려 했다.

축을 이루는 모든 나라에서 사람들은 좀더 내적인 형태의 영성을 추구했지만, 인도의 요가 수행자들만큼 철저하게 나아간 경우는 없었다. 축의 시대의 중요한 통찰들 가운데 하나는 '성스러움'이 단순히 '저 밖에' 있는 어떤 대상이 아니라는 것이다. 그것은 각자의 존재의 바닥에 내재한다는 것이었다. 이러한 인식은 브라만과 아트만의 동일성이라는 〈우파니샤드〉의 비전에 고전적으로 표현되어 있다. 그러나 성스러움은 우리 자신의 자아만큼 우리에게 가까운 것이지만, 그것을 찾는 일은 지극히 어렵다는 것이 드러났다. 에덴의 문은 닫혀 있었던 것이다.

옛날에는 인간이 성스러움에 쉽게 접근할 수 있다고 생각했다. 고대 종교들은 신, 인간, 모든 자연현상이 똑같이 거룩한 신성으로 이루어져 있다고 믿었다. 인간과 신들 사이에는 존재론적 간극이 없었다. 그러나 축의 시대의 중요한 고민 가운데 하나는 이러한 거룩함이 어떻게 된 일인지 세상으로부터 멀어져 사람들에게 낯선 것이 되었다는 사실이었다.

예를 들어 헤브라이 성서의 초기 텍스트를 보면, 아브라함은 그의 신과 함께 식사를 했다. 신은 평범한 나그네로 그의 야영지에 나타나기도 했다.[16] 그러나 축의 시대의 예언자들의 신에 대한 경험은 참담한 충격일 때가 많았다. 이사야는 신전에서 신의 모습을 보았을 때 죽을 지경의 공포에 사로잡혔다.[17] 예레미야는 그의 팔다리에 경련을 일으키고, 그를 상심하게 하고, 그를 술 취한 사람처럼 비틀거리게 하는 고통을 통해 거룩함을 알았다.[18] 고타마와 같은 시대에 살았을 수도 있는 에제키엘은 성스러운 것과 자기를 보호하려는 의식적인 자아 사이에 존재하는 근본적인 불연속성에 대하여 이야기했다. 이 예언자는 신 때문에 몹시 불안하여 몸을 부들부들 떨곤 했다. 아내가 죽었을 때 신은 애도를 금지했다. 신은 그에게 똥을 먹게 했고, 피난민처럼 짐 보따리를 들고 도시를 돌아다니게 했다.[19] 거룩한 존재 속으로 들어가기 위해서는 가끔 문명화된 개인의 정상적인 반응을 부정하고 세속적인 자아에 폭력을 휘둘러야 할 필요가 있었다. 초기의 요가 수행자들 역시 자기 안에 있는 무조건적이고 절대적인 '자아'를 붙잡으러 가기 위해 일상적인 의식(意識)을 공격해야 했다.

요가 수행자들은 정상적인 사고 과정을 파괴하고, 사고와 감정을 없애고, 깨달음에 저항하며 버티는 무의식적인 바사나를 제거할 때에만 '자아'가 해방될 수 있다고 믿었다. 그들은 관습에 얽매인 정신적 습관들과 전쟁을 벌였다. 요가 수행자는 내적인 여행의 각 지점마다 자연스럽게 찾아오는 것들을 거스르는 쪽으로 나아갔다. 각각의 요가 훈련은 일반적인 반응을 무너뜨리는 것을 목적으로 짜여졌다. 요가 수행자들은 다른 금욕주의자들과 마찬가지로 사회를 '떠남'으로써 영적인 삶을 시작했다. 그러나 그들은 거기서 한 걸음 더 나아갔다. 그들은 가정을 가진 사람의 심리까지 버리려 했다. 인간적 속성 자체를 '떠나는' 셈이었다. 인도의 요가 수행자들은 세속적인 세계에서 완성을 구하는 대신, 그들의 내적인 여행 한 걸음마다 그 세계 안에서 살기를 거부하겠다고 결심했다.

알라라 칼라마는 고타마에게 이런 요가의 방법들을 하나씩 가르쳤을 것이다. 그러나 고타마가 명상을 시작하기 전에 우선 도덕성의 건실한 기초를 놓아야만 했다. 윤리적인 규율들은 그의 자기 중심주의를 제어하고 생활의 불필요한 부분들을 제거하여 그를 순수한 상태로 바꾸어 놓았다. 요가는 수행자에게 매우 강한 집중력과 자기제어 능력을 주기 때문에 이기적인 목적으로 이용하면 수행자를 악마로 바꿀 수도 있었다. 따라서 수행자는 자신의 고집스러운 자아를 단단히 통제하기 위해 다섯 가지 '금지사항(야마)'*을 준수해야 했다. 야마는 도둑질, 거짓말, 과음, 다른 생물을 죽이거나 해치는 일, 성교 등을 금지

---

* 야마 : 금(禁), 금계(禁戒).

했다. 이 규칙들은 자이나교가 일반 신도를 위해 규정한 규칙들과 비슷했으며, 아힘사의 윤리와 더불어 욕망에 저항하고 정신적, 신체적으로 맑은 상태를 달성하겠다는 결의—갠지스의 금욕주의자들 대부분에게 공통된 결의—를 반영했다.

고타마는 이런 야마가 제2의 천성이 된 뒤에야 좀더 진전된 요가 훈련으로 나아갈 수 있었을 것이다.[20] 그는 또한 **니야마**(신체적, 심리적 훈련)*도 수행해야 했을 것이다. 여기에는 빈틈없는 청결, 담마 공부, 평정심의 유지 등이 포함되어 있었다. 또 금욕주의 훈련(타파)**도 있었다. 이 과정에서 수행자는 극단적인 더위와 추위, 굶주림과 목마름을 아무런 불평 없이 견디고, 말과 몸짓을 통제하여 절대 자신의 속생각이 드러나지 않도록 했다. 이것은 쉬운 과정이 아니었다. 그러나 고타마는 야마와 니야마에 숙달된 뒤에는 아마 '말로 묘사할 수 없는 행복'을 경험하기 시작했을 것이다. 요가의 고전들은 이런 행복이 자기 통제, 절제, 아힘사의 결과라고 말한다.[21]

고타마는 이제 진정한 요가 훈련 가운데 첫 번째 단계로 나아갈 준비가 되었다. 그것은 아사나,*** 즉 요가의 특징적인 자세의 훈련이다.[22] 이런 자세 하나하나는 신체의 자연스러운 경

---

* 니야마 : 권(勸), 권계(勸戒).
** 타파 : 고행(苦行).
*** 아사나 : 좌(坐), 체위법(體位法).

향을 부정할 것을 요구하며, 요가 수행자의 원칙인 세상에 대한 거부를 보여주었다. 수행자는 아사나 상태에서 움직이는 것을 거부함으로써 자신의 정신과 감각 사이의 연관을 끊었다. 그는 다리를 꼬고 등을 곧게 펴고 앉아,* 조금도 움직이지 말아야 했다. 이 자세를 통해 그는 우리 몸은 그대로 놓아두면 쉬지 않고 움직인다는 사실을 깨달았을 것이다. 우리는 눈을 깜빡이고, 몸을 긁거나 뻗고, 한쪽 엉덩이에서 다른 쪽 엉덩이로 무게 중심을 옮기고, 자극에 반응하여 고개를 돌린다. 우리는 잘 때도 가만히 있지 않는다. 아사나에서 요가 수행자는 전혀 움직이지 않기 때문에, 인간이라기보다는 조각상이나 식물처럼 보인다. 그러나 일단 숙달되면, 이런 부자연스러운 정지상태는 그가 얻고자 하는 내적인 고요를 비추게 된다.

다음에 요가 수행자는 숨쉬기를 거부한다. 호흡은 우리 신체의 기능 가운데 가장 근본적이고, 자동적이고, 본능적인 기능이며, 생명을 유지하는 데 절대적으로 필요하기도 하다. 우리는 보통 호흡에 대해서는 생각을 하지 않는다. 그러나 이제 고타마는 **프라나야마****의 기술, 즉 차츰 느리게 숨을 쉬는 기술을 익혀야 했다.[23] 궁극적 목적은 느릿느릿한 날숨과 들숨 사이에 가능한 한 오래 숨을 참는 것이다. 이렇게 하면 호흡이 완전히 정지된 것처럼 보인다. 프라나야마는 일상생활의 불규칙한 호

---

* 가부좌(跏趺坐).
** 프라나야마 : 조식법(調息法), 호흡법.

흡과는 전혀 다르다. 잠을 자는 동안, 즉 꿈과 최면의 이미지를 통해 무의식이 우리에게 좀더 가깝게 다가와 있는 동안 숨쉬는 방식과 비슷하다. 요가 수행자의 이런 호흡 거부는 세상에 대한 근본적 부정만을 보여주는 것이 아니었다. 프라나야마는 수행자의 정신 상태에도 깊은 영향을 준다는 것이 예전부터 확인되어왔다. 초기 단계에서 수행자는 음악, 특히 스스로 연주하는 음악을 듣는 듯한 기분에 사로잡힌다. 웅장하고, 광대하며, 차분하면서도 고상한 영역에 들어선 느낌을 받게 되는 것이다. 마치 자신의 몸을 소유한 것 같은 느낌이다.[24]

일단 이런 신체적 훈련에 숙달되자 고타마는 **에카그라타***라는 정신적 훈련을 받을 준비가 되었다. 이것은 '한 점에' 집중하는 훈련이다.[25] 이 훈련에서 요가 수행자는 생각을 거부한다. 수행자는 하나의 대상이나 관념에 초점을 맞추고 다른 모든 감정이나 연상은 배제한다. 마음속으로 몰려들어 정신을 산만하게 하는 요소는 하나도 받아들이지 않으려고 노력한다.

고타마는 점차 정상적 상태로부터 자신을 분리하고, 영원한 '자아'의 자율성에 다가가려고 노력했다. 그는 **프라티아하라**(감각의 철회), 즉 감각들이 정지한 상태에서 지성만으로 대상을 명상하는 능력을 배웠다.[26] **다라나**(집중)**에서는 연못에서 올라오는 연꽃처럼 또는 내부의 빛처럼 자신의 존재의 바닥에서

---

* 에카그라타 : 집중 상태.
** 다라나 : 응념(凝念).

'자아'를 시각화하는 법을 배웠다. 그는 명상을 하는 가운데 호흡을 중단함으로써 자신의 의식을 의식하고, 자신의 지성의 핵심까지 뚫고 들어갈 수 있기를 바랐다. 그 속에서 '절대정신(푸루사)'이 반영된 모습을 볼 수 있다고 생각했기 때문이다.[27] 각각의 다라나는 12번의 프라나야마 동안 지속된다. 12번의 다라나 뒤에 요가 수행자는 자신의 내부로 깊이 가라앉아 자연스럽게 '황홀경(디아나, 팔리어로는 자나)'*의 상태를 얻는다.[28]

텍스트들에 따르면 이 모든 것은 일상생활에서 우리가 하는 생각과는 매우 다르다. 또한 마약에 의해 유도된 상태와도 다르다. 숙련된 요가 수행자가 이런 훈련법에 통달하면, 적어도 명상이 지속되는 동안에는 특수한 힘을 갖게 된다. 그는 이제 날씨도 의식하지 못한다. 의식의 불안한 흐름도 통제된다. '자아'와 마찬가지로 환경의 긴장과 변화에 무감각하게 된다. 이런 상태에서 명상하는 대상이나 정신적 이미지에 몰입한다. 그는 어떤 대상이 유발하기 마련인 기억이나 통제되지 않는 개인적 연상의 홍수와 같은 흐름을 억누를 수 있기 때문에, 이제 그 대상으로부터 벗어나 자신의 개인적 관심사로 한눈을 파는 일이 없다. 그는 대상을 주관화하지 않고 '실제 있는 그대로'—요가 수행자들에게는 중요한 구절이다.—볼 수 있다. 그의 사고로부터 '나'는 사라지기 시작한다. 대상은 이제 나 자신의

---

* 자나 : 정려(靜慮), 선정(禪定). 요가의 수행단계는 야마-니야마-아사나-프사나야마-프라티아하라-다라나-디아나-사마디(삼매三昧)의 8단계로 나누기도 한다.

경험이라는 여과지를 통하여 파악되지 않는다. 그 결과 아무리 평범한 대상이라도 완전히 새로운 특질을 드러낸다. 이 지점에 이른 수행자들은 프라크트리라는 왜곡하는 필터 너머로 푸루사가 언뜻언뜻 보이기 시작했다고 상상했을 것이다.

요가 수행자는 이런 기술들을 이용하여 담마의 교리들을 명상함으로써 그것들을 생생하게 경험할 수 있었다. 이런 경험은 이 진리를 합리적으로 정리한 내용을 이해하는 것과는 비교도 할 수 없었다. 이것이 알라라 칼라마가 말하는 '직접적인' 지식의 의미였다. 이 상태에서는 요가 수행자와 그의 담마 사이에 정상적인 의식 특유의 망상이나 아집이 끼어들지 않기 때문이다. 그는 주관적인 연상이라는 왜곡을 동반하는 필터 없이 담마를 새로 명료하게 '볼' 수 있었다. 이런 경험은 망상이 아니었다. 요가 훈련을 통해 정신적 과정을 조작하고 심지어 무의식적 충동들을 감독하게 되고, 또 프라나야마를 통해 정신·신체적인 변화를 겪게 되면, 실제로 의식에 변화가 일어났다. 전문 기술을 수련한 결과 새로운 능력이 빛을 보게 된 것이다. 이것은 무용가나 운동선수가 인간의 신체 능력을 한껏 발휘하는 것과 마찬가지이다. 현대의 연구자들은 요가 수행자가 명상 중에 심장박동이 느려지고, 뇌의 박자가 바뀌고, 신경학적으로 환경으로부터 멀어지며, 명상하는 대상에 극도로 예민해진다는 사실을 밝혀냈다.[29]

요가 수행자는 황홀경(자나)에 들어간 뒤에도 좀더 깊은 그

정신 상태로 계속 나아간다. 이것은 일상적인 경험과는 관계가 없다. 자나의 첫 단계에서 그는 주변 환경을 완전히 잊고, 커다란 기쁨을 느끼게 된다. 요가 수행자는 이것을 최종적 해방의 시작이라고 여긴다. 그래도 여전히 이따금씩 관념들이 떠오르고, 고립된 생각들이 그의 정신을 가로질러 명멸하기는 한다. 그러나 이런 황홀경이 지속되는 동안은 욕망과 쾌락과 고통의 영역 너머에 있으며, 이 황홀한 집중 속에서 자신이 명상하는 대상이나 상징이나 교리를 응시할 수 있다.

요가 수행자는 자나의 두 번째와 세 번째 단계에서 이런 진리들에 깊이 몰두하여, 생각이 완전히 중단되고 자신이 조금 전에 느끼던 순수한 행복마저 의식하지 못하게 된다. 자나의 마지막 네 번째 단계에 이르면 수행자는 그의 담마의 상징들과 융합되어 그것들과 하나가 되었다고 느끼며, 다른 어떤 것도 의식하지 않게 된다. 이런 상태가 초자연적인 것은 아니다. 요가 수행자는 스스로 이러한 상태를 만들어냈음을 알고 있다. 그럼에도, 당연한 일이지만, 자신이 실제로 세상을 떠나 목표에 다가가고 있다고 상상한다.

수행자가 정말로 능숙하면 자나의 단계들을 넘어서 네 개의 **아야타나**(명상 상태)*에 들어갈 수 있다. 이 상태는 매우 강렬해서, 초기의 요가 수행자들은 자신이 신들이 사는 영역에 들어

---

* 처(處), 입(入). 네 개의 아야타나는 사무색처(四無色處) 또는 사공처(四空處)라고 부른다.

왔다고 느꼈다.[30] 요가 수행자는 네 개의 정신 상태를 차례로 경험하면서 존재의 새로운 양식에 진입했다고 생각했다. 첫 번째는 무한에 대한 느낌*이다. 두 번째는 오직 자신만을 생각하는 순수한 의식**이다. 세 번째는 부재에 대한 인식***이며, 이것은 역설적으로 풍요에 대한 인식이기도 하다. 오직 재능이 뛰어난 요가 수행자만이 이 세 번째 아야타나에 이를 수 있었다. 이 단계는 '무'****라고 부르는데, 이것은 세속적으로 경험하는 존재의 형태와는 아무런 관련이 없기 때문이다. 이것은 또 다른 존재가 아니다. 이것을 적절하게 묘사할 수 있는 말이나 개념은 없다. 따라서 이것은 '어떤 것'이라기보다는 '무'라고 부르는 것이 더 정확하다. 어떤 사람들은 이것이 방 안에 걸어들어가 아무것도 발견하지 못하는 것과 비슷하다고 묘사한다. 그럴 때 우리는 공허, 공간, 자유를 느끼게 된다.

일신교에서도 신을 경험하는 일에 대해 비슷한 언급을 했다. 유대교, 기독교, 이슬람교 신학자들도 방식은 다르지만 모두 인간의식에서 거룩한 것의 가장 고양된 방출상태를 '무'라고 불렀다. 그들은 또 신이 존재하지 않는다고 말하는 것이 낫다고도 했다. 신은 단지 또 다른 현상이 아니기 때문이다. 초월이

---

* 공무변처(空無邊處).
** 식무변처(識無邊處).
*** 무소유처(無所有處).
**** 공(空).

나 거룩함과 마주치는 것은 말로는 도저히 표현이 불가능한 경험이기 때문에 언어가 제대로 나오지 않는다. 신비주의자들은 그 '다름'을 강조하기 위하여 본능적으로 이런 종류의 부정적인 용어법을 채택했다.[31] 이해할 수 있는 일이지만, 이런 아야타나에 이른 요가 수행자들은 그들의 존재의 핵심에 자리잡고 있는 무한한 '자아'를 마침내 경험하게 되었다고 상상했을 것이다.

알라라 칼라마는 당대에 '무'의 경지에 이른 소수의 요가 수행자 가운데 한 사람이었다. 그는 자신이 구도의 목표인 '자아'에 '들어갔다'고 주장했다. 고타마는 믿을 수 없을 정도로 재능 있는 학생이었다. 요가는 보통 오랜 견습 기간을 요구하며, 평생이 걸리는 경우도 흔했다. 그러나 고타마는 아주 짧은 시간에 스승에게 자신도 '무'의 경지에 이르렀다고 말할 수 있었다. 알라라 칼라마는 기뻐했다. 그는 고타마에게 자신과 함께 상가를 지도하자고 권유했으나 고타마는 거절했다. 뿐만 아니라 알라라 칼라마의 종파를 떠나기로 결심했다.

고타마는 요가 방법에는 아무런 문제를 느끼지 않았으며, 평생에 걸쳐 이 방법을 사용하게 된다. 그러나 그는 스승의 명상 경험 해석을 받아들일 수 없었다. 여기서 고타마는 형이상학 교리에 대하여 회의적 태도를 보여주는데, 이런 태도는 그의 생애 전체에 걸쳐 일관되게 나타난다. '무'의 상태가 어떻게 무조건적이고 창조되지 않은 '자아'일 수 있는가? 그는 그 자신이 이런 경험을 만들어냈다는 것을 잘 알고 있었다. 이 '무'는 절대적일 수 없었다. 그가 자신의 요가 경험을 통해서 불러낸 것이기 때문이다. 고타마는 무자비할 정도로 정직했으며, 사실에 의해 뒷받침되지 않은 해석을 얼렁뚱땅 받아들이지 않았다. 그가 얻은 의식의 고양 상태는 닙바나일 수가 없었다. 이 황홀경에서 빠져나오면 여전히 정열과 욕망과 갈망에 시달렸기 때문이다. 그의 새로워지지 않은, 탐욕스러운 자아는 그대로였다. 그는 그 경험으로 영구적인 변화를 이루지 못했으며, 지속적인 평화도 얻지 못했다. 닙바나는 일시적인 것일 수 없었다! 그것은 그 말 자체로 모순이었다. 닙바나는 영원했기 때문이다.[32)] 우리의 일상생활의 덧없는 본성이야말로 둑카의 주된 특징 가운데 하나이며, 고통의 항상적인 원천이었다.

그러나 고타마는 요가 경험에 대한 스승의 해석을 마지막으로 한번 더 확인해보기로 했다. '무'의 경지가 아야타나의 최고 단계가 아니었기 때문이다. '지각도 아니고 지각이 아닌 것도 아닌 상태'*라고 부르는 네 번째 단계가 있었다. 이것이 '자아'에 이르는 가장 수준 높은 상태인지도 몰랐다. 고타마는 웃다카 라마풋타라는 요가 수행자가 이 드높은 아야타나의 경지에 이른 보기 드문 사람이라는 이야기를 들었다. 그는 웃다카

---

* 비상비비상처(非想非非想處).

가 자신을 이 요가 황홀경의 절정으로 안내해줄 것이라는 희망을 품고 그의 상가로 들어갔다. 이번에도 그는 성공을 거두었지만, 자기 자신에게로 돌아오자 다시 욕망과 공포와 고통의 노리개가 되고 말았다. 웃다카는 요가의 이 마지막 경지에 들어갔으면 '자아'를 경험한 것이라고 설명했지만, 고타마는 받아들일 수 없었다.[33) 이 신비주의자들이 영원한 '자아'라고 부르는 것 역시 또 다른 망상은 아닐까? 수행자는 이런 유형의 요가를 통해 괴로움으로부터 잠깐 휴식을 얻을 수 있을 뿐이었다. 그는 삼캬-요가의 형이상학적 교리에 실망했다. 재능 있는 요가 수행자조차 거기에서 최종적인 해방을 얻을 수 없었기 때문이다.

그래서 고타마는 한동안 요가를 버리고 금욕주의(타파)로 돌아섰다. 일부 숲의 수도자들은 고행이 모든 부정적인 캄마를 태워버리고 해방으로 이끌어준다고 믿었다. 고타마는 다른 다섯 금욕주의자들과 함께 엄격한 고행에 들어갔다. 그러나 고타마는 가끔 혼자 은둔을 했고, 멀리 지평선에 목자(牧者)라도 잠깐 보이면 미친 듯이 숲과 덤불을 헤치고 달아나기도 했다. 이 시기에 고타마는 벌거벗고 다니거나 아니면 가장 거친 삼으로 만든 옷을 입고 다녔다. 그는 몹시 추운 겨울에도 한데서 잠을 잤으며, 못을 박은 요에 누웠고, 심지어 자신의 오줌과 똥을 먹기도 했다. 너무 오래 숨을 참는 바람에 머리가 빠개질 것 같은 두통이 생기고, 귀에서는 무시무시한 굉음이 들리기도 했다.

오랜 고행으로 앙상하게 마른 고타마.

단식 때문에 뼈들이 "한 줄로 늘어선 물레가락처럼 …… 낡은 헛간의 들보처럼" 튀어나왔다. 배에 손을 대면 등뼈가 만져질 것 같았다. 머리카락은 길게 자라고, 살가죽은 시커멓게 시들어갔다. 한번은 지나가던 신들이 그가 도로변에 누운 것을 보았는데, 그에게서 살아 있는 기척을 느낄 수가 없어 죽은 것으로 생각하기도 했다. 그러나 이 모든 것이 소용없었다. 아무리 금욕적인 생활을 해도, 어쩌면 바로 그것 때문에, 그의 몸은 여전히 관심을 가져달라고 아우성을 쳤다. 그는 여전히 욕정과 갈망에 시달렸다. 사실 그 어느 때보다 자기 자신을 더 의식하

는 것 같았다.[34]

마침내 고타마는 고행이 요가와 마찬가지로 보람 없다는 사실에 직면해야 했다. 자기 중심주의에 대한 이런 대담한 공격 뒤에 얻은 것은 튀어나온 갈비뼈와 생명이 위태로울 정도로 약해진 몸이었다. 당장이라도 죽을 것 같았으나, 그래도 닙바나를 얻을 가능성은 보이지 않았다. 이 무렵 그와 그의 다섯 동료는 넓은 네란자라 강 옆 우루벨라 근처에서 살고 있었다. 그는 다른 5명의 빅쿠들이 그를 지도자로 존경하며, 그가 제일 먼저 슬픔과 환생으로부터 벗어나 궁극적 해방을 얻을 것이라고 확신한다는 사실을 알고 있었다. 그러나 그는 이들을 실망시킬 수밖에 없었다. 그는 혼잣말을 했다. 아무도 이보다 더 가혹하게 고행을 할 수는 없을 것이다. 그럼에도 인간의 한계로부터 나 자신을 끄집어내는 대신, 스스로 더 큰 괴로움을 만들었을 뿐이다.

고타마는 길의 끝에 이르렀다. 그는 깨달음을 얻는 기존의 방법들을 이용해 최선을 다했고 또 상당한 능력을 발휘하기도 했으나, 결국 어느 것도 소용이 없었다. 당대의 위대한 스승들이 가르친 담마에는 근본적인 결함이 있는 것 같았다. 그런 담마를 수행하는 사람들 역시 그와 마찬가지로 병들고, 비참하고, 초췌해 보였다.[35] 일부는 절망하여 구도를 포기하고 과거의 안락한 생활로 돌아가기도 했을 것이다. 가정을 가진 사람들은 환생하게 될 운명이라고 하지만, 사회를 '떠난' 금욕주의자들 역시 그들과 다른 운명으로 보이지 않았다.

요가 수행자들, 금욕주의자들, 숲의 수도자들은 모두 문제의 근원에는 자신을 의식하고 영원히 욕심을 잃지 않는 자아가 있다는 점을 깨닫고 있었다. 사람들은 마치 병에라도 걸린 듯 자신에게 몰두했으며, 이로 인해 거룩한 평화의 영역에 진입할 수 없었다. 그들은 다양한 방법으로 이런 자기 중심주의를 추방하고, 의식의 불안한 흐름이나 무의식적인 바사나 밑으로 내려가 절대적 원리에 이르려 했다. 그들은 심리의 깊은 곳에서 이 원리를 발견할 수 있다고 믿었다. 특히 요가 수행자들과 금욕주의자들은 세속적인 세계로부터 물러나려 했으며, 그 결과 그들은 외적인 조건들에 무감각해졌고, 가끔은 살아 있지 않은 것처럼 보이기도 했다. 그들은 자기 중심주의가 매우 위험할 수 있다는 것을 알았으며, 아힘사라는 이상으로 그것을 완화하려 했다. 그러나 이런 이기심을 소멸시키는 것은 불가능한 일로 보였다.

고타마에게는 이런 방법들이 모두 소용없었다. 그의 세속적 자아는 변하지 않았다. 그는 여전히 욕망에 시달렸으며, 여전히 의식의 싸움들에 푹 빠져 있었다. 그는 거룩한 '자아'가 망상이 아닐까 하는 의문을 가지기 시작했다. 어쩌면 그것이 그가 찾는 영원하고 무조건적인 '실재'의 상징이 아니라고 생각하기 시작했을지도 모른다. 고양된 '자아'를 찾는 것은 오히려 그가 없애려고 하는 자기 중심주의를 강화하는 일일 수도 있었다. 그럼에도 고타마는 희망을 버리지 않았다. 그는 여전히 인간이 깨달음이라는 궁극적 해방에 이를 수 있다고 확신했다. 그는 이제부터는 자신의 통찰에만 의존할 생각이었다. 그는 기존의 영성의 형태들에 실망했으며, 이제부터는 다른 스승의 담마는 받아들이지 않고 스스로 개척해 나가기로 했다. 그는 외쳤다. "틀림없이 깨달음을 얻는 다른 방법이 있을 것이다!"[36]

그가 막다른 골목에 이르렀다고 생각한 그 순간, 새로운 해법의 단초가 드러나기 시작했다.

3

깨달음

buddha

 전설에 따르면 고타마는 괴로움이 무엇인지 알 수 없는 성에 갇혀 지내는 바람에, 깨어나지 못한 상태에서 유년을 보냈다고 한다. 괴로움을 모르면 영적인 성숙도 있을 수 없다. 그러나 훗날 고타마는 어린 시절에도 다른 삶의 양식이 있다는 암시를 받은 순간이 있었다고 회상했다. 그의 아버지는 고타마를 데리고 이듬해의 작물을 심기 전에 밭을 가는 의식에 참가했다. 마을과 도시의 모든 사람들이 이 연례행사에 모여들었다. 숫도다나는 어린 아들을 유모들에게 맡겨 갯복숭아나무 그늘에 놓아두고 일하러 갔다. 그러나 유모들은 아이를 혼자 남겨두고 쟁기질을 구경하러 갔고, 고타마는 혼자 일어나 앉았다. 이 이야기의 한 판본에 따르면, 고타마는 사람들이 들판을 쟁기질하는 것을 보다가 어린 풀이 뽑혀 나가고, 거기에 달라붙어 있던 벌레와 알들이 죽는 것을 보았다고 한다. 어린 고타마는 이 살생을 보고 묘한 슬픔을 느꼈다. 마치 자신의 동족이 죽임을 당하는 것 같은 느낌이었다.[1] 그러나 이 날은 아름다운 날이었고, 어느새 그의 마음에서는 순수한 기쁨이 솟아올랐다.

우리도 이처럼 우리 쪽에서는 아무런 노력을 하지 않았는데 예기치 않게 그런 순간이 찾아오는 경험을 한다. 그러나 우리가 이런 행복감에 대하여 생각하는 순간, 왜 우리가 이렇게 기쁜지를 묻고 자의식을 가지게 되는 순간, 그 경험은 빛이 바랜다. 우리가 자아를 이 기쁨 속으로 끌고 들어가면, 미리 계획하지 않았던 이 기쁨은 지속될 수 없다. 어쨌든 이것은 본질적으로 환희의 순간이다. 몸 바깥에서, 우리의 자기 중심주의의 프리즘 너머에서 우리를 사로잡는 황홀이다. 이러한 엑스타시스—문자 그대로는 '자아 바깥에 선다'는 뜻—는 우리가 깨어 있는 시간의 주요한 특징인 갈망이나 욕심과는 아무런 관계가 없다. 나중에 고타마가 사유했듯이, 그것은 "타나(욕망)를 일깨우는 대상들로부터 떨어져서 존재했다." 어린 고타마는 자신과 개인적으로 아무런 관계가 없는 생물들의 고통이 가슴을 꿰뚫었을 때, 자연발생적인 동정심이 생겨나면서 자신의 바깥으로 나가게 되었다. 이렇게 자아가 사라진 감정이입의 상태에 들어가면서 그는 순간적으로 영적인 해방을 맛본 것이다.

아이는 본능적으로 마음을 진정시키고 아사나* 자세로 앉았다. 허리를 곧게 펴고 두 다리를 꼰 자세이다. 타고난 요가 수행자였던 고타마는 자나의 첫단계에 들어갔다. 이것은 차분한 행복감을 느끼지만, 여전히 생각과 반성을 할 수 있는 황홀경이다.[2] 아무도 그에게 요가의 기술을 가르쳐주지 않았지만, 아이는 잠시나마 자신을 버린다는 것이 어떤 것인지 맛볼 수 있었다. 주석에 따르면 자연세계는 어린 고타마의 영적 잠재력을 인정했다고 한다. 시간이 흐르면서 다른 나무들의 그림자는 옮겨갔지만, 갯복숭아나무 그늘은 꼼짝도 않고 따가운 햇살로부터 아이를 보호해주었다. 돌아온 유모들이 이 기적에 놀라 숫도다나를 불러오자, 그는 어린 아들에게 경의를 표했다. 물론 이 마지막 부분들은 허구이겠지만, 황홀경 이야기는 역사이든 아니든 팔리어 전설에서는 중요한 것이며, 고타마의 깨달음에 핵심적인 역할을 했다고 전해진다.

세월이 흐른 뒤 고타마는 낙관과 절망이 뒤섞인 채 "틀림없이 깨달음을 얻는 다른 방법이 있을 것이다!" 하고 소리친 직후, 어린 시절의 그 경험을 회상했다. 그 순간, 이번 역시 계획하지도 않고 구하지도 않았는데, 그때 환희의 기억이 마음의 수면 위로 솟아올랐다. 야위고, 지치고, 심하게 병든 상태였던 고타마는 '갯복숭아나무의 시원한 그늘'을 기억했고, 이것은 필연적으로 닙바나의 '서늘함'에 대한 생각으로 이어졌다. 대

---

* 아사나 : 가부좌(跏趺坐).

부분의 요가 수행자들은 오랜 세월의 공부와 노력 끝에야 간신히 자나의 첫단계로 들어설 수 있었다. 그러나 고타마의 경우에는 아무런 노력 없이 거기에 이르렀고, 이를 통해 닙바나를 미리 맛볼 수 있었다. 그는 카필라밧투를 떠난 뒤로 욕망과 전쟁을 벌이느라 모든 행복을 멀리 했다. 금욕주의자로 사는 동안에는 몸을 거의 파괴할 지경이었다. 그렇게 함으로써 인류가 보편적으로 겪고 있는 괴로운 삶의 반대항인 거룩한 세계로 밀고 들어갈 수 있을 것이라는 희망 때문이었다.

그러나 어린 시절에는 순수한 기쁨을 경험한 뒤에 아무런 수고 없이 요가의 환희에 이르렀다. 그는 몸이 허약해진 상태에서 갯복숭아나무 그늘의 서늘함을 생각하면서, 열에 들뜬 삶 뒤에 찾아오는 회복기의 해방감(닙부타)을 상상했다. 그때 고타마의 머리 속에 특별한 생각이 떠올랐다. "이것이 깨달음에 이르는 길일 수도 있지 않을까?" 그는 자문했다. 스승들이 틀렸던 것이 아닐까? 우리의 머뭇거리는 자아를 괴롭혀 마지막 해방으로 밀어넣는 대신, 노력 없이 자연스럽게 그것을 얻을 수 있지 않을까? 닙바나를 우리 인간의 구조 속에 내재화할 수 있지 않을까? 훈련받지 않은 아이가 자나의 첫단계에 이르고 아무런 노력 없이 닙바나를 엿볼 수 있다면, 요가의 통찰은 인간에게 매우 자연스러운 것임에 틀림없었다. 요가를 인간성을 공격하는 데 이용하는 대신, **체토-비뭇티***— '마음의 해방' 이라는 말로 최고의 깨달음과 동의어이다. —로 나아가는 타고난 경향들을 계발하는 데 사용할 수는 없을까?

고타마는 유년의 그 경험을 곰곰이 생각해본 뒤에 자신의 예감이 옳다는 확신을 가지게 되었다. 이것이 진실로 닙바나에 이르는 길이었다. 이제 그에게 남은 일은 그것을 증명하는 것뿐이었다. 자나의 첫단계로 그렇게 쉽게 들어가게 해준 그 차분한 행복의 분위기를 만들어낸 것은 무엇일까? 핵심적인 요소는 고타마가 '은둔'이라고 부르는 것이었다. 그는 그때 홀로 남겨져 있었다. 만일 유모들이 수다를 떨며 그의 정신을 산만하게 했다면 그는 결코 환희의 상태에 들어가지 못했을 것이다. 명상은 고요한 가운데 혼자 있는 상태를 요구했다. 갯복숭아나무 아래 앉아 있을 때 그의 마음은 물질적인 것들에 대한 욕망으로부터, 그리고 온전하지 않고 도움이 되지 않는 모든 것으로부터 떨어져 있었다.

고타마는 6년 전 집을 떠난 뒤로 자신의 인간적 본성과 싸우면서 그 모든 충동을 분쇄하려 했다. 그는 모든 종류의 쾌락을 불신하게 되었다. 그러나 이제 고타마는 자문하고 있었다. 왜 내가 오래전 어느 날 오후에 경험했던 그런 종류의 기쁨을 두려워해야 하는가? 그 순수한 기쁨은 탐욕스러운 갈망이나 감각적 욕망과 아무런 관계가 없었다. 실제로 즐거운 경험 가운데 어떤 것은 아집을 버리고 고양된 요가의 상태를 성취하는 길로

---

* 체토-비뭇티 : 심해탈(心解脫).

인도할 수 있었다. 이번에도 고타마는 스스로 문제를 제기하자마자 평소의 자신감에 찬 결단으로 응답했다. "나는 그런 쾌락이라면 두려워하지 않겠다."[3] 비결은 그런 황홀경으로 이끌었던 은둔 상태를 다시 만들어내고, 벌레와 어린 풀 때문에 슬퍼했던 그 동정심으로 가득한 사욕 없이 유익한(쿠살라)* 마음 상태를 키우는 것이었다. 동시에 그의 깨달음에 도움이 되지 않거나 그것을 방해하는 모든 마음 상태는 세심하게 피해나가는 것이었다.

물론 그는 '다섯 가지 금지사항'을 준수함으로써 이미 그런 방향으로 움직이고 있었다. 이 금지사항들은 폭력, 거짓말, 도둑질, 음주, 성교 등 '무익한(아쿠살라)' 행동들을 금했다. 그러나 그는 이제 이것으로는 충분하지 않다는 것을 깨달았다. 이 다섯 가지 금지에 반대되는 긍정적인 태도들을 이끌어내야 했다. 훗날 그는 깨달음을 얻고자 하는 사람은 '도움이 되고', '유익하고', '능숙한(쿠살라)' 상태를 추구함으로써 영적인 건강을 촉진하는 일에 '정력적이고, 단호하고, 끈질겨야' 한다고 말하게 된다.

아힘사(해치지 않음)에서 그쳐서는 안 된다. 수행자는 단지 폭력을 피하는 데 그치지 말고, 모든 것과 모든 사람에게 상냥하고 친절하게 행동해야 한다. 나쁜 의지를 가진 감정들이 조금

---

* 쿠살라 : 선교(善巧).

이라도 싹트는 것을 막기 위해 자비에 대한 생각들을 키워나가야 한다. 거짓말을 하지 않는 것은 매우 중요하다. 그러나 '올바른 말'을 하고, 말할 만한 가치가 있는 말만 하는 것, '추론을 거친, 정확한, 분명한, 유익한' 말만 하는 것 또한 매우 중요한 일이다. 빅쿠는 도둑질을 하지 않을 뿐 아니라, 무엇이든 보시로 주는 것에 기뻐하고 개인적인 선호를 드러내지 않아야 하며, 최소한의 것만 소유하는 것에서 즐거움을 느껴야 한다.[4] 요가 수행자들은 늘 다섯 가지 금지사항을 피하면 '무한한 행복'에 이른다고 주장했지만, 이런 긍정적인 마음의 상태를 의도적으로 계발한다면 엑스타시스는 틀림없이 두 배가 될 것이었다. 고타마는 이런 '능숙한' 행동이 습관으로 바뀌어 제2의 본성이 되면, 수행자는 '자신의 내부에서 순수한 기쁨을 느낄' 것이라고 믿었다. 이 기쁨은 그가 어렸을 때 잿복숭아나무 밑에서 느낀 행복감과 똑같지는 않지만 비슷하기는 할 터였다.[5]

텍스트들에 따르면, 프루스트(Marcel Proust)의 소설 같은 느낌을 주는 이 회상이 고타마의 전환점이었다. 그는 그 시점부터 인간 본성과 맞서 싸우지 않고 그것과 더불어 나아가겠다고 결심했다. 깨달음에 도움이 되는 정신 상태를 확대하고, 잠재력의 확장을 저해하는 모든 것에 등을 돌리겠다는 것이었다. 고타마는 스스로 '가운뎃길'*이라고 부르는 것을 찾아나서고 있

---

* 중도(中道).

었다. 이것은 한편으로는 모든 신체적이고 감정적인 자기 방종을 피하고, 다른 한편으로는 극단적인 금욕주의(이것도 자기방종과 마찬가지로 파괴적일 수 있었다)도 피하는 길이었다. 그는 그가 다섯 동료와 함께 따랐던 징벌적인 수행방법을 즉시 버리기로 했다. 이 방법으로 인해 그는 심하게 병들어, 해방의 전주곡이라고 할 수 있는 '순수한 기쁨'을 전혀 경험할 수 없었다. 그는 몇 달 만에 처음으로 제대로 된 음식을 먹었다. 텍스트에 따르면 **쿰마사**부터 먹기 시작했다고 하는데, 이것은 우유로 쑨 죽이거나 쌀로 만든 떡으로, 속을 달래는 것이었다. 다섯 빅쿠는 그가 음식을 먹는 것을 보고 경악하더니 혐오하는 표정으로 멀어져갔다. 고타마가 깨달음을 위한 투쟁을 포기했다고 믿었기 때문이다.[6]

물론 그런 것이 아니었다. 고타마는 천천히 건강을 회복하였을 것이며, 이 기간 동안 아마 자기 나름의 특별한 요가를 만들어 나가기 시작했을 것이다. 그는 이제 자신의 영원한 '자아'를 발견하기를 바라지 않았다. 이 '자아' 역시 사람들을 깨달음으로부터 멀어지게 하는 망상 가운데 하나라고 생각했기 때문이다. 그의 요가의 목적은 자신의 인간 본성을 더 잘 알고, 그럼으로써 인간 본성으로부터 도움을 얻어 닙바나를 얻고자 하는 것이었다.

그는 우선 명상의 전 단계로 '깨어 있는 마음(사티)'**이라고 부르는 훈련을 했다. 이 과정에서 그는 매순간 자신의 행동을 면밀하게 살폈다. 그는 의식의 파동과 더불어 감정과 감각의 들고남에 주목했다. 감각적 욕망이 일어나면 무조건 그것을 짓누르는 대신, 무엇이 그것을 일으켰으며 어떤 속도로 사그러지는지를 살폈다. 그는 자신의 감각과 사고가 외부세계와 상호작용하는 방식을 관찰했으며, 스스로 육체의 모든 작용을 의식했다. 그는 걷거나, 허리를 굽히거나, 팔다리를 뻗는 것을 의식하게 되었으며, '먹고, 마시고, 씹고, 맛보고, 변을 보고, 걷고, 서고, 앉고, 자고, 깨고, 말하고, 입을 다무는' 행동을 의식하게 되었다.[7]

그는 생각들이 그의 마음을 통과하는 방식에 주목했고, 30분이라는 짧은 시간에도 그를 괴롭힐 수 있는 욕망과 노여움의 끊임없는 흐름에 주목했다. 그는 자신이 갑작스러운 소리나 기온의 변화에 반응하는 방식에도 '깨어 있게' 되었으며, 아주 사소한 일에도 마음의 평화가 깨지는 것을 알게 되었다. 이런 '깨어 있는 마음'은 신경증적인 내성(內省)과는 달랐다. 고타마는 '죄'에 대해 자신을 징계하기 위해 이런 식으로 자신의 인간성에 현미경을 들이댄 것이 아니었다. 그의 체계에는 죄가 들어설 자리가 없었다. 그 이유는 간단했다. 어떤 죄도 '도움이 되지 않기' 때문이었다. 그런 행위는 수도자를 그가 넘어서려고 하는 자아 속에 묻어버릴 터였다.

** 사티 : 염(念).

고타마가 사용하는 **쿠살라**와 **아쿠살라***라는 말은 의미가 깊다. 예를 들어 성행위가 다섯 가지 야마에 들어가는 것은 그것이 죄이기 때문이 아니라, 닙바나에 이르는 데 도움이 되지 않기 때문이었다. 성욕은 인간을 삼사라에 가두는 욕망의 상징이었다. 그렇게 소비될 에너지를 요가에 사용하는 것이 나았다. 빅쿠는 운동선수가 중요한 시합에 나가기 전에 특정한 음식을 먹지 않듯이 성행위를 삼갔다. 성욕은 그 나름의 의미가 있으나, '고귀한 탐구'에 나선 사람에게는 '도움이 되지' 않았다. 고타마가 인간 본성을 관찰한 것은 그 약점을 닦아세우기 위해서가 아니라, 본성과 친해져서 그 능력들을 활용하기 위해서였다. 그는 괴로움이라는 문제의 해법이 자신 안에, 즉 그가 '이 한 길 길이의 몸통, 이 몸과 마음'[8]이라고 부른 것 속에 있다고 확신하게 되었다. 구원은 자신의 세속적 본성을 다듬는 것에서 나오며, 따라서 말을 타는 사람이 자기가 훈련하는 말을 잘 알듯이 자신의 본성을 연구하고 그것을 샅샅이 알아야 했다.

고타마는 깨어 있는 마음을 훈련하는 과정에서 괴로움과 그것을 일으키는 욕망이 어디에나 있다는 사실을 이전 어느 때보다도 강하게 의식하게 되었다. 그의 의식에 몰려드는 그 모든 사고와 갈망은 아주 짧은 시간만 지속되었다. 모든 것이 일시

---

* 각각 선교(善巧)와 불선(不善). 앞의 '도움이 되지 않는다'는 말이 아쿠살라이다.

적이었다(아닛카).* 갈망이 아무리 강해도, 그것은 곧 사라지고 완전히 다른 것으로 대체되었다. 어떤 것도 오래 지속되지 않았다. 심지어 명상의 행복도 마찬가지였다. 삶의 이런 덧없음이 괴로움의 주된 원인의 하나였다. 고타마는 자신의 감정들을 순간마다 관찰하면서 삶의 둑카가 병, 노화, 죽음이라는 커다란 충격적 체험에만 한정되지 않는다는 것을 알게 되었다. 그것은 매일, 심지어 매시간 발생하는 모든 자잘한 실망, 거부, 좌절, 실패에서도 나타났다.

그는 나중에 이렇게 설명했다. "고통, 슬픔, 절망은 둑카다. 우리가 싫어하는 것에 어쩔 수 없이 가까이 다가가야 하는 것도 괴로움이며, 우리가 사랑하는 것과 떨어지는 것도 괴로움이며, 우리가 원하는 것을 얻지 못하는 것도 괴로움이다."9) 물론 삶에는 기쁨이 있다. 그러나 고타마는 깨어 있는 마음으로 이것을 무자비하게 살펴보고 난 뒤에, 우리의 만족이 다른 사람들에게는 괴로움이 되는 경우가 아주 많다는 것을 알았다. 한 사람의 번영은 보통 다른 사람의 궁핍이나 배제에 의존하고 있다. 우리는 행복을 가져오는 뭔가를 얻자마자 곧 그것을 잃을까 걱정하기 시작한다. 우리는 늘 욕망의 대상을 좇지만, 마음속 깊은 곳에서 결국 그것 때문에 불행해질 것임을 알고 있다.

고타마는 또 깨어 있는 마음을 통해 괴로움의 원인인 욕망이

---

* 아닛카 : 무상(無常).

나 갈망이 어디에나 있다는 사실에 매우 민감해졌다. 자아는 게걸스러워서 다른 사물과 사람들을 계속 삼키려 한다. 우리는 사물을 있는 그대로 보는 일이 거의 없다. 우리의 눈은 우리가 그것을 원하느냐 아니냐, 그것을 어떻게 얻을 것이냐, 그것을 이용해 어떻게 이익을 얻을 것이냐에 의해 채색된 색안경을 쓰고 있다. 우리가 세상을 보는 눈은 욕심에 의해 왜곡되어 있다. 이것이 종종 악의와 증오를 낳는다. 우리의 욕망이 다른 사람들의 욕망과 충돌하기 때문이다.

따라서 고타마는 보통 '욕망(타나)'*이라는 말과 '증오(도사)'**라는 말을 함께 쓰곤 했다. '나는 원한다'라고 말할 때, 우리는 보통 질투와 분노에 사로잡혀 있다. 다른 사람들이 우리의 욕망에 방해가 되기 때문이며, 우리는 실패하는 지점에서 성공을 거두기 때문이다. 이런 마음 상태들은 '서툴다'.*** 우리를 전보다 더 이기적으로 만들기 때문이다. 따라서 욕망과 그에 따르는 증오는 세상의 많은 비참함과 악의 공통원인이다. 욕망 때문에 우리는 한편으로 결코 지속적 만족을 줄 수 없는 것을 '움켜쥐고' 그것을 '놓지 않는다.' 다른 한편으로는 이로 인해 우리는 현재의 조건에 늘 불만을 품게 된다.

고타마는 욕망들이 차례차례 자신의 마음을 점령하는 것을

---

* 타나 : 애(愛), 갈애(渴愛).
** 도사 : 진에(瞋恚), 진상(瞋喪).
*** 서툴다 : 불선(不善).

관찰하면서, 인간은 끊임없이 뭔가 다른 것이 되기를 갈망하고, 어딘가 다른 곳에 가기를 갈망하며, 가지지 않은 뭔가를 얻으려고 갈망한다는 것을 알게 되었다. 마치 계속해서 다른 형태의 환생, 새로운 종류의 존재를 구하고 있는 것과 마찬가지였다. 갈망(타나)은 심지어 우리의 몸의 위치를 바꾸고, 다른 방에 들어가고, 간식을 먹고, 갑자기 일을 중단하고 이야기할 사람을 찾는 등의 사소한 욕망으로도 나타날 수 있다. 이런 작은 갈망들은 시간 단위로, 분 단위로 우리를 공격한다. 따라서 우리는 안식을 얻지 못하는 것이다. 우리는 뭔가 다른 것이 되고자 하는 강박 때문에 탈진하고 산만해진다. 고타마는 결론을 내렸다. "세상의 본질은 변하는 것이기 때문에, 늘 뭔가 다른 것이 되려고 결심한다. 세상은 변화에 의해 좌우된다. 세상은 변화의 과정에 사로잡혔을 때만 행복하다. 그러나 이렇게 변화를 사랑하는 것에는 두려움이 어느 정도 포함되어 있는데, 이 두려움 자체가 둑카이다."[10]

그러나 고타마는 일반적인 추론적 방법으로 이런 진리들을 사유한 것이 아니다. 그는 요가의 기술을 통해 그런 진리들에 접근했으며, 그 결과 이 진리들은 일반적인 추론을 통해 얻은 어떤 결론보다 더 생생하고 직접적이었다. 고타마는 보시를 통해 매일 그날 먹을 만한 음식을 모으고 나면—보통 오전 중에 끝이 났다.—사람이 없는 곳을 찾아가 아사나 자세로 앉아 에카그라타, 즉 집중이라는 요가 훈련을 시작했다.[11] 고타마는 요가의 맥락에서 이렇게 깨어 있는 마음을 훈련했고, 그 결과 그의 통찰들은 한결 맑아졌다. 그는 그것들을 '직접' 볼 수 있었으며, 그 안으로 들어가 자기 보호적인 자기 중심주의라는 왜곡의 필터 없이 그것들을 관찰할 수 있었다.

사람은 보통 고통이 어디에나 있다는 것을 깨닫고 싶어하지 않는다. 그러나 이제 고타마는 훈련받은 요가 수행자의 기술을 통해 '사물을 실제 있는 그대로 보게' 되었다. 그러나 그는 이런 소극적인 진리들 앞에서 멈추지 않았다. 그는 똑같은 강도로 '능숙한' 상태들을 육성해 나아갔다. 고타마는 나중에 요가 훈련을 통해 이런 적극적이고 유익한 상태들을 계발함으로써 마음을 정화할 수 있다고 설명했다. 요가 훈련은 다리를 꼬고 앉아 프라나야마라는 호흡 훈련을 하는 것이었으며, 이를 통해 의식의 또 다른 상태로 진입할 수 있었다.

> 일단 적의와 증오를 마음에서 떨쳐버리면, 악의 없이 살게 되며, 마음에는 동정심이 가득하고, 모든 살아 있는 존재가 잘 되기를 바랄 수 있다. …… 게으름이라는 정신적 습관을 떨쳐버리면, 게으름으로부터 자유로워질 뿐 아니라 맑은 정신을 가지게 되어, 정신이 스스로를 의식하면서 완전히 깨어 있게 된다. …… 불안과 걱정을 몰아내면, 불안 없이 살게 되며, 마음이 차분하고 고요해진다. …… 불확실성을 버리면, 몸을 쇠약하게 하는 의심으로부터 벗어나게 되며, 도움이 안 되는[아쿠살라] 정신 상태 때문에 괴로워하

지 않아도 된다.

이렇게 요가 수행자는 증오, 나태, 불안, 불확실성을 "마음으로부터 씻어낸다."[12] 브라민은 동물 희생제의라는 의식(儀式)적인 캄마를 통하여 이런 종류의 영적 정화를 얻는다고 믿었다. 그러나 이제 고타마는 누구나 사제라는 대리자 없이 명상이라는 정신적인 캄마를 통하여 이런 정화된 상태를 계발할 수 있다는 것을 깨달았다. 더불어 이런 명상을 요가의 방법으로 충분한 깊이까지 밀고 나가면, 의식적, 무의식적 정신의 불안하고 파괴적인 경향들도 변화시킬 수 있다고 믿었다.

훗날 고타마는 자신이 창안한 새로운 요가 방법을 통해 완전히 다른 종류의 인간, 즉 갈망이나 욕심이나 아집에 의해 지배되지 않는 새로운 인간이 태어난다고 주장했다. 그는 이것이 칼집에서 빼든 검이나 허물을 벗은 뱀과 같다고 설명했다. "뱀이나 검은 그 이전의 허물이나 칼집과 완전히 다른 것이다."[13] 그의 체계에서는 명상이 희생제의를 대신한다. 동시에 동정심이라는 규율이 형벌과 같은 낡은 금욕주의(타파)를 대신한다. 고타마는 수도자가 동정심을 통하여 자신의 인간성 가운데 지금까지는 미지의 영역이었던 부분에 접근할 수 있다고 확신했다.

고타마는 과거에 알라라 칼라마와 함께 요가를 공부하는 동안 연속되는 네 가지 자나 상태를 통과하면서 의식의 더 높은 단계로 상승하는 경험을 했다. 그 결과 각각의 황홀경을 통해 더 큰 영적 통찰을 얻고 더욱 정화된 상태로 나아가게 된다는 것을 알게 되었다. 이제 고타마는 이 네 가지를 '가없는 마음(압파마나)'*과 합쳐 새롭게 바꾸었다. 그는 매일 명상하면서 의도적으로 사랑의 감정—'증오를 모르는 그 거대하고, 넓고, 가없는 느낌'—을 불러일으켰다. 그리고 그 감정이 세계의 네 모퉁이를 향하게 했다. 그는 식물, 동물, 악마, 친구와 적 등 살아 있는 것은 하나도 빼놓지 않고 이 자비의 방사 안으로 끌어들였다.

고타마는 첫 번째 자나에 상응하는 첫 번째 '가없는 마음'에서 모든 사람과 모든 사물에 대한 우정의 감정을 이끌어냈다. 이것에 숙달되자 그는 두 번째 자나에 상응하는 동정심을 계발하는 길로 나아가, 다른 사람이나 사물과 함께 괴로워하면서 그들의 고통을 공감하게 되었다. 갯복숭아나무 아래에서 풀과 벌레의 괴로움을 느꼈던 것과 마찬가지이다. 세 번째 자나에 이르게 되었을 때, 그는 다른 사람들의 행복을 보고 그것이 자신에게 어떤 영향을 줄 것인가를 생각하지 않고 함께 기뻐하는 '공감의 기쁨'을 길어냈다. 마지막으로 명상의 대상에 몰두하여 고통이나 쾌락을 넘어서는 네 번째 자나에 이르렀을 때, 고타마는 다른 사람들을 향한 완전한 평정 상태에 이르러 아무런 매력도 반감도 느끼지 않게 되었다.[14] 이것은 매우 어려운 상

---

* 압파마나 : 무량(無量).

태였다. 다른 사물이나 사람이 자신에게 이익이 될지 손해가 될지를 늘 고려하는 자기 중심주의를 완전히 벗어버려야 했기 때문이다. 또한 개인적 선호를 버리고 아무런 사심 없는 자비심을 택해야 했기 때문이다. 전통적인 요가에서 요가 수행자는 무감각한 자율성의 상태를 구축함으로써 세상에 대한 관심을 점점 줄여나갔던 반면, 고타마는 다른 모든 존재를 향한 완전한 동정심 속에서 자신을 넘어섬으로써 낡은 규율과 자비를 융합했다.

깨어 있는 마음과 가없는 마음의 목적은 인간의 잠재력을 제한하는 자기 중심주의의 힘을 꺾자는 것이었다. 이제 수도자는 "나는 원한다."라고 말하는 대신, 다른 사람들의 유익을 구하게 되었다. 고타마는 자기 중심적 욕심의 결과인 증오에 굴복하는 대신, 동정심을 가지고 박애와 호의의 공격을 개시했다. 이런 적극적이고 능숙한 상태들을 요가의 강도로 계발하면, 이런 상태들은 우리 마음의 무의식적 충동들 속에 좀더 쉽게 뿌리를 내려 습관적인 것이 될 수 있었다. 가없는 마음은 우리가 연약한 자아를 보호하기 위해 우리 자신과 남들 사이에 세우는 장애물을 끌어내리기 위해 고안되었다. 이 마음은 존재의 좀더 넓은 영역을 찾아나섰으며, 이 과정에서 인식의 수준을 높이고자 했다. 마음은 평상시의 이기적인 제약으로부터 벗어나 모든 존재를 끌어안음으로써, '넓어지고, 제한을 모르고, 높아지고, 증오나 편협한 악의에서 벗어나게' 된 느낌이었다. 의식은 이제 소라를 부는 사람이 내는 소리―이 소리는 모든 공간에 가득 찬다고 여겨졌다.―처럼 무한하게 느껴졌다.

이 동정심(카루나)*의 요가는 아주 높은 수준에 이르게 되면 '마음의 해방(체토-비뭇티)'**을 낳았다. 이것은 팔리어 텍스트에서는 깨달음과 같은 말로 사용된다.[15] 고타마는 깨어 있는 마음의 훈련을 통하여 차분함이 점점 깊어지는 것을 경험하기 시작했다. 특히 프라나야마를 병행할 때 이 경험은 강렬해졌다. 그는 우리의 삶이나 다른 사람들과의 관계에 독과 같은 역할을 하고, 우리를 자신의 요구와 욕망이라는 편협한 한계 내에 가두어 두는 이기적인 갈망 없이 살아가는 것이 어떤 것인지 발견하기 시작했다. 그는 또한 이런 제멋대로인 갈망들의 영향을 덜 받게 되었다. 이렇게 주의 깊게 자신을 관찰하는 습관을 통해 불교 수도자들은 우리에게서 평화를 앗아가는 방심을 감독할 수 있음을 알게 되었다. 명상을 하는 사람이 자신을 침입하는 사고와 갈망의 덧없는 본질을 의식하게 되면, 그런 것들과 자신을 동일시하기가 어려워지고, 어떤 식으로든 그것을 '나의 것'으로 보기가 어려워진다. 그 결과 그런 생각과 갈망 때문에 방해를 받는 일도 줄어든다.[16]

우리는 고타마가 오랜 고행 뒤에 건강을 회복하는 데 얼마가 걸렸는지 모른다. 경전에서는 이 일을 좀더 극적으로 만들기

---

* 카루나 : 자비(慈悲).
** 체토-비뭇티 : 심해탈(心解脫).

위해 이 과정을 단축시키고 있어, 고타마가 우유로 쑨 죽을 한 사발 먹자마자 자신과의 마지막 싸움에 들어간 것 같은 인상을 준다. 그러나 이것은 사실이 아닐 것이다. 깨어 있는 마음의 효과가 나타나고 능숙한 상태들을 계발하는 데는 시간이 걸리기 때문이다. 고타마 자신은 적어도 7년은 걸린다고 말했으며, 새로운 자아는 오랜 기간에 걸쳐 자기도 모르는 사이에 성장한다고 강조했다. 그는 훗날 제자들에게 주의를 주었다. "바닷물이 서서히 빠지듯이, 선반이 조금씩 기울듯이, 이 방법에서도 훈련, 규율, 연습의 효과는 천천히 나타나며, 갑자기 궁극적인 진리를 인식하게 되는 것은 아니다."[17] 그러나 텍스트들은 고타마가 단 하룻밤에 최고의 깨달음을 얻어 붓다가 되었다고 전한다. 역사적 사실보다는 해방과 내적 평화를 달성하는 과정의 전체적 윤곽을 그리는 데 더 관심을 가지기 때문이다.

따라서 가장 오래된 경전에서 우리는 고타마가 다섯 동료에게서 버림을 받고 첫 식사로 기운을 차린 뒤, 우루벨라로 출발하여 그곳까지 편안하게 걸어갔다는 내용과 마주치게 된다. 그는 네란자라 강 옆의 세나니가마에 이르렀을 때, "마음에 드는 땅 한 뙈기, 기분 좋아 보이는 작은 숲, 반짝거리는 강물과 그 옆의 쾌적하고 부드러운 강둑, 그리고 근처에 그를 먹여줄 사람들이 사는 마을"[18]을 보게 된다. 고타마는 이곳이 깨달음에 이를 마지막 노력을 기울일 만한 장소라고 생각했다. 어린 시절 갯복숭아나무 아래에서 첫 번째 자나에 쉽게 들어갔던 과정을 차분하게 되풀이해보려면, 우선 명상에 적합한 장소를 찾는 것이 중요했다. 전승에 따르면 그는 보디나무(보리수) 아래 아사나 자세로 앉아, 닙바나를 얻기 전에는 그 자리를 뜨지 않겠다고 결심했다. 이 쾌적한 작은 숲은 오늘날의 보드가야(부다가야)라고 알려져 있으며, 중요한 순례지 가운데 하나이다. 이곳이 고타마가 **야타부타**,* 즉 깨달음 또는 깨어남을 경험한 장소라고 전해지기 때문이다. 그는 이 자리에서 붓다가 되었다.

늦은 봄의 일이었다. 학자들은 전통적으로 이 사건이 기원전 528년에 일어났다고 생각해왔다. 최근에는 일부 학자들이 그보다 뒤인 5세기 전반기의 일이라고 주장하기도 한다. 팔리어 텍스트들은 그날 밤에 벌어진 일에 대하여 몇 가지 이야기를 전하고 있지만, 불교의 훈련을 거치지 않은 사람들이 쉽게 이해할 만한 것은 아니다. 이 텍스트들에 따르면, 고타마는 우리가 알고 있는 모든 삶의 제한적인 본성에 대하여 사유했으며, 자신의 모든 전생을 보았고, 어린 시절 경험했던 '격리되어' 홀로된 상태로 다시 돌아갔다. 이어 그는 쉽게 첫 번째 자나로 빠져들어갔으며, 점점 더 높은 의식 상태로 나아가다가 마침내 그 자신을 영원히 바꾸어놓는 통찰을 얻었고, 자신이 삼사라와 환생의 순환으로부터 벗어났다고 확신했다.[19]

---

* 여진(如眞), 진여(眞如).

그러나 불교 전통에서 근본적 가르침으로 여겨져온 '네 가지 고귀한 진리'*라는 이름의 이 통찰이 특별히 새롭다는 생각은 들지 않는다. 이 가운데 첫 번째는 인간의 삶 전체의 특징인 괴로움(둑카)의 진리이다.** 두 번째 진리는 이 괴로움의 원인이 욕망(타나)이라는 것이다.*** 고타마는 세 번째 진리에서 이런 곤경으로부터 벗어나는 길로서 닙바나가 존재한다고 주장했으며,**** 마지막으로 괴로움과 고통이 그치고 닙바나 상태에 이르는 길을 발견했다고 주장했다.*****

이 진리들에 눈에 띄게 독창적인 것은 없는 것 같다. 인도 북부의 수도자와 금욕주의자들 대부분이 앞의 세 가지에는 동의했을 것이다. 고타마 자신도 구도에 나설 때부터 이 세 가지에 대해서는 확신을 가지고 있었다. 새로운 것이 있다면 네 번째 진리, 즉 고타마가 깨달음에 이르는 길을 발견했다고 선포한 것인데, 그는 그 방법을 '여덟 가지 길'******이라고 불렀다. 이 여덟 가지 구성요소들은 도덕, 명상, 지혜로 이루어지는 세 가지 행동 방침으로 정리된다.

---

* 사제(四諦), 사성제(四聖諦).
** 고(苦).
*** 집(集).
**** 멸(滅).
***** 도(道).
****** 팔정도(八正道).

〔1〕 **도덕(실라)*** : 올바른 말, 올바른 행동, 올바른 살림으로 이루어진다.** 이것은 기본적으로 우리가 이제까지 논의한 방식으로 '능숙한' 상태들을 계발하는 것이다.

〔2〕 **명상(사마디)***** : 고타마가 변용시킨 요가 훈련으로 이루어지는데, 올바른 노력, 깨어 있는 마음, 집중**** 등이 그 내용이다.

〔3〕 **지혜(판냐)******* : 수행자는 올바른 이해와 올바른 결심******이라는 두 가지 덕목을 바탕으로 도덕적 행동과 명상을 통해 붓다의 담마를 이해하고, 그 안으로 '직접' 들어가 그것을 자신의 일상생활에 통합할 수 있다. 이 점은 다음 장에서 논의할 것이다.

고타마가 보드가야에서 하룻밤에 깨달음을 얻었다는 이야기에 어떤 진실이 담겨 있다고 한다면, 그것은 진지한 구도자가 닙바나에 이르는 길을 자신이 이미 발견했다는 갑작스럽고 절대적인 확신이 생겼다는 것일지도 모른다. 이 길은 그가 만들어낸 것이 아니었다. 새로운 창조물도 아니었으며, 그 자신의 발명품도 아니었다. 오히려 고타마는 늘 자신이 "아주 먼 시대에 인간들이 다니던 길, 아주 오래된 길, 고대의 길"[20]을 발견

---

* 계(戒).
** 정어(正語), 정업(正業), 정명(正命).
*** 정(定).
**** 정정진(正精進), 정념(正念), 정정(正定).
***** 혜(慧).
****** 정견(正見), 정사(正思).

했을 뿐이라고 주장했다. 그보다 앞서 왔던 다른 붓다들이 오래전에 이미 이 길을 가르쳤으나, 세월이 흐르면서 옛 지식은 희미해지고 결국 완전히 잊혀졌다는 것이다. 고타마는 이 통찰이 단지 사물들에 대한 '실제로 있는 그대로'의 진술이라고 주장했다. 이 길은 존재의 구조 자체에 씌어져 있었다. 따라서 이것이 최고 유일의 담마였다. 이것이 우주의 생명을 관장하는 근본 원리들을 밝혀주었기 때문이다. 사람이나 짐승이나 신이 이 길을 따르면, 모두 깨달음을 얻어 평화와 충족감을 맛볼 수 있었다. 더 이상 자신의 가장 깊은 결을 거슬러 싸울 필요가 없었기 때문이다.

그러나 네 가지 고귀한 진리가 이성적인 지성으로 판단할 수 있는 이론만 제시하는 것은 아니라는 사실도 잊지 말아야 한다. 이것들은 단순한 관념적 진리가 아니다. 붓다의 담마는 기본적으로 하나의 방법론이었다. 그것은 그 형이상학적 예리함이나 과학적 정확성이 아니라, 얼마나 효과가 있느냐에 따라 담마로서 성립되거나 아니면 파탄이 나거나 한다. 이 진리들은 사람들이 구원의 신조나 어떤 믿음에 동의하는 것이 아니라, 고타마의 강령이나 생활방식에 따라 행동할 때 괴로움이 끝난다고 주장한다. 오랜 세월에 걸쳐 많은 사람들이 실제로 이러한 방법을 통해 상당한 평화와 통찰을 얻었다. 축의 시대의 다른 모든 위대한 현자들의 주장과 마찬가지로 붓다의 주장 역시 사람들이 자신을 넘어서서 자신의 합리적 이해를 초월하는 실재에 이를 때 완전한 인간이 될 수 있다는 것이었다.

붓다는 네 가지 진리에 대한 자신의 지식이 독특하다고 주장한 적이 없다. 다만 자신이 현시대에 이것들을 '깨닫고' 자신의 삶에서 현실로 만든 첫 사람이라고 주장했을 뿐이다. 그는 자신이 인류를 속박하는 갈망과 증오와 무지를 이미 껐다는 사실을 발견했다. 그는 이미 닙바나를 얻었다. 여전히 신체적인 병을 비롯하여 다른 변화를 겪어야 하지만, 그 어떤 것도 그의 내적인 평화를 건드리거나 그에게 심각한 정신적 고통을 줄 수 없었다. 그의 방법은 이미 효과를 보았다. "거룩한 삶을 이미 그 끝까지 살았다!" 그는 보디나무 아래에서 그 중요한 밤이 끝났을 때 의기양양하게 외쳤다. "해야 할 일을 다 이루었다. 달리 할 일이 없다!"[21]

따라서 도덕과 명상에 대한 불교의 강령에 따라 살지 않는 사람들은 이런 주장을 판단할 수단이 없다. 붓다는 자신의 담마가 이성적인 사고만으로는 이해할 수 없다는 점을 분명히 밝혔다. 그것은 올바른 윤리적 맥락에서 요가 방법을 통해 '직접적으로' 포착할 때에만 진정한 의미가 드러났다.[22] 네 가지 고귀한 진리에는 물론 논리적인 의미가 있지만, 수도자가 심오한 수준에서 이 진리들과 일체가 되어 그것들을 자신의 삶에 통합하기 전에는 강한 힘을 발휘하지 못한다. 그런 통합이 이루어졌을 때에만 우리는 아집을 벗어버리고, 자기 중심주의의 감옥에서 해방되어 진리들을 '실제로 있는 그대로' 볼 수 있으며,

보디나무 아래서 깨달음을 얻은 붓다.
19세기 스리랑카 그림이다.

팔리어 텍스트들이 우리에게 약속하는 '환희', '기쁨', '고요'를 경험할 수 있다.[23] 붓다가 규정한 명상과 도덕이 없으면 진리들은 음악의 악보—악보에 적힌 음악의 진정한 아름다움은 오케스트라가 연주하거나 능숙한 연주자가 해석할 때에만 드러난다.—처럼 추상적인 것이 되고 만다.

설사 이 진리들에 합리적인 의미가 있다 해도, 텍스트들은 고타마가 추론적 사유를 통하여 거기에 이른 것이 아님을 강조한다. 그가 보디나무 아래에서 명상을 하며 앉아 있을 때 그 진

3. 깨달음 143

리들은 그의 안에서 '솟아올랐다.' 마치 그의 존재 깊은 곳으로부터 올라오는 것 같았다. 그는 '근면, 열정, 자제'로 요가 훈련을 한 수도자가 얻는 '직접적인 지식'에 의하여 자신의 내부에서 그것을 포착했다. 고타마는 이 진리들, 즉 그의 명상의 대상에 완전히 몰두했기 때문에, 그 진리들과 그의 마음 사이에는 아무것도 개입되어 있지 않았다. 그는 이 진리들의 인간 구현체가 되었다. 사람들은 고타마가 행동하고 사건들에 반응한 방식을 관찰하면 담마가 어떤 것인지 볼 수 있었다. 그들은 인간의 형체를 한 닙바나를 볼 수 있었던 것이다.

우리가 고타마의 경험을 공유하려면 완전히 자기를 버리는 태도로 진리들에 접근해야 한다. 우리는 갱생 불가능한 낡은 자아들을 버릴 각오를 해야 한다. 고타마가 고안한 동정적인 도덕과 요가는 수도자가 모든 자기 중심주의를 버릴 준비가 되었을 때에만 해방을 가져다준다. 고타마가 보디나무 아래에서 닙바나를 성취했던 순간, "나는 해방되었다!"가 아니라 "그것이 해방되었다!"라고 외쳤다는 사실은 의미심장하다.[24] 그는 자신을 초월하여 엑스타시스를 성취했으며, 자신의 인간성 가운데 전에는 몰랐던 고양되고 '가없는' 영역을 발견했다.

새로운 붓다가 그 봄날 밤에 닙바나에 이르렀다고 주장했을 때 그 의미는 무엇이었을까? 그 말이 의미하는 대로 촛불이 꺼지듯이 그 자신이 '꺼진' 것일까? 고타마는 6년간의 구도 기간에 자기 학대를 하면서 소멸을 구한 것이 아니라 깨달음을 구했다. 그는 한 인간으로서 자신의 완전한 잠재력에 눈을 뜨고 싶어했지, 자신을 파괴하고 싶어하지는 않았다. 닙바나는 개인적인 소멸을 뜻하지 않았다. 꺼진 것은 그의 인격이 아니라 욕심, 증오, 기만의 불이었다. 그 결과 그는 축복받은 '서늘함'과 평화를 누릴 수 있었다. 붓다는 '도움이 되지 않는' 마음 상태를 눌러없앰으로써, 자아가 없는 상태로부터 오는 평화를 얻었다. 자기 중심주의에 따른 욕심—이 때문에 우리는 다른 사람들을 적대하고 우리의 시야를 왜곡한다.—에 얽혀 있는 사람들은 이것을 상상할 수 없다. 그래서 붓다는 깨달음을 얻은 이후에도 닙바나를 규정하거나 묘사하는 것을 거부했다. 그는 그렇게 하는 것이 '적절하지 않다'고 말했다. 깨닫지 못한 사람에게는 그러한 상태를 묘사해줄 말이 없었기 때문이다.[25]

닙바나의 성취는 붓다가 앞으로 결코 괴로움을 경험하지 않을 것이라는 뜻이 아니었다. 그는 다른 모든 사람처럼 늙고, 병들고, 죽을 것이며, 그 과정에서 고통을 겪을 터였다. 닙바나는 깨달은 사람에게 황홀경과 같은 면역 상태를 주는 것이 아니라, 내적인 피난처를 준다. 깨달은 사람은 이 피난처 덕분에 고통과 더불어 살아가고, 그것을 겪고, 인정하면서도, 괴로움 한가운데서 깊은 마음의 평화를 경험할 수 있다. 따라서 닙바나는 각자의 내부에서, 즉 존재의 핵심에서 발견된다. 그것은 완전히 자연스러운 상태이다. 그것은 은총에 의해 주어지는 것도 아니고, 초자연적인 구세주가 우리 대신 가져다주는 것도 아니다. 고타마처럼 열심히 깨달음의 길을 따라가는 사람은 누구든지 닙바나에 이를 수 있다.

닙바나는 고요한 중심이다. 그것은 삶에 의미를 준다. 이 고요한 곳과 접촉이 끊어지고, 삶의 방향이 이곳으로 향하지 않는 사람들은 무너져버린다. 화가, 시인, 음악가들은 이 평화와 절대의 내적 핵심으로부터 출발해야만 온전하게 창조성을 발휘할 수 있다. 어떤 사람이든 이 고요의 핵심에 접근하게 되면, 서로 갈등하는 공포와 욕망에 내몰리지 않고, 평정의 상태에서 고통, 슬픔, 비애와 직면할 수 있다. 깨달음을 얻은 인간 또는 깨어난 인간은 자기 내부에서 힘을 발견한다. 이 힘은 이기심을 넘어서서 올바로 중심에 서는 데서 나온다.

고타마는 이런 고요의 내적 영역을 발견하자 붓다가 되었다. 그는 일단 자기 중심주의를 꺼버리고 나자, 새로운 존재의 불꽃을 일으킬 불이나 연료가 생기지 않을 것이라고 확신했다. 그를 삼사라에 묶을 욕망(타나)이 최종적으로 꺼졌기 때문이다. 그는 죽으면 **파리닙바나**,* 즉 최종적 안식을 얻게 될 터였다. 그러나 이것 역시 서구인들이 가끔 오해하는 것과는 달리 완전한 소멸을 의미하지는 않는다. 파라닙바나는 우리 자신이 깨달은 자가 되기 전에는 상상할 수 없는 존재방식이다. 그것에 해당

---

* 파리닙바나 : 반열반(般涅槃).

하는 말이나 개념은 없다. 우리의 언어는 불행하고 세속적인 존재의 감각 자료에서 파생된 것이기 때문이다. 우리는 사실 자기 중심주의가 사라진 삶을 상상할 수가 없다. 그렇다고 해서 그러한 존재가 불가능하다는 뜻은 아니다. 실제로 깨달은 사람은 죽은 뒤에 더 이상 존재하지 않게 된다는 주장은 불교에서 이단이 되었다.[26]

일신교도들도 그들이 '하느님'이라고 부르는 실재를 적절하게 묘사할 수 있는 말이 없다고 주장해왔다. 훗날 붓다는 그를 따르는 사람들에게 이렇게 말했다. "최종적인 안식(파리닙바나)에 들어간 사람은 어떤 척도로도 규정할 수가 없다. 그것을 묘사할 수 있는 말은 없다. 어떤 사고로도, 어떤 말의 방식으로도 그것을 포착할 수가 없다."[27] 세속적인 용어로 말하자면 닙바나는 '무(無)'이다. 그것이 존재하지 않기 때문이 아니라, 우리가 알고 있는 어떤 것과도 일치하지 않기 때문이다. 그러나 요가 훈련과 동정적인 도덕을 통해 내부의 이 고요한 핵심에 다가간 사람들은 자신이 측량할 수 없을 정도로 풍부한 존재방식을 누리게 되었다고 생각했다. 자기 중심주의의 한계 없이 살게 되었기 때문이다.

팔리어 텍스트들에서 붓다가 보디나무 아래에서 깨달음을 얻은 이야기를 읽다 보면 당혹감이나 좌절감을 느낄 수도 있다. 이 대목은 이 테라바다 경전들 가운데 전문적인 요가 수행자가 아닌 사람들에게는 모호하게 느껴지는 부분 가운데 하나이다. 명상의 기술적인 측면들이 아주 자세하게 기술되기 때문이다. 이 텍스트보다는 훗날에 나온 경전인 〈니다나 카타〉에 실린 이야기가 보통 사람들에게는 더 도움이 된다. 여기에 나오는 깨달음의 개념에는 일반인도 비교적 쉽게 다가갈 수 있다. 이 경전은 고타마의 '떠남'과 관련된 이야기와 마찬가지로 이 깨달음의 이야기 역시 그 심리적이고 영적인 의미들을 일반인이나 불교 초심자도 이해할 수 있는 방식으로 탐구하고 있다. 여기에서는 요가의 전문용어들을 전혀 사용하지 않고 깨달음을 신화적인 방식으로만 이야기하고 있다.

이 텍스트의 저자는 우리가 생각하는 의미에서 역사를 쓰려는 것이 아니라, 닙바나 발견과 관련하여 시간을 초월한 이미지를 그려내고자 하였다. 그는 근대 이전의 심리학이라고 할 수 있는 신화에 공통되는 모티프들을 이용하여 심리의 내적인 행로를 추적함으로써, 무의식적 정신의 모호한 세계를 좀더 분명하게 드러냈다. 불교는 기본적으로 심리적 종교이며, 따라서 초기 불교의 저술가들이 신화를 아주 능숙하게 활용한 것도 놀랄 일은 아니다.[28] 이 텍스트 가운데 어느 대목도 실제로 있었던 일을 말해주는 데에는 관심이 없으며, 독자가 자기 나름의 깨달음을 얻는 데 도움을 주려고 할 뿐이라는 사실을 잊지 말아야 한다.

〈니다나 카타〉는 용기와 결의를 강조한다. 이 이야기는 고타마가 닙바나의 성취를 방해하는 내부의 모든 힘들에 대항하여 영웅적인 투쟁을 벌이는 모습을 보여준다. 고타마는 우유로 쑨 죽을 먹은 뒤에 그날 밤 바로 목표를 달성하기로 결심하고, 해방을 위한 최후의 노력을 기울이기 위해 보디나무를 향하여 사자처럼 당당하게 걸어갔다. 우선 고타마는 이전의 모든 붓다들이 닙바나에 이르렀을 때 앉았던 곳을 찾으려고 나무 주위를 돌아보았다. 그러나 고타마가 서는 곳마다 "평평했던 땅이 위로 솟아오르거나 밑으로 꺼졌다. 마치 땅 위를 구르는 거대한 수레바퀴 위에 올라가 있는 것 같았다."[29] 결국 고타마는 나무의 동쪽으로 다가갔으며, 그곳에 서자 땅도 가만히 있었다. 고타마는 그곳이 이전의 모든 붓다들이 자리를 잡았던 '부동의 지점'이라고 판단하고, 그곳에서 동이 트는 동쪽을 향하여 아사나 자세로 앉았다. 그는 자신이 곧 인류 역사의 새로운 시대를 시작할 것이라는 확고한 기대를 품고 있었다. "내 몸의 모든 살과 피와 더불어 내 살갗과 힘줄과 뼈가 말라붙어도 좋다! 나는 그것을 환영하겠다! 나는 최고의, 최종의 지혜를 얻기 전에는 이곳에서 움직이지 않겠다."[30]

이 텍스트는 고타마가 보디나무 주위를 돌자 땅이 몸을 떨었다는 사실을 강조함으로써, 우리에게 이 이야기를 문자 그대로 읽지 말라고 일깨워준다. 이곳은 물리적인 장소가 아니다. 우주의 축에 서 있는 세계의 나무는 구원신화의 공통적인 요소이다. 이곳은 거룩한 에너지가 세상으로 쏟아져들어오는 곳이며, 인류가 절대적인 것을 만나 좀더 완전하게 자기 자신이 되는 곳이다. 예수의 십자가를 생각해보라. 기독교 전설에 따르면, 이 십자가는 에덴동산의 선과 악에 대한 지식을 알려주는 나무와 똑같은 지점에 서 있었다. 불교신화에서는 인간-신이 아닌, 인간 고타마가 이 축을 이루는 장소에 앉아 있다. 인간은 초자연적인 존재의 도움 없이 자신을 구원해야 하기 때문이다.

이 텍스트는 고타마가 우주의 축, 우주 전체를 붙들고 있는 신화적 중심에 이르렀음을 분명히 밝힌다. '부동의 지점'은 우리가 완벽한 균형 속에서 세상과 우리 자신을 보게 해주는 심리적 상태이다. 이런 심리적 안정과 이런 올바른 지향이 없다면 깨달음은 불가능하다. 따라서 모든 붓다들은 닙바나를 얻기 전에 이 자리에 앉아야 했다. 말을 바꾸면 이런 마음 상태에 이르러야 했다. 이것은 '악시스 문디',* 즉 많은 세계신화에서 인간이 '현실적이고 무조건적인 것'과 만나는 차분한 고요의 지점이다.

이곳은 세속적인 세계에서는 정반대로 대립하는 것처럼 보이던 것들이 **코인시덴티아 오포지토룸****으로 합쳐져서 '성스러운 것'을 경험하게 하는 '장소'이다. 이곳에서는 삶과 죽음, 공허와 풍요, 신체적인 것과 정신적인 것이 정상적인 의식에서는 상상할 수 없는 방식으로, 바퀴살들이 바퀴통에서 만나듯이 만나고 합쳐진다.[31] 고타마는 자신이 어린 시절 갯복숭아나무 아

---

* 악시스 문디 : 세계의 축.
** 코인시덴티야 오포지토룸 : 반대의 일치.

래에서 잠깐 맛보았던 완벽한 평형상태에 이르렀을 때, 그의 기능들이 집중되고 자기 중심주의가 통제되었을 때, 드디어 '부동의 지점'에 앉을 준비가 되었다고 믿었다. 마침내 최고의 통찰을 얻을 수 있게 된 것이다.

그러나 이것으로 투쟁이 끝난 것이 아니다. 고타마는 자신의 내부에 남은 힘들, 새로워지지 못한 삶에 집착하며 자아가 죽기를 바라지 않는 힘들과 계속 싸워야 했다. 고타마의 그림자 자아인 마라는 착카밧티, 즉 '세계의 지배자' 차림으로 엄청난 군대를 이끌고 그의 앞에 나타났다. 마라는 150리그* 높이의 코끼리를 타고 있었다. 그의 몸에는 천 개의 팔이 달려 있었으며, 팔마다 치명적인 무기를 휘두르고 있었다. 마라라는 말은 '망상'이라는 의미이다. 마라는 우리가 깨달음에 나아가지 못하도록 붙들고 있는 무지의 상징이다. 그는 착카밧티처럼 물리적 힘으로 달성한 승리만을 상상할 수 있을 뿐이다.

고타마는 아직 완전히 깨달음을 얻지 못했기 때문에 그와 똑같은 방식으로 대응하려 했다. 자신이 얻은 덕을 방어의 무기, 이 막강한 군대를 물리칠 수 있는 검이나 방패로 생각한 것이다.[32] 그러나 이 텍스트의 저자는 마라의 힘에도 불구하고 고타마가 '정복할 수 없는 위치'에 앉아 있었다고 적고 있다. 그

---

* 1리그는 약 5킬로미터에 해당한다.

가 그러한 천박한 강제에 굴하지 않았음을 보여주는 것이다. 마라가 그에게 무시무시한 폭풍을 아홉 번 몰아왔을 때, 고타마의 닙바나 달성을 보려고 주위에 모여 있던 신들은 무서워서 그를 홀로 남겨두고 달아났지만 고타마는 꼼짝도 하지 않았다. 불교도의 관점에서 보자면, 사람은 구원을 얻고자 할 때 신의 지원을 기대할 수 없는 것이다.

이때 마라는 고타마에게 다가가 묘한 대화를 나누었다. 그는 고타마에게 이렇게 말했다. "이곳에서 일어나라. 이곳은 네 자리가 아니라 나의 자리이다." 마라가 생각하기에 고타마는 이미 세상을 초월했다. 그는 어떤 외적인 공격에도 난공불락이었다. 그러나 마라는 이 세상의 주인이었다. 그 축을 이루는 중심에 앉아 있어야 할 존재는 착카밧티인 자신이었다. 그는 자신이 방금 보여주었던 격분, 증오, 폭력 때문에 이미 보디나무 아래에 앉을 자격을 잃었다는 것을 깨닫지 못했다. 그 자리는 오직 동정심으로 사는 사람만이 앉을 수 있는 곳이었기 때문이다.

고타마는 마라가 전혀 깨달음의 준비가 되지 않았다고 지적했다. 그는 한 번도 영적인 노력을 한 적이 없으며, 한 번도 보시를 한 적이 없고, 한 번도 요가를 수행한 적이 없었기 때문이다. 고타마는 결론을 내렸다. 따라서 "이 자리는 네가 아니라 나의 것이다." 그는 계속해서 자신이 전의 여러 생에서 자신의 모든 소유를 버렸고, 남들을 위하여 자신의 목숨을 내놓기까지

했다고 덧붙였다. 그런데 마라는 무엇을 했는가? "너도 그러한 동정적인 행동을 했다고 증언할 증인을 내놓을 수 있는가?" 그러자 마라의 병사들이 즉시 입을 모아 외쳤다. "내가 그의 증인이다!" 마라는 의기양양하게 고타마를 돌아보며, 이번에는 그가 자신의 주장을 입증할 차례라고 말했다.[33)]

그러나 고타마는 혼자였다. 그의 옆에는 그가 오랫동안 깨달음을 준비했다고 증언해줄 사람이나 신이 없었다. 그래서 고타마는 착카밧티라면 도저히 할 수 없을 행동으로 도움을 청한 것이다. 그는 오른손을 뻗어 땅을 짚으며, 땅에게 동정심에서 우러난 자신의 과거 행동들을 증언해달라고 간청했다. 그러자 땅이 엄청나게 큰 소리로 대답했다. "내가 그대의 증인이 되겠다!" 그 소리를 듣자 마라의 코끼리는 겁에 질려 무릎을 꿇었고, 병사들은 두려워서 사방으로 흩어졌다.[34)]

땅에 증언을 요청하는 자세, 즉 아사나 상태에서 오른손으로 땅을 짚는 붓다의 자세는 불교예술에서 가장 많이 등장한다.* 이것은 고타마가 마라의 황폐한 남성주의를 거부했음을 상징할 뿐 아니라, 붓다가 사실상 세상에 속해 있다는 심오한 주장을 담고 있다. 담마는 엄하지만 자연을 거스르지 않는다. 자아가 없는 인간과 땅 사이에는 깊은 유사성이 있다. 이것은 고타마가 갯복숭아나무 아래에서 경험했던 황홀경을 기억하면서

---

* 결가부좌(結跏趺坐)의 항마촉지인(降魔觸地印).

느꼈던 것이다. 깨달음을 구하는 사람은 우주의 근본구조와 조화를 이룬다. 마라와 그의 군대의 폭력이 세상을 지배하는 것처럼 보이지만, 실제로는 동정심을 품은 붓다가 존재의 기본 법칙과 진정으로 조화를 이루고 있다.

이렇게 마라에 승리를 거둔—사실 자기 자신에게 승리를 거둔 것이지만—후에는 고타마를 붙드는 것이 없었다. 신들은 다시 하늘로부터 내려와 그가 마지막 해방을 얻는 순간을 숨죽이고 기다렸다. 그들 역시 인간들만큼이나 그의 도움이 필요했기 때문이다. 이제 고타마는 첫 번째 자나*에 들어가 자신의 심리의 내적 세계를 꿰뚫었다. 그가 마침내 닙바나의 평화에 이르렀을 때 불교 우주의 모든 세계는 진동했고, 천국과 지옥이 흔들렸고, 보디나무는 깨달은 자에게 붉고 작은 꽃을 비처럼 퍼부었다.

〔세계들 전체에서〕 꽃나무들에 꽃이 피었다. 과실나무들은 열매가 무거워 축 늘어졌다. 줄기연꽃들은 나무의 줄기에서 꽃을 피웠다. …… 만 개의 세계로 이루어진 체계는 공중에서 회오리를 일으키는 꽃다발과 같았다.[35]

바다는 짠맛을 잃었고, 장님과 귀머거리는 보고 들을 수 있

---

* 초선(初禪).

었고, 앉은뱅이는 걸을 수 있었고, 죄수들의 족쇄는 땅에 떨어졌다. 만물이 갑자기 새로운 자유와 능력을 보았다. 잠깐 동안 모든 생명체들이 좀더 완전하게 자기 자신이 될 수 있었다.

그러나 새로운 붓다는 세상을 대신하여 구원을 얻어줄 수 없었다. 모든 생물은 고타마의 방법을 실행에 옮겨 스스로 깨달음을 얻어야 했다. 그것을 고타마가 대신 해줄 수는 없었다. 처음에 붓다—아직은 고타마라고 불러야 하지만—는 구원을 얻을 수 있는 유일한 수단인 담마를 설교하지 않을 생각이었던 것으로 보인다. 사람들은 그를 흔히 사캬무니*라는 이름으로도 부르는데, 이것은 삭카 공화국 출신의 '말 없는 자'라는 뜻이다. 그가 얻은 지식은 말로 나타낼 수 없었기 때문이다.

그러나 갠지스 지역, 특히 도시에 사는 사람들은 새로운 영적 전망을 갈구하고 있었다. 팔리어 텍스트에 따르면, 그들은 붓다가 깨달음을 얻자마자 그것을 분명히 알게 되었다. 지나가던 상인 타풋사와 발루카가 어떤 신으로부터 이 큰 사건에 대한 이야기를 듣고 붓다를 찾아와 경배를 드렸기 때문이다. 이들은 보통 사람들로서는 처음으로 붓다를 따랐다.[36] 그러나 이렇게 처음부터 성공을 거두었음에도, 붓다는 여전히 망설였다. 그는 자신의 담마가 너무 설명하기 어렵다고 생각했다. 그는 사람들이 그의 담마가 요구하는 힘든 요가와 도덕 훈련을 견딜

---

* 사캬무니 : 석가모니(釋迦牟尼).

준비가 되어 있지 않다고 생각했다. 대부분의 사람들은 자신의 갈망을 버리기는커녕, 자신이 애착을 품은 대상을 적극적으로 향유하려 하였으며, 자신을 버리라는 그의 메시지에 귀를 기울이고 싶어하지 않았다. 붓다는 결론을 내렸다. "내가 담마를 가르친다 해도 사람들은 그것을 이해하지 못할 것이며, 따라서 나만 지치고 실망하게 될 것이다."[37]

그러자 브라마 신*이 나섰다. 고타마가 깨닫는 과정을 꼼꼼하게 지켜보았던 브라마는 그의 결론에 망연자실했다. 브라마는 곤혹스러운 목소리로 소리쳤다. 만일 붓다가 그의 담마를 설교하지 않는다면, "세상은 사라질 것이며, 세상은 기회를 얻지 못할 것이다!" 브라마는 이 일에 개입하기로 결심했다. 팔리어 텍스트들은 이야기 속에 거리낌 없이 신들을 불러들인다. 신들은 우주의 일부였다. 붓다의 이야기에 마라와 브라마를 등장시키는 이 전설들은 새로운 불교와 그 이전의 종교들 사이의 관용적인 동반관계를 예시한다. 이교도 이웃들의 경쟁하는 신들에게 경멸을 퍼부었던 헤브라이의 예언자들과는 달리, 초기 불교도는 수많은 사람들이 전통적으로 숭배해오던 대상들을 짓밟을 필요를 느끼지 못했다.

오히려 붓다는 자신의 삶의 중요한 순간들에 신들의 도움을 받는 모습을 보여준다. 마라와 마찬가지로 브라마 역시 붓다

---

* 브라마 : 범천(梵天).

자신의 인격의 일면을 보여주는 것인지도 모른다. 어쩌면 경전들은 이런 식으로 신들이 인간의 무의식적인 힘들의 투사라는 것을 암시했던 것일 수도 있다. 브라마가 개입한 이야기는 붓다의 마음에 갈등이 있었음을 보여준다. 그의 마음 한 부분은 홀로 물러나 닙바나의 평화를 누리고 싶어하였고, 또 한 부분은 그런 식으로 다른 생물들을 무시할 수는 없다는 것을 깨닫고 있었다.

브라마는 하늘을 떠나 땅으로 내려와 새로운 붓다 앞에 무릎을 꿇었다. 통상적인 관계가 완전히 역전된 셈이다. "주여, 담마를 가르쳐주시기 바랍니다. …… 속에 욕망이 얼마 남지 않았음에도, 방법을 몰라 한탄하는 사람들이 있습니다. 그 가운데 일부는 이 담마를 이해할 것입니다." 그는 붓다에게 "고통에 빠져 죽어가는 인류를 굽어보고, 세상을 구하기 위해 멀리 또 널리 돌아다닐 것"을 간청했다.[38]

동정심은 붓다의 깨달음에서 핵심적인 구성요소이다. 한 전설에 따르면, 고타마는 어머니의 심장 높이의 옆구리에서 태어났다고 한다.[39] 이것은 영적인 인간의 탄생을 보여주는 은유이다. 물론 문자 그대로 받아들일 수는 없다. 이것은 심장이 우리 삶의 중심이 될 때에만, 즉 다른 사람들의 괴로움을 마치 자신의 괴로움처럼 느낄 때에만 진정한 인간이 될 수 있다는 뜻이다. 짐승 같은 사람은 자신의 이해관계를 앞세우는 반면, 영적인 사람은 다른 사람들의 고통을 인식하고 그것을 덜어주려 한다. 그러나 많은 사람들이 의도적으로 심장이 없는 상태를 유지한다. 출가하기 전의 고타마처럼 엄중하게 감시를 받으며 쾌락의 궁전 안에서 살아가는 것이다.

고타마는 붓다가 되려고 오랜 기간 명상하고 준비하는 가운데 둑카의 현실에 자신의 전 자아를 개방했으며, 괴로움이라는 현실이 자기 존재의 가장 깊은 구석까지 다가가게 하였다. 그는 '직접적인 지식'으로 '괴로움이라는 고귀한 진리'를 깨달았으며, 마침내 그것과 결합하여 일체가 되었다. 그는 자신의 개인적인 닙바나에 편안하게 파묻혀 있을 수 없었다. 그것은 곧 새로운 종류의 쾌락의 궁전에 들어가는 것과 다름없었다. 그렇게 물러나는 것은 담마의 본질적인 역학을 훼손하는 일이 될 터였다. 붓다가 사람들이 비틀린 세상에서 괴로워하는 것을 보면서, 네 가지 '가없는 마음'을 수행하여 자비로운 감정을 땅의 네 모퉁이로 보냈던 것은 결코 자신의 영적인 이익만을 위한 것이 아니었다. 사실 그가 체토-비뭇티, 즉 깨달음을 통한 해방을 얻은 주된 방법 가운데 하나는 자아를 버리고 자애와 공감을 계발하는 것이었다. 그의 담마는 그에게 시장으로 돌아가 슬픔에 잠긴 세상에 참여할 것을 요구했다.

브라마 신(붓다 인격의 더 높은 부분)은 이것을 깨달음으로써 큰 영예를 얻었다. 붓다는 그의 청원에 주의 깊게 귀를 기울였으며, 팔리어 텍스트에 따르면 "마음에 동정심이 가득하여, 붓다의 눈으로 세상을 바라보았다."[40] 이것은 중요한 언급이다. 붓다는 단지 자신의 구원에 이른 사람이 아니라, 스스로 고통에 대한 면역을 얻었음에도 다른 사람들의 괴로움에 공감할 수 있는 사람인 것이다. 이제 붓다는 닙바나의 문들이 모든 사람에게 '넓게 열렸음'을 깨달았다. 그가 어떻게 자신과 같은 인간들에게 마음을 닫을 수 있을까?[41] 그가 보디나무 아래에서 '깨달은' 진리의 핵심은 남들을 위해 사는 것이 도덕적인 삶이라는 것이었다. 그는 이후 45년간 지칠 줄 모르고 갠지스 평원의 도시들을 돌아다니며 그의 담마를 신과 사람들에게 가르치게 된다. 이러한 적극적인 동정에는 한계가 있을 수 없었다.

그런데 누구에게 이 메시지를 처음 들려줄 것인가? 붓다는 즉시 자신의 스승이었던 알라라 칼라마와 우닷카 라마풋타를 떠올렸다. 그러나 그의 옆에 있던 신들 몇 명이 그들 둘 다 얼마 전에 죽었다고 말해주었다. 큰 슬픔이었다. 그 선한 스승들은 그의 담마를 틀림없이 이해했을 것이기 때문이다. 이제 그들은 자신들의 잘못이 아님에도 기회를 놓치고, 다시 고통의 삶을 살 운명에 처하게 된 것이다. 이 소식을 듣자 붓다는 새삼 다급함을 느꼈다.

그는 이번에는 자신과 함께 타파의 금욕적 훈련을 하던 다섯 빅쿠를 떠올렸다. 그들은 고타마가 고행을 풀고 첫 식사를 하는 것을 보고 두려워서 달아났으나, 그들의 이런 거부 때문에 고타마의 판단이 흐려지지는 않았다. 그는 그들과 함께 있을 때 그들로부터 큰 도움과 지원을 받았다는 사실을 기억하고,

곧바로 그들을 찾아나섰다. 고타마는 그들이 바라나시(지금의 베나레스) 외곽의 사슴공원*에 살고 있다는 이야기를 듣자 '담마의 수레바퀴'**를 굴리기로 결심하고, 그의 표현대로 "죽음 없는 닙바나의 북을 두드리기 위해" 여행을 시작했다.[42]

그는 큰 기대를 하지 않았다. 붓다는 몇백 년이 지난 뒤에야 자신의 가르침을 따르는 사람이 생길 것이라고 잘못 생각하고 있었다. 그러나 사람들을 구해야 했기 때문에, 붓다는 그가 성취한 깨달음의 본성에 따라 자신이 그들을 위해 할 수 있는 일을 할 수밖에 없었다.

---

* 사슴공원 : 녹야원(鹿野苑).
** 법륜(法輪).

4

진리

buddha

그러나 가르침의 첫 시도는 완전히 실패하고 말았다. 붓다는 가야로 가는 길에 알던 사람을 우연히 만났다. 우파카라는 이 자이나교도는 고타마의 변화를 바로 눈치챘다. "아주 평화로워 보이는군요! 전혀 빈틈이 없으면서도, 아주 고요해 보입니다! 안색이 맑고, 눈은 빛납니다! 그대의 스승이 누구입니까? 요즘에는 누구의 담마를 따르고 있습니까?" 대화의 실마리가 아주 잘 풀린 것 같았다. 붓다는 자신에게는 스승이 없고, 자신은 어떤 상가에도 속하지 않았다고 설명했다. 그때까지 세상에 그와 같은 사람은 하나도 없었다. 그는 아라한트,* 즉 최고의 깨달음에 이른 '성취한 자'가 되었기 때문이다. 우파카는 믿을 수 없

---

* 아라한트 : 아라한(阿羅漢).

다는 표정이었다. "뭐라고요! 설마 그대가 우리 모두 기다리고 있는 붓다, 지나,* '영적 승리자', '거룩한 자'라는 말은 아니겠지요?" 붓다는 자신이 그런 존재라고 대답했다. 그는 모든 갈망을 정복하여, 실제로 지나라 불려도 손색이 없었다. 우파카는 의심하는 표정으로 붓다를 보며 고개를 설레설레 저었다. "계속 꿈을 꾸시오, 친구. 나는 이 길로 가리다." 그는 갑자기 큰 길을 버리고 샛길로 들어섰다. 닙바나로 가는 지름길을 거부한 셈이었다.[1)]

붓다는 단념하지 않고 중요한 도시이자 브라민의 학문의 중심이었던 바라나시까지 계속 걸어갔다. 붓다는 시내에서 머뭇거리지 않고 곧바로 이시파타나 교외의 사슴공원으로 갔다. 그곳에 이전의 다섯 벗이 살고 있다는 것을 알았기 때문이다. 이 빅쿠들은 붓다가 다가오는 것을 보고 깜짝 놀랐다. 그들은 옛 스승 고타마가 거룩한 삶을 버리고 사치와 방종의 생활로 되돌아간 것으로 알고 있었기 때문이다. 그들은 예전처럼 위대한 금욕주의자를 존경하는 마음으로 그에게 인사를 할 수가 없었다. 그래도 그들은 아힘사에 헌신하는 선한 사람들이었기 때문에 고타마의 기분을 상하게 하고 싶지는 않았다.

그들은 고타마가 오랫동안 걸어왔다는 것을 알고, 원한다면 그들과 함께 잠시 앉아 쉴 수 있도록 해주기로 마음먹었다. 그

---

* 지나 : 여래(如來). 자이나교가 사용하는 칭호.

러나 붓다가 가까이 다가오자 그들은 긴장을 풀고 말았다. 아마 그들 역시 그의 새로운 고요와 자신감에 감명을 받았을 것이다. 빅쿠 가운데 하나는 그를 맞으러 달려와 그의 수도자복과 탁발그릇*을 받아들었고, 다른 사람들은 옛 스승이 발을 씻을 수 있도록 자리를 준비하거나, 물을 가져오거나, 발판과 수건을 준비하였다. 그들은 고타마에게 다정하게 인사를 하며, 그를 '친구'라고 불렀다.[2] 이런 일은 그 이후에도 종종 일어난다. 붓다의 태도에서 드러나는 동정심과 자애는 인간, 신, 동물의 적대감을 해소해버렸기 때문이다.

붓다는 곧바로 요점으로 들어갔다. 우선 그는 자신을 이제 친구라고 부르지 말라고 했다. 그의 낡은 자아가 사라져 이제 완전히 다른 지위를 얻었기 때문이었다. 그는 이제 타타가타**였다. 이것은 '그렇게 사라졌다'는 뜻을 가진 묘한 칭호이다. 그의 자아는 소멸했다. 그들은 그가 과거에 거룩한 삶을 저버렸다고 상상하지 말아야 한다. 오히려 그 반대이다. 그의 말에는 벗들이 전에는 들어보지 못했던 확신과 다급함이 있었다. 그는 말했다. "잘 들으십시오! 나는 불멸의 닙바나의 상태를 깨달았습니다. 내가 그대들을 가르치겠습니다! 그대들에게 담마를 가르치겠습니다!"[3] 만일 그들이 그의 가르침을 듣고 그것을 실행에 옮기면, 그들 역시 아라한트가 될 수 있었다. 그들도

---

* 의발(衣鉢).
** 타타가타 : 여래(如來).

그의 발자취를 따라 최고의 진리 속으로 들어가, 그것을 그들 자신의 삶에서 현실로 만들 수 있었다. 그들이 할 일은 그저 그의 말을 잘 듣는 것뿐이었다.

이어 붓다는 첫 설교를 시작했다. 이 설교는 텍스트들 속에 **담마착캅파밧타나-숫타***로 보존되어 있다. '담마의 바퀴를 굴리는 설교'라는 뜻이다. 이 설교가 '가르침'을 세상에 들여와 인류를 위한 새로운 시대를 움직이기 시작했기 때문이다. 인류는 이제 올바른 삶의 방법을 알게 되었다. 그 가르침의 목적은 난해한 형이상학적 지식을 제공하는 것이 아니라, 다섯 빅쿠들을 깨달음으로 이끄는 것이었다. 그들 역시 그와 마찬가지로 아라한트가 될 수 있었지만, 그들은 절대 스승과 같아질 수 없었다. 붓다는 스스로, 혼자, 누구의 지원도 받지 않고 붓다가 되었기 때문이다. 또 인류에게 설교를 하겠다는 결정을 내림으로써, 삼마 삼붓다**, 즉 '최고의 깨달음의 스승'이 되겠다는 결정을 내림으로써 그는 또 한 번 구별되는 모습을 보여주었기 때문이다. 훗날 불교의 가르침에서는, 삼마 삼붓다가 담마의 지식이 지상에서 완전히 자취를 감추게 되는 3만 2,000년마다 한 번씩만 나타난다고 이야기한다. 고타마는 우리 시대의 붓다가 되었으며, 이시파타나의 사슴공원에서 그의 일을 시작하였다.

---

* 전법륜경(轉法輪經).
** 삼마 삼붓다 : 삼야삼불(三耶三佛).

그러나 무엇을 가르칠 것인가? 붓다는 교리나 신조를 싫어했다. 그에게는 제시할 신학이 없었다. 둑카의 근본원인에 대한 이론도 없었고, '원죄' 이야기도 없었고, '궁극적 실재'에 대한 규정도 없었다. 그는 그러한 추론에서는 의미를 찾지 못했다. 권위 있는 종교적 견해들에 대한 믿음이 신앙이라고 생각하는 사람들에게 불교는 혼란스럽게 느껴진다. 그러나 붓다는 어떤 개인의 신학에는 전혀 관심을 가지지 않았다. 다른 사람의 권위를 근거로 어떤 교리를 받아들이는 것은 그의 눈에는 '능숙하지 못한' 상태였으며, 그것으로는 깨달음에 이를 수 없었다. 그것은 개인적 책임을 포기하는 행동이었기 때문이다. 그는 공식적인 신조에 복종하는 것에서는 아무런 가치를 찾지 못했다. '신앙'이란 닙바나가 존재한다는 믿음과 그것을 스스로 증명하겠다는 결심이었다. 붓다는 늘 제자들에게, 들은 말을 근거로 어떤 것을 받아들이지 말고, 자신의 가르침 역시 본인의 경험에 비추어 검증하라고 말했다. 종교적 관념은 정신적 우상이 되기 십상이었다. 담마의 목적은 사람들이 버리도록 도와주는 것인데, 집착할 것만 하나 더 생기는 셈이었다.

'버림'은 붓다의 가르침의 기본 가운데 하나이다. 깨달은 사람은 아무리 권위적인 가르침이라 하더라도 그것을 움켜쥐거나 거기에 매달리지 않았다. 모든 것이 지나가며, 어떤 것도 영원히 지속되지 않았다. 제자들은 그들의 전 존재로 이 사실을 받아들이기 전에는 결코 닙바나에 이를 수 없었다. 그의 가르침도 자기 할 일을 마치면 버려져야 했다. 붓다는 자신의 가르침을 뗏목에 비유한 적이 있다. 한 나그네가 넓은 강에 이르렀는데, 무슨 일이 있어도 그곳을 건너야 했다. 다리도 나룻배도 없었다. 그는 하는 수 없이 뗏목을 만들어 노를 저어 강을 건넜다.

붓다는 사람들에게 물었다. "나그네가 뗏목을 어찌해야 합니까? 큰 도움이 되었으니 어디를 가든 질질 끌고 다녀야 합니까? 아니면 그것을 강변에 그냥 묶어두고 자기 갈 길을 계속 가야 합니까?" 답은 분명했다. "빅쿠들이여, 내 가르침 역시 뗏목과 같습니다. 강을 건널 때만 쓰면 되지, 늘 거기에 매달릴 필요는 없습니다. 여러분이 내 가르침의 본성이 뗏목과 같다는 점을 정확하게 이해하면, 나쁜 가르침은 말할 것도 없고 좋은 가르침(담마)도 다 버리게 될 것입니다!"[4] 그의 담마는 완전히 실용적이었다. 그 목적은 오류가 없는 정의(定義)를 제시하거나 제자들의 형이상학 문제들에 대한 지적 호기심을 충족시키는 것이 아니었다. 그 유일한 목적은 사람들이 고통의 강을 건너 '저쪽 강변'*에 이르게 하는 것이었다. 그가 할 일은 괴로움을 덜어주고, 제자들이 닙바나의 평화를 얻도록 도와주는 것이었다. 이런 목적에 도움이 되지 않는 것은 전혀 중요하지 않았다.

따라서 여기에는 우주 창조나 '최고의 존재'에 대한 난해한

---

* 피안(彼岸).

이론이 없다. 이런 문제들은 재미는 있을지 모르지만, 제자에게 깨달음을 주거나 그를 둑카로부터 해방시켜주지는 못했다. 코삼비의 심사파나무 숲속에 살던 어느 날, 붓다는 잎 몇 개를 따서 제자들에게 보여주면서 숲에는 그보다 훨씬 더 많은 잎들이 자란다고 말했다. 이와 마찬가지로 그는 몇 개의 가르침만 줄 뿐, 다른 많은 가르침은 드러내지 않는다는 이야기였다. 왜일까? "제자들이여, 그것이 여러분에게 도움이 되지 않고, 거룩함을 추구하는 데 유용하지 않으며, 평화와 닙바나에 대한 직접적 지식으로 이끌지 못하기 때문입니다."[5]

붓다는 철학의 문제로 계속 자신을 귀찮게 하는 한 수도자에게 당신은 부상을 입고도 자신을 해친 사람의 이름과 출신지를 알기 전에는 치료를 받지 않으려는 사람과 같다고 말했다. 그는 그 쓸데없는 정보를 얻기도 전에 죽기 십상이었다. 마찬가지로 세계의 창조나 '절대자'의 본성에 대하여 알기 전에는 불교의 방법을 따르려 하지 않는 사람들도 그 불가지(不可知)의 질문들에 대한 답을 얻기 전에 비참하게 죽을 것이다. 세상이 영원하든 시간 속에서 창조되었든 그것이 무슨 차이가 있는가? 어느 쪽이든 비통과 고통과 비참은 계속될 터인데. 붓다는 오로지 고통의 단절에만 관심을 가졌다. 그는 철학에 기운 한 빅쿠에게 말했다. "나는 지금 이 자리의 이 불행한 조건들에 대한 치유책을 설교하는 것입니다. 따라서 내가 여러분에게 설명하지 않은 것과 그것을 설명하지 않은 이유를 늘 기억하시기 바랍니다."6)

어쨌든 붓다는 사슴공원에서 이전의 다섯 벗을 만났을 때 어디에서든 이야기를 풀어나가야 했다. 어떻게 하면 그들의 의심을 누그러뜨릴 수 있을까? 네 가지 고귀한 진리*에 대해서도 어떤 식으로든 논리적으로 설명을 해야 했다. 우리는 그날 붓다가 다섯 빅쿠에게 실제로 무슨 이야기를 했는지는 모른다. 팔리어 텍스트들에서 '첫 번째 설교'라고 부르는 것이 붓다가 그때 설교했던 내용을 말 그대로 옮겨놓은 것일 가능성은 거의 없다. 경전을 편찬하던 편집자들은 아마 핵심적인 사항들이 간추려져 제시되어 있는 이 숫타를 보고, 그것을 이야기의 이 지점에 삽입했을 것이다.7) 그러나 몇 가지 점에서 이 설교는 첫 번째 자리에 어울린다는 느낌이 든다.

붓다는 늘 자신의 가르침을 듣는 사람들의 요구에 세심하게 맞추었다. 이 다섯 빅쿠들은 고타마가 금욕주의를 포기한 것을 걱정하고 있었는데, 이 숫타에서 붓다는 그의 '가운뎃길'의 배경에 놓인 이론을 설명하여 우선 그들을 안심시킨다. 붓다는 거룩함을 향해 '떠난' 사람들은 감각적 쾌락과 지나친 금욕이라는 두 가지 극단을 피해야 한다고 말했다. 둘 다 납바나에 이르는 데 도움이 되지 않기 때문이다. 대신 그는 이 두 극단의 중간에서 여덟 가지 길**을 발견했는데, 이것이 수도자들을 깨

---

* 사성제(四聖諦).
** 팔정도(八正道).

붓다가 사슴공원에서 행한 첫 번째 설법.

달음으로 곧바로 이끌어줄 것이라고 확신했다.

이어 붓다는 네 가지 고귀한 진리를 개략적으로 설명했다. 그것은 '괴로움의 진리', '괴로움의 원인의 진리', '괴로움의 단절 또는 닙바나의 진리', 이런 해방에 이르는 '길'이었다.* 그러나 이런 진리들은 형이상학적 이론이 아니라 실천적인 강

---

* 고집멸도(苦集滅道).

령으로 제시되었다. 담마라는 말은 있는 것을 의미할 뿐 아니라 있어야 할 것도 의미한다. 붓다의 담마는 삶의 문제에 대한 진단이며 동시에 치료책으로서, 그대로 따라야 하는 것이었다.

각각의 진리에는 세 가지 구성 요소가 있었다. 우선 그는 빅쿠들에게 진리를 보게 했다. 다음에 그 진리를 어떻게 해야 하는지 설명했다. 괴로움은 '완전하게 알아야' 했다. 괴로움의 원인인 갈망은 '버려야' 했다. 괴로움의 단절인 닙바나는 아라한트의 마음 속에서 '현실화해야' 했다. 여덟 가지 길은 '따라야' 했다.

마지막으로 붓다는 자신이 이미 성취한 것을 설명했다. 그는 이미 둑카를 '직접적으로' 이해했다. 그는 이미 갈망을 버렸다. 그는 이미 닙바나를 경험했다. 그는 이미 길을 그 끝까지 갔다. 붓다는 자신의 담마가 실제로 효과가 있다는 것과 자신이 그 요구사항을 실제로 완전히 이행했다는 것을 스스로에게 증명했을 때 그의 깨달음이 완전해졌다고 설명했다. "나는 마지막 해방을 얻었습니다!" 그는 당당하게 외쳤다.[8] 그는 실제로 삼사라로부터 해방되었으며, 가운뎃길이 진정한 길임을 알았고, 그의 삶과 사람됨이 그것을 증명했다.

팔리어 텍스트에 따르면 붓다의 설교를 듣다가 다섯 빅쿠 가운데 한 사람인 콘단냐가 그의 가르침을 '직접적으로' 경험하기 시작했다.[9] 그 가르침은 마치 콘단냐의 존재 깊은 곳에서 나오는 것처럼, 안에서 '솟아올랐다.' 마치 그가 늘 알고 있던 것을 이제 확인하게 된 것 같은 느낌이었다.[10] 새로운 제자가 이 담마로 개종할 때면 경전은 늘 이런 식으로 묘사한다. 이것은 단순히 신조에 관념적으로 동의하는 것이 아니었다. 붓다는 사실상 사슴공원에서 입문 의식을 거행하고 있었다. 그는 산파처럼 깨달은 인간이 태어나는 것을 도와주었다. 또는 그 자신의 비유로 말하자면, 칼집에서 칼을 뽑았고, 허물에서 뱀을 끌어냈다.

이 첫 설교를 듣기 위해 사슴공원에 모여 있던 신들은 콘단냐에게 일어난 일을 보고 기뻐서 소리를 질렀다. "주께서 바라나시의 사슴공원에서 담마의 수레바퀴를 굴리셨다!" 신들이 있는 하늘마다 이 외침을 차례차례 받아들였으며, 마침내 이 외침은 브라마가 사는 곳에도 이르렀다. 땅이 흔들리면서 어떤 신이 내뿜는 빛보다도 환한 빛이 가득하게 들어찼다. "콘단냐가 아는구나! 콘단냐가 아는구나!" 붓다는 기뻐서 소리쳤다. 콘단냐는 훗날 불교 전승에서 '냇물에 들어간 자(소타파난나)'* 라고 부르는 사람이 되었다.[11] 그는 아직 완전히 깨달음을 얻지는 못했지만, 그의 의심은 사라졌고 다른 담마에 대한 관심도 사라졌다. 그는 붓다의 방법에 빠져들 준비가 되었으며, 그것이 그를 닙바나로 데려다 줄 것이라는 확신을 가졌다. 그는 붓다의 상가에 받아들여 달라고 청했다. 붓다가 대답했다. "오

---

* 소타파난나 : 구항(溝港), 예류(預流). 수행자의 등급을 나누는 사과(四果) - 예류, 일래(一來), 불환(不還), 아라한 - 가운데 가장 낮은 등급.

십시오, 빅쿠여. 담마의 설교가 좋은 결과를 얻었습니다. 그대의 괴로움을 완전히 끝낼 거룩한 삶을 사십시오."[12]

그러나 팔리어 텍스트들에는 사슴공원에서 이루어진 이 첫 가르침의 다른 판본도 실려 있다. 여기에서는 그 과정을 훨씬 길게, 또 완전히 다르게 묘사한다. 붓다는 빅쿠들을 둘씩 가르쳤다. 나머지 셋은 여섯 명이 먹을 음식을 구걸하러 바라나시로 나갔다. 붓다는 이런 친밀한 개별지도를 통해 빅쿠들에게 특별한 요가를 가르친 것으로 암시되고 있다. 그들에게 '깨어 있는 마음'과 '가없는 마음'을 훈련시킨 것이다.[13] 물론 명상은 깨달음에 불가결했다. 수행자가 자기 자신 속으로 깊이 가라앉아 자신의 마음과 몸을 붓다의 요가적 현미경 밑에 갖다놓지 않으면 담마를 현실로 만들거나 '직접' 이해할 수 없었다.

콘단냐가 '냇물에 들어간 자'가 되어 담마에 대해 특별한 '직접적 지식'을 얻게 된 것은 단순히 설교를 듣고 그것을 진리로 받아들였기 때문이 아닐 것이다. '괴로움'과 '갈망'의 진리들은 빅쿠가 의식적으로 자신의 경험을 세밀하게 파고들어 갈 때에만 제대로 이해할 수 있는 것이었다. 붓다가 설교한 여덟 가지 길에는 명상이 포함되어 있었다. 이 다섯 빅쿠들을 가르치는 일은 아침나절에 다 끝나지 않았을 것이 틀림없다. 그들은 이미 숙달된 요가 수행자들로서 아힘사의 윤리에 통달해 있었지만, 그래도 붓다의 담마가 효력을 발휘하는 데는 시간이 필요했을 것이다. 어쨌든 팔리어 텍스트에 따르면, 콘단냐에게서 담마가 '솟구친' 뒤 얼마 지나지 않아, 밥파, 밧디야, 마하나마, 앗사지도 '냇물에 들어간 자'가 되었다고 한다.[14]

추론으로 정리된 담마의 내용은 명상을 보완하였다. 수행자는 명상을 통하여 담마를 '실현'할 수 있었다. 빅쿠들은 요가를 통하여 그 교리가 표현하려 했던 진리들과 일체가 될 수 있었다. 불교 명상의 가장 흔한 주제 가운데 하나는 '의존적 인과관계의 사슬(파틱카-사뭅파다)'*이다. 팔리어 텍스트에서는 붓다가 깨달음 직전과 직후에 이 사슬을 생각하였다고 말하지만, 아마 붓다는 이것을 나중에 발전시켜 괴로움의 진리를 보완했을 것이다.[15] 이 사슬은 다른 것에 의하여 결정되는 동시에 또 다른 것을 결정하는 열두 가지 사슬**을 통하여 지각력을 가진 존재의 생명순환을 추적함으로써, 우리 삶의 변화하는 본성을 밝히고 모든 사람이 늘 다른 뭔가가 되어가는 모습을 보여준다.

[2]캄마는 [1]무지에 의존한다. [3]의식은 캄마에 의존한다. [4]이름과 형상은 의식에 의존한다. [5]감각기관은 이름과 형상에 의존한다. [6]접촉은 감각기관에 의존한다. [7]감각은 접촉에 의존한다. [8]욕망은 감각에 의존한다. [9]집착은 욕망에 의존한다. [10]존재는 집착에 의존한다. [11]출생은 존재에 의존한다. [12]둑카는 출생

---

* 파틱카-사뭅파다 : 연기(緣起).
** 십이연기(十二緣起).

에 의존한다. 여기에서 노화와 죽음, 슬픔, 탄식, 비참, 비애, 절망이 나온다.[16]*

이 사슬론은 불교 가르침의 중심을 이루게 되지만, 이해하기는 쉽지 않다. 이 가르침에 기가 죽은 사람이라면 이것을 쉽다고 말한 빅쿠를 붓다가 꾸짖은 적이 있다는 사실에서 위안을 받을 수도 있을 것이다. 이 가르침은 비유로 여겨야 한다. 이 비유는 하나의 생에서 다음 생으로 지속되는 '자아'가 없는 상황—붓다는 그렇게 결론을 내리기 시작했다.—에서 어떻게 사람이 다시 태어날 수 있는가 하는 질문에 답하려는 것이다. 다시 태어난다는 것은 무엇인가? 환생과 둑카를 연결하는 법칙이 있는가?

사슬론에서 사용하는 용어들은 약간 모호하다. 예를 들어 '이름과 형상'은 '사람'을 가리키는 팔리어 관용구일 뿐이다.

---

* 무명(無明)이 있는 연고로 행(行)이 있고,
행(行)이 있는 연고로 식(識)이 있고,
식(識)이 있는 연고로 명색(名色)이 있다.
명색(名色)이 있는 연고로 육처(六處)가 있고,
육처(六處)가 있는 연고로 촉(觸)이 있다.
촉(觸)이 있는 연고로 수(受)가 있고,
수(受)가 있는 연고로 애(愛)가 있다.
애(愛)가 있는 연고로 취(取)가 있고,
취(取)가 있는 연고로 유(有)가 있다.
유(有)가 있는 연고로 생(生)이 있고,
생(生)이 있는 연고로 노사(老死), 슬픔과 고뇌(苦惱)가 있다.

'의식(빈냐나)'*은 한 사람의 사고와 감정 전체가 아니라 일종의 영적인 물질, 즉 죽어가는 인간의 마지막 관념이나 충동으로서, 그의 삶의 모든 캄마에 의해 결정된 것이다. 이 '의식'은 새로운 어머니의 자궁에서 새로운 '이름과 형상'의 씨앗이 된다. 이 태아의 인격은 그 전임자의 죽어가는 '의식'의 질에 의해 결정된다. 태아가 이 '의식'과 연결되면, 새로운 생명의 순환이 시작된다. 태아에게서는 감각기관이 발전하며, 출생 후에는 이 기관이 외부세계와 '접촉'한다. 이 감각적 접촉은 '감각'이나 느낌을 일으키며, 이것이 둑카의 가장 강력한 원인인 '욕망'을 낳는다. 욕망은 '집착'을 낳고, 이것은 우리의 해방과 깨달음을 막으며, 이로 인해 우리는 새로운 '존재'로 태어날 운명에 처한다. 즉 새로운 출생과 또 한번의 슬픔, 병, 비통, 죽음이 생기는 것이다.[17]

이 사슬은 무지에서 시작되며, 따라서 이것이 괴로움의—가장 중요하지는 않을지 몰라도—궁극적인 원인이다. 갠지스 지역의 수도자들 대부분은 욕망이 둑카의 첫 번째 원인이라고 믿었으며, 〈우파니샤드〉와 삼캬철학은 실재의 본성에 대한 무지가 해방의 주요한 장애물이라고 보았다. 붓다는 이 두 원인을 결합할 수 있었다.[18] 그는 이 세상에 살고 있는 사람들은 전생에 네 가지 진리를 몰랐으며, 따라서 갈망과 괴로움으로부터

---

* 빈냐나 : 식(識).

벗어나지 못했기 때문에 다시 태어난 것이라고 믿었다. 정확한 정보를 가지지 못한 사람은 심각한 잘못을 저지를 수 있었다. 예를 들어 요가 수행자는 황홀경 가운데 하나가 닙바나라고 생각하고, 완전한 해방을 얻기 위해 더 노력하지 않을 수도 있었다.

팔리어 텍스트들의 사슬론에서는 대부분 두 번째 고리를 캄마가 아니라 더 어려운 용어인 **산카라**(형성)*로 표현한다. 이 두 단어는 모두 크르(하다)라는 동사 어근에서 나온 것이다. 산카라는 대충 번역하면 '형성되거나 준비된 상태나 사물'이라고 말할 수 있다.[19] 따라서 우리의 행위들(캄마)이 미래의 존재를 위한 '의식'을 준비하는 셈이다. 행위들은 의식을 형성하고 결정하는 것이다. 붓다는 우리의 의도를 정신적 캄마라고 보았기 때문에, 사슬론에서는 우리의 외적 행동의 동기가 되는 감정들도 장차 결과를 낳게 될 것이라고 말한다. 평생 탐욕과 망상에 사로잡혀 선택을 하게 되면, 그것이 우리의 마지막 죽어가는 사고(빈냐나)의 질에 영향을 줄 것이며, 이것은 또 우리의 다음 생에 영향을 줄 것이다.

새로운 '이름과 형상'으로 넘어가는 이 마지막 죽어가는 '의식'은 영원하고 항상적인 실체일까? 똑같은 사람이 계속 생을 거듭하는 것일까? 그렇기도 하고 아니기도 하다. 붓다는 '의

---

* 산카라 : 행(行).

식'이 요가 수행자들이 구하는 영원한 '자아'라고 믿지 않았다. 그는 그것을 마지막으로 깜빡이는 에너지라고 보았다. 하나의 심지에서 다른 심지로 옮겨붙는 불꽃과 같다고 생각한 것이다.[20] 불꽃은 결코 항상적이지 않다. 밤에 켜진 불은 동틀녘에 여전히 타고 있는 불과 같은 것이기도 하고 아니기도 하다.

사슬론에는 고정된 실체가 없다. 각각의 고리는 다른 고리에 의존하여 직접 다른 것을 낳는다. 이것은 붓다가 인간 삶에서 피할 수 없는 사실로 보았던 '되어 감'의 완벽한 표현이다. 우리는 늘 어떤 다른 것이 되려고 하며, 새로운 존재 양식을 얻기 위해 노력하지만, 사실 하나의 상태를 오랫동안 유지할 수 없다. 각각의 산카라는 다음 산카라에 자리를 내어준다. 각각의 상태는 다른 상태의 서곡에 불과하다. 따라서 삶에서 어떤 것도 안정적이라고 볼 수 없다.

한 사람은 변화 불가능한 실체가 아니라 하나의 과정으로 보아야 한다. 빅쿠가 사슬론을 명상하고 그것을 요가적인 방법으로 보았을 때, 즉 각각의 사고와 감각이 일어나고 스러지는 방식에 마음이 깨어 있을 때, 그는 어떤 것에도 의지할 수 없고 어떤 것도 항구적이지 않다(아닛카)*는 진리에 대한 '직접적인 지식'을 얻게 되며, 이 무한한 인과의 사슬에서 벗어나기 위해 노력을 배가하고 싶은 마음이 생길 것이다.[21]

---

* 아닛카 : 무상(無常).

항상 자신을 평가하고 일상생활의 변화에 주의를 기울이면 차분한 통제 상태에 이를 수 있었다. 명상 속에서 일상적으로 깨어 있는 마음을 계속 수행하면, 빅쿠는 이를 통해 합리적 연역으로 얻을 수 있는 어떤 것보다 더 뿌리 깊고 직접적인 인격 본성에 대한 통찰을 얻을 수 있었다. 그것은 또한 더 큰 자기 규율을 낳았다.

붓다는 브라민의 무아 상태의 황홀경을 좋아하지 않았다. 그는 자신의 수도자들이 늘 말짱한 정신으로 행동해야 한다고 주장했으며, 감정적인 과시를 금지했다. 빅쿠는 깨어 있는 마음을 통해 자신의 행동의 도덕성을 좀더 잘 의식할 수 있었다. 그는 자신의 '서투른' 행동이 다른 사람들에게 해를 줄 수 있으며, 심지어 자신이 어떤 동기를 가지는 것 자체도 해가 될 수 있다는 사실을 알았다. 따라서 붓다는 우리의 의도도 캄마이며, 그것도 그 나름의 결과를 낳을 수 있다고 결론내렸다.[22] 우리의 행동의 동기가 되는 의도는 의식적이든 무의식적이든 외적 행위만큼 중요한 정신적 행동이었다. 이렇게 캄마를 **체타나**(의도, 선택)*로 재규정한 것은 혁명적이었다. 이로 인해 도덕성의 문제 전체가 심화되었다. 이제 도덕성은 정신과 마음에 자리잡게 되어 외적인 행동만의 문제일 수가 없었다.

---

* 체타나 : 심(心).

그러나 붓다는 깨어 있는 마음(사티)*을 통해 더 근본적인 결론에 이르렀다. 다섯 빅쿠들이 '냇물에 들어간 자'가 된 지 사흘 뒤에 붓다는 사슴공원에서 두 번째 설교를 하면서, 아낫타(무자아)**라는 독특한 교리를 설명했다.23)

그는 사람의 인격을 몸, 감정, 지각, 의지(의식적, 무의식적), 의식 등 다섯 가지 '덩어리' 또는 '구성요소(칸다)'***로 나누었다.**** 예를 들어 몸이나 감정은 순간마다 변한다. 이것들은 우리에게 고통을 주며, 또 실망과 좌절을 안겨준다. 지각과 의지에 대해서도 똑같은 말을 할 수 있다. 따라서 각각의 칸다는 둑카의 지배를 받기 때문에 결함이 있고 계속 변하며, 수많은 금욕주의자와 요가 수행자들이 구하는 '자아'를 구성하거나 포함할 수 없다. 붓다는 제자들에게 물었다. "이렇게 불만족스러우니, 정직한 사람이라면 각각의 칸다를 검토한 뒤에 그것과 자신을 완전히 동일시할 수 없다는 것을 알게 되지 않겠습니까?" 그 사람은 이렇게 말할 수밖에 없을 것이다. "이것은 내 것이 아니다. 이것은 진짜 내가 아니다. 이것은 나의 자아가 아니다."24)

그러나 붓다는 영원하고 절대적인 '자아'의 존재를 간단하

---

* 사티 : 염(念).
** 아낫타 : 무아(無我).
*** 칸다 : 온(蘊).
**** 오온(五蘊) : 색온(色蘊), 수온(受蘊), 상온(想蘊), 행온(行蘊), 식온(識蘊).

게 부정하지는 않았다. 그는 이제 안정된 자아는 없다고 주장했다. '자아'나 '나 자신'이라는 용어는 단순히 관습일 뿐이었다. 인격에는 고정된 또는 항상적인 핵이 없었다. 사슬론이 보여주듯이, 모든 지각 있는 존재는 항상 유동적인 상태에 있었다. 그는 단지 일시적이고 쉽게 변하는 존재상태의 연속일 따름이었다.

붓다는 평생에 걸쳐 이 생각을 철저하게 밀고 나갔다. 먼 훗날 17세기 프랑스의 철학자 데카르트는 "나는 생각한다. 그러므로 나는 존재한다."라고 선언하게 되지만, 붓다는 정반대의 결론에 이르렀다. 그의 입장에서는, 자신이 계발한 깨어 있는 마음의 요가를 통해 생각할수록 우리가 자아라고 부르는 것이 망상이라는 사실이 점점 분명해지는 것 같았다.

우리가 면밀하게 자신을 살필수록, 고정된 실체라고 집어낼 수 있는 것을 찾기가 더욱 힘들어진다. 사람의 인격이 정적인 상태이고, 거기에서 무슨 일이 일어나는 것은 아니다. 요가적 분석이라는 현미경으로 보자면 각각의 사람은 하나의 과정이다. 붓다는 인격을 묘사할 때, 타오르는 불이나 흐르는 냇물 같은 비유를 즐겨 사용했다. 어떤 정체성은 있지만, 순간순간이 결코 똑같지는 않다는 것이다. 불은 매초마다 다르다. 불은 사람처럼 자신을 소모하고 다시 창조한다.

붓다가 인간의 마음을 숲을 돌아다니는 원숭이에 비유한 것은 특히 생생하게 다가온다. "원숭이는 한 가지를 잡았다가, 그것을 놓고 다른 가지를 잡습니다."[25] 우리가 자아라고 표현하는 것은 사실 편의에 따른 용어에 불과하다. 우리는 항상 변하고 있기 때문이다. 마찬가지로 우유는 차례로 응유, 버터, 기*, 기의 고운 추출물이 될 수 있다. 이런 변화하는 모습 가운데 하나를 '우유'라고 부르는 것은 어떤 의미에서는 맞기도 하지만, 동시에 아무런 의미가 없기도 하다.[26]

18세기 스코틀랜드의 경험론자 흄(David Hume)도 비슷한 결론에 이르렀지만, 흄과 붓다 사이에는 중요한 차이가 있다. 흄은 자신의 통찰이 독자들의 도덕적 행동에 영향을 줄 것이라고 예상하지 않았다. 그러나 축의 시대 인도에서는, 지식은 사람을 바꾸는 힘이 없으면 아무런 의미가 없었다. 담마는 행동 강령이었다. 아낫타 교리는 추상적인 철학적 명제가 아니라, 불교도들이 자아가 존재하지 않는 것처럼 **행동하라는** 요구였다. 이 교리의 윤리적 영향은 광범위했다. 자아라는 관념은 우선 나와 나의 것에 대한 서투른 사고들을 낳고, 이기적인 갈망을 자극한다. 나아가 자기 중심주의는 모든 악의 근원이라고 할 만했다. 자아에 대한 과도한 애착은 경쟁자에 대한 질투나 증오, 자만, 과대망상, 우월감, 잔혹성을 낳을 수 있으며, 자아가 위협을 느낄 때는 다른 사람들에게 폭력을 행사하거나 다른 사람들을 파괴할 수 있기 때문이다.

---

* 버터기름.

서구인들은 붓다의 아낫타 교리를 허무하고 우울한 것으로 간주하는 경향이 있지만, 축의 시대에 형성된 모든 위대한 세계 종교들은 그 최선의 상태에서는 탐욕스럽고 겁에 질린 자아, 많은 해를 끼치는 자아를 제어하려 했다. 그러나 붓다는 좀 더 근본적으로 나아갔다. 아낫타에 대한 그의 가르침은 자아를 없애려는 것이 아니었다. 그는 자아가 존재한다는 사실 자체를 부정해버렸다. 자아를 항상적 실재라고 생각하는 것이 잘못이었다. 그러한 그릇된 관념이야말로 우리를 괴로움의 순환에서 빠져나오지 못하게 만드는 무지의 증상이었다.

아낫타는 불교의 다른 가르침들과 마찬가지로 철학적 교리가 아니라 일차적으로 실용적인 교리였다. 제자가 요가와 깨어 있는 마음을 통하여 아낫타에 대한 '직접적' 지식을 얻으면 자기 중심주의의 고통과 위험으로부터 구원을 얻게 된다. 자기 중심주의가 논리적으로 불가능해지기 때문이다. 앞서 보았듯이 축을 이루는 나라들에서 사람들은 갑자기 세상에서 외로움과 혼란을 느꼈다. 삶에 의미와 가치를 부여하던 에덴과 성스러운 영역으로부터 추방을 당했다고 느꼈다. 그들이 느낀 고통의 많은 부분은 새로운 시장경제 속에서 개인주의가 강해지면서 느끼게 된 불안으로부터 생겨났다.

붓다는 빅쿠들이 자아가 없다는 것을 보게 하려고 애를 썼다. 그렇게 되면 자아를 방어하거나, 부풀리거나, 아첨을 받거나, 부추김을 받거나, 다른 사람들의 희생을 대가로 높아져야 할 필요도 사라지기 때문이다. 수도자가 깨어 있는 마음을 훈련하기 시작하면, 우리가 자아라고 부르는 것이 사실은 얼마나 덧없는 것인지 보게 된다. 그는 덧없는 정신적 상태들과 자신을 동일시하지 않게 된다. 그는 자신의 욕망, 공포, 갈망을 자신과 관계 없이 먼 곳에서 생겨나는 현상으로 보게 된다. 붓다는 두 번째 설교의 마지막에 다섯 빅쿠들에게, 일단 이런 냉정과 평정을 얻으면, 깨달음을 얻을 준비가 된 것이라고 설명했다. "탐욕이 희미해지고 갈망이 사라지면, 마음의 해방을 경험하게 됩니다." 그는 목표를 달성하여, 붓다가 깨달음을 얻었을 때처럼 승리의 외침을 내지를 수 있게 된다. "거룩한 삶을 이미 그 끝까지 살았다! 해야 할 일을 다 이루었다. 달리 할 일이 없다!"[27]

실제로 다섯 빅쿠들은 붓다가 아낫타를 설명하는 것을 들었을 때 완전한 깨달음을 얻고 아라한트가 되었다. 텍스트들은 이 가르침을 듣자 그들의 마음이 기쁨으로 가득 찼다고 전한다.[28] 이것은 이상해 보일지 모른다. 왜 그들은 우리가 모두 소중히 여기는 자아가 존재하지 않는다는 말을 듣고 그렇게 기뻐했을까? 붓다는 아낫타가 무시무시할 수도 있다는 것을 알고 있었다. 외부인이 이 교리를 처음 듣는다면 아마 공황에 빠져 이렇게 생각했을지도 모른다. "나는 말살되고 파괴되겠구나. 나의 존재는 끝이 나겠구나!"[29]

그러나 팔리어 텍스트들에 따르면, 사람들이 아낫타를 받아

아라한트를 표현한 18세기 작품.

들이면서 다섯 빅쿠들처럼 엄청난 안도와 기쁨을 느꼈으며, 이로써 그 교리가 사실임이 '입증'되었다. 사람들은 자아가 존재하지 않는 것처럼 살 때 더 행복했다. 그들은 자아를 우리의 개인적 우주의 중심에서 밀어내고 다른 것들을 그 자리에 넣기 위해 고안된 '가없는 마음'의 수행에서도 똑같이 존재가 확대되는 느낌을 경험했다.

자기 중심주의는 사람을 옭죈다. 우리가 이기적인 관점에서 사물을 본다면 우리의 시야는 제한된다. 우리의 지위와 생존에 대한 심한 불안과 겹쳐지기 마련인 탐욕, 증오, 공포의 영역 너머에서 산다면 해방감을 맛보게 될 것이다. 아낫타는 추상적인 관념으로 받아들이면 황량해 보일지도 모르지만, 그것을 삶의 원칙으로 받아들이면 사람의 삶이 바뀐다. 사람들은 자아가 없는 것처럼 사는 것을 통하여 자기 중심주의를 정복했고 기분도 훨씬 나아졌다. 그들은 요가의 '직접적인 지식'으로 아낫타를 이해함으로써 강을 건너 더 풍요롭고 더 완전한 존재로 들어섰다. 따라서 자아는 존재하지 않는다는 사실을 경험적으로 증명할 수는 없다 해도, 아낫타는 인간 조건에 대해 뭔가 진실한 이야기를 해주는 것이 틀림없다.

붓다는 자아 없는 삶이 사람들을 닙바나로 이끌어줄 것이라고 믿었다. 일신교도라면 그것을 통해 신의 임재(臨在) 속으로 들어간다고 말할 것이다. 그러나 붓다는 인격화된 신이라는 개념이 너무 제한적이라고 생각했다. 그렇게 되면 최고의 진리는 또 다른 존재로 전락해버리기 때문이었다. 닙바나는 인격체도 아니고, 천국과 같은 장소도 아니다. 붓다는 늘 어떤 절대적 원칙이나 최고 존재가 있다는 것을 부정했다. 우리가 이것에 다시 집착할 수 있고, 그렇게 되면 이것이 오히려 깨달음에 족쇄나 장애물이 되기 때문이다.

'자아'의 교리처럼 신이라는 개념 역시 자아를 지탱해주거나 부풀리는 데 사용될 수 있다. 유대교, 기독교, 이슬람의 일신교도라도 예민한 사람이라면 이런 위험을 의식할 것이다. 그들은 붓다가 닙바나에 대해 가능하면 입을 다물었듯이 신에 대해서도 입을 다물려 할 것이다. 그들은 또 하느님이 또 다른 존재가 아니며, 존재라는 우리의 개념이 너무 제한적이기 때문에 차라리 하느님은 존재하지 않으며, 하느님은 무(無)라고 말하는 것이 더 정확하다고 주장할 것이다.

그러나 좀더 대중적인 수준으로 내려가면, 하느님은 하느님을 섬기는 사람들의 형상과 닮게 창조된 우상으로 전락하는 경우가 많다. 만일 하느님이 우리 자신을 확장한 것과 비슷하며, 우리처럼 어떤 것은 좋아하고 어떤 것은 싫어한다고 상상한다면, 하느님이 우리의 가장 무자비하고, 이기적이며, 심지어 치명적인 희망, 공포, 편견 가운데 일부를 승인하게 만드는 것이 너무나 쉬워진다. 그래서 이 제한적인 하느님은 실제로 역사상 최악의 종교적 잔혹행위를 거들기도 했다.

붓다라면 우리의 자아를 승인하는 거룩한 봉인을 찍어주는 신에 대한 믿음을 '서툴다'고 말했을 것이다. 그런 믿음 때문에 자기 중심주의를 초월하기는커녕 오히려 남에게 피해를 주는 위험한 자기 중심주의에 더 깊이 빠져들 수 있기 때문이다. 깨달음은 우리에게 그런 거짓 토대들을 모두 거부할 것을 요구한다. 아낫타에 대한 '직접적인' 요가적 이해는 초기 불교도가 닙바나를 경험한 중요한 방법들 가운데 하나였던 것으로 보인다. 사실 축의 시대의 신앙들은 방식은 다르지만 모두 우리가 완전히 자기를 버릴 때에만 우리를 완성할 수 있다고 주장했다. 예를 들어 저승으로의 편안한 은퇴를 '얻기' 위해 종교에 입문하는 것은 핵심을 놓치는 것이다. 사슴공원에서 깨달음을 얻은 다섯 빅쿠들은 심오한 수준에서 이 점을 이해했다.

이제 그들은 담마를 다른 사람들에게 가져가야 했다. 붓다 자신이 깨달았듯이, 둑카의 첫 번째 고귀한 진리를 이해한다는 것은 다른 사람들의 슬픔에 공감한다는 뜻이었다. 아낫타의 교리에는 깨달음을 얻은 사람은 자신이 아니라 남들을 위해 살아야 한다는 뜻이 담겨 있었다. 이제 여섯 명의 아라한트들이 있었으나, 이것은 고통에 빠져 허우적거리는 세상에 빛을 가져오기에는 너무 적은 숫자였다.

그때 마치 무슨 일이라도 난 것처럼 갑자기 붓다의 작은 상가로 사람들이 쏟아져 들어오기 시작했다. 처음 온 사람은 바라나시의 부유한 상인의 아들 야사였다. 그는 젊은 고타마와 마찬가지로 호사스러운 생활을 하였으나, 어느 날 밤 잠을 깨보니 그의 침대 주위에서 하인들이 누워 자고 있었는데, 그 모습이 너무 추하고 볼썽사나워 깊은 혐오감을 느끼게 되었다. 〈니다나 카타〉와 같은 다른 텍스트들이 훗날 고타마의 젊은 시절을 이야기하면서 똑같은 일화를 인용하는 것을 보면, 이 일화에는 뭔가 원형적인 요소가 있는 것 같다. 이것은 갠지스 지역의 아주 많은 사람들이 경험하던 소외를 묘사하는 양식화된 방법이었다.

팔리어 전승에 따르면, 마음속 깊이 역겨움을 느낀 야사는 괴로워서 소리쳤다. "끔찍하구나! 무시무시하구나!" 세상이 갑자기 비속하고, 의미 없고, 더 이상 견딜 수 없게 느껴졌다. 야사는 즉시 '떠나' 더 나은 것을 구하기로 결심했다. 그는 황금

슬리퍼를 신고 아버지의 집을 나와 사슴공원으로 왔다. 오는 도중에도 연신 중얼거리고 있었다. "끔찍하구나! 무시무시하구나!" 그는 일찍 일어나 새벽의 맑은 빛 속에서 산책을 즐기던 붓다와 마주쳤다. 붓다는 깨달은 자의 고양된 정신력으로 야사의 상태를 알아보고, 그에게 앉을 자리를 가리키며 웃음을 띠고 말했다. "끔찍하지 않습니다. 무시무시하지 않습니다. 야사여, 이리 와 앉으시지요. 내가 그대에게 담마를 가르쳐드리겠습니다."[30]

야사는 붓다의 고요함과 부드러움에 금방 마음을 놓았다. 곧 역겨운 공포는 사라지고, 행복과 희망을 느낄 수 있었다. 마음이 즐겁고 평화로워졌다는 것은 깨달음을 위한 적절한 분위기가 조성되었다는 뜻이었다. 야사는 신을 벗고 붓다 옆에 앉았고, 붓다는 타나와 감각적 쾌락을 피하는 일의 중요성에 대한 아주 기본적인 가르침에서부터 시작하여 거룩한 삶의 유익을 설명해나가면서 차근차근 가운뎃길을 가르쳤다. 야사가 받아들일 준비가 되어 있는 것을 보고 붓다는 계속해서 네 가지 고귀한 진리를 가르쳤다. 야사가 그것에 귀를 기울이자, "담마의 순수한 모습이 그의 안에서 솟아올랐으며", 진리들이 마치 염료가 하얀 천을 물들이듯이 그의 영혼으로 스며들었다.[31] 야사의 마음이 담마로 '물들자', 둘을 분리시키는 것은 불가능해졌다. 이것이 '직접적 지식'이었다. 야사는 담마를 매우 심오한 수준에서 경험하여 그것과 완전히 하나가 되었기 때문이다.

담마는 그를 변화시키고 그의 전 존재를 '물들였다.' 이후 이것은 사람들이 담마를 처음 들을 때, 특히 붓다 자신으로부터 가르침을 받을 때 경험하는 일이 된다. 사람들은 담마가 자신의 요구에 완벽하게 맞으며, 그것이 매우 자연스럽고 쾌적하며, 왠지 전부터 늘 그것을 알고 있었다는 느낌을 받았다. 팔리어 텍스트들에는 사도 바울이 다마스커스로 가는 길에 겪었던 것과 같은 괴롭고 극적인 전환은 찾아볼 수 없다. 붓다 같으면 그런 몸을 비트는 듯한 경험을 '서툴다'고 보았을 것이다. 자신이 갯복숭아나무 아래에서 그랬던 것처럼, 사람들 역시 자신의 본성과 조화를 이루어야 했기 때문이다.

야사가 막 '냇물에 들어간 자'가 되었을 때, 붓다는 나이든 상인이 다가오는 것을 보고 그가 야사의 아버지임에 틀림없다고 생각했다. 붓다는 요가에 아주 능숙한 사람에게 생긴다고 하는 잇디*라는 영적 능력을 통해 야사가 눈에 보이지 않게 했다. 야사의 아버지는 무척 괴로워하고 있었다. 야사가 사라진 것을 알고 온 식구가 나서서 야사를 찾는 중이었다. 야사의 아버지는 야사의 황금 슬리퍼 자국을 따라왔고, 그래서 곧바로 붓다에게 오게 된 것이었다. 이번에도 붓다는 그를 앉히고 곧 야사를 보게 될 것이라고 안심시킨 다음 가르침을 베풀었다. 상인은 곧 감명을 받았다. "주여, 그거 훌륭하군요! 아주 훌륭

---

* 잇디 : 신력(神力).

합니다!" 그는 그렇게 외치고 나서 말을 이었다. "담마가 아주 분명해져서, 마치 주께서 어둠 속에서 등을 들고 잘못된 것을 올바르게 고쳐주시는 것 같습니다." 그리하여 그는 나중에 '세 가지 피난처'로 알려지게 되는 것을 처음 찾은 사람이 되었다.* 즉 붓다, 담마, 빅쿠들의 상가**에 대한 완전한 신뢰를 표현한 것이다.32) 그는 또한 가장 노릇을 계속하면서 불교 방법론을 수정된 형태로 실천에 옮기는 최초의 평신도*** 가운데 한 사람이 되었다.

아버지의 눈에 보이지 않던 야사는 붓다의 말에 귀를 기울이다가 완전한 깨달음을 얻어 닙바나에 들어갔다. 이 시점에서 붓다는 야사를 그의 아버지에게 드러냈으며, 상인은 아들에게 어머니를 위해서라도 집으로 돌아오라고 간청했다. 그러나 붓다는 야사가 아라한트가 되었기 때문에 이제 가장의 삶을 사는 것은 불가능할 것이라고 다정하게 설명했다. 그는 이제 가장으로서 생식과 경제적 의무를 이행하는 데 필요한 갈망과 욕망으로 괴로워하지 않게 되었다. 게다가 몇 시간씩 입을 다물고 홀로 명상에 잠겨야 하는데, 이것은 가족이 있는 가정에서는 가능한 일이 아니었다. 그는 돌아갈 수 없었다. 야사의 아버지는 그것을 이해했다. 대신 붓다에게 그날 그의 집에서 식사를 하

---

* 삼귀의(三歸依).
** 불(佛), 법(法), 승(僧) 등의 삼보(三寶).
*** 재가불자(在家佛者).

자고 간청했다. 야사는 그를 수행하는 수도자로서 함께 가기로 했다. 붓다는 식사를 하면서 야사의 어머니와 부인에게 가르침을 베풀었으며, 그들은 붓다의 첫 여성 평신도들이 되었다.

이 소식은 그 집 너머로 퍼져나갔다. 바라나시의 유수한 상인 집안 출신인 야사의 네 친구는 야사가 이제 노란 수도자복을 입고 있다는 이야기에 크게 감명을 받아 붓다에게 가르침을 받으러 왔다. 이어 근처 시골의 브라민과 크사트리야 가정 출신인 야사의 친구 쉰 명이 찾아왔다. 귀족 카스트 출신인 이 젊은 남자들은 모두 금방 깨달음을 얻었다. 텍스트들에 따르면, 이렇게 해서 아주 짧은 시간에 세상에는 붓다 자신을 포함하여 61명의 아라한트가 생겨났다.

붓다의 상가는 상당한 규모의 종파가 되어 갔다. 새로운 아라한트들은 새로 발견한 해방에 탐닉하고 있을 여유가 없었다. 그들의 소명은 세상으로부터 이기적으로 물러나 있는 것이 아니었다. 그들은 다른 사람들이 고통으로부터 해방을 찾는 것을 돕기 위해 시장으로 돌아가야 했다. 그들은 담마가 명령하는 대로 이제 다른 사람들을 위해 살아야 했다. 붓다는 60명의 빅쿠들에게 명령했다.

이제 가서 사람들의 복지와 행복을 위하여, 세상에 대한 동정심으로 신과 인간들의 유익, 복지, 행복을 위하여 돌아다니십시오. 두 사람이 같은 길을 가지 마십시오. 빅쿠들이여, 담마를 가르치고, 거룩한 삶에 대해 명상하십시오. 욕망은 거의 비웠으나 담마를 듣지 못하여 번민하는 존재들이 있습니다. 그들은 담마를 이해할 것입니다.[33]

불교는 특권을 가진 엘리트들을 위한 교리가 아니었다. '민중'을 위한 종교이며, '다수(바후자나)'*를 위한 종교였다. 실제로는 주로 상층 계급과 지식인들에게 호소력이 강했지만, 원칙적으로는 누구에게나 열려 있었다. 불교는 어떤 카스트도 배척하지 않았다. 역사상 처음으로 하나의 집단이 아니라 인류 전체를 대상으로 종교적 강령을 구상한 사람이 나타난 것이다. 불교는 〈우파니샤드〉의 현자들이 설교하는 것과는 달리 비의적인 진리가 아니었다. 불교는 열린 곳에, 도시에, 새로운 대도시에, 무역로 주변에 나와 있었다. 사람들은 담마를 들을 때마다 상가로 모여들기 시작했다. 이제 이 상가는 갠지스 평원에서 손에 꼽을 만한 세력으로 성장했다. 새로운 교단의 구성원들은 '삭카 출신의 스승을 따르는 수도자들'로 알려졌으나, 스스로는 '빅쿠들의 동맹(빅쿠-상가)'이라고 불렀다.[34] 이 상가에 가담한 사람들은 이제까지 잠들어 있던 인간성의 영역 전체에 '눈을 떴다'고 생각했다. 이로써 새로운 사회적, 종교적인 현실이 나타나게 된 것이다.

---

* 바후자나 : 다(多), 중생(衆生).

5

전도

buddha

불교 예술은 보통 붓다가 홀로 앉아 고독한 명상에 몰두해 있는 모습을 묘사한다. 그러나 사실상 붓다는 담마를 설교하기 시작한 이후로는 평생 대부분의 시간을 사람들 무리에 둘러싸여 살았다. 그가 여행을 하면 보통 수백 명의 빅쿠들이 동행했다. 그들이 시끄럽게 떠들곤 했기 때문에 붓다는 이따금씩 그들에게 조용히 해달라고 부탁하기도 했다. 그의 평신도 제자들도 그들의 행렬을 따라 길을 나서곤 했다. 그들은 마차와 수레에 먹을 것을 싣고 갔다. 붓다는 외딴 숲속 은거지가 아니라 크고 작은 도시에서 살았다.

붓다가 그의 삶 가운데 45년을 사람들 눈앞에서 살았음에도, 텍스트들은 이 길고 중요한 단계를 대충 지나가듯이 다루기 때문에, 전기 작가로서는 할 수 있는 일이 많지 않다. 예수의 경우는 그 정반대이다. 복음은 예수의 초기 생애에 대해서는 거의 아무 이야기도 해주지 않고, 그가 전도를 시작했을 때부터 본격적으로 이야기를 시작한다. 그러나 불교 경전들은 붓다의 설교를 기록하고 있으며, 그가 설교를 시작하고 나서 5년간은 어느 정도 자세히 묘사한다. 그 이후에는 또 붓다가 시야에서 희미해져, 그의 삶 가운데 마지막 20년에 대해서는 거의 기록이 남아 있지 않다.

붓다는 텍스트들이 이런 식으로 입을 다무는 것에 찬성했을 것이다. 그는 개인 숭배를 결코 원치 않았다. 그는 늘 중요한 것은 담마이지 자신이 아니라고 말했다. 앞서도 보았지만 그는 이렇게 말하곤 했다. "나를 보는 사람은 담마를 보는 것이고, 담마를 보는 사람은 나를 보는 것입니다."[1] 나아가 깨달음 뒤에는 실제로 그에게 별다른 일이 일어날 수 없었다. 그는 이제 자아가 없었다. 그의 자기 중심주의는 소멸되었다. 그는 타타가타,* 즉 아주 간단하게 '사라진' 자로 알려져 있었다. 팔리어 텍스트는 그의 전도 초기를 이야기할 때에도, 역사적 사실보다는 이야기의 상징적 의미에 더 관심을 가진다.

붓다는 영적 삶의 원형이 되었고, 담마와 닙바나의 화신이 되었다. 그는 새로운 종류의 인간이었다. 탐욕과 증오에 따른 번뇌에 휘말리지 않았기 때문에 심리를 조정함으로써 자아를

---

* 타타가타 : 여래(如來).

초월하여 살았다. 그는 계속 이 세상에서 살았지만, 동시에 다른 성스러운 영역에 속해 있었다. 일신교도라면 그 영역을 신의 임재(臨在)라고 부를 것이다. 따라서 텍스트들은 가르침의 초기 시절을 이야기하면서 붓다의 사상과 감정에 대해서는 아무런 이야기를 하지 않고, 그의 활동을 통하여 초기 불교도가 인도 북부의 도시적이고 상업적이고 정치적이고 종교적인 세계와 관련을 맺은 방식만을 보여준다.

경전들은 붓다가 4월 말 또는 5월 초에 닙바나를 얻었다고 말한다. 그러나 이 중요한 사건이 일어났던 해는 밝히지 않는다. 다만 오래전부터 관습적으로 기원전 528년이라고 여겨져 왔다. 그러나 일부 현대 학자들은 그보다 훨씬 늦은 기원전 450년이라고 생각하기도 한다.[2] 시간을 압축하여 표현했을 가능성이 높은 팔리어 텍스트들을 감안한다면, 붓다는 장마가 끝난 9월에 60명의 수도사들을 보내어 가르침을 베풀게 했을지도 모른다.

다른 상가들과 마찬가지로 붓다의 새로운 교단은 여기저기 떠돌아다니는 느슨한 조직이었다. 수도자들은 "숲이든, 나무뿌리든, 바위 밑이든, 골짜기이든, 비탈의 동굴이든, 공동묘지이든, 정글의 작은 숲이든, 빈터이든, 짚더미 위든" 아무데서나 되는 대로 잠을 잤다.[3] 그러나 그들은 매일 명상을 했으며, 담마를 필요로 하는 사람들, 특히 당대의 불안을 가장 심각하게 느끼던 새로운 도시 사람들에게 설교를 했다. 그들의 설교는 성공적이었다. 평신도 제자들만이 아니라 상가에 새로 가입하는 사람들도 생겼다. 붓다는 첫 제자 60명을 완전한 승려로 인정하고 그들에게 신참자를 받아들일 권한을 주었다.[4]

붓다는 혼자 남게 되자 다시 우루벨라로 돌아갔다. 그는 가는 도중에 동네 창부를 맹렬히 쫓고 있는 30명의 난폭한 젊은이들을 만났다. 창부가 그들의 돈을 가지고 달아났기 때문이었다. 붓다는 물었다. "여자를 찾는 것과 여러분 자신을 찾는 것 가운데 어느 편이 여러분에게 더 득이 되겠습니까?"[5] 이 사건은 좌절과 궁핍을 초래할 수밖에 없는 쾌락을 좇아 무작정 몰려가는 인류의 모습에 대한 생생한 알레고리였다. 젊은이들은 붓다의 말에 귀를 기울인 뒤 모두 '냇물에 들어간 자'가 되어 상가에 들어왔다.

그러나 붓다는 우루벨라에 이르렀을 때 훨씬 더 놀라운 개종을 이끌어냈다. 1,000명의 브라민으로 이루어진 상가 전체를 입문시킨 것이다. 그들은 캇사파 삼형제의 지도를 받으며 우루벨라, 가야, 네란자라 강변의 숲에 살고 있었다. 이 이야기는 초기 불교도가 옛 베다 전통과 맞선 과정을 묘사하는 우화일 수도 있다.[6] 이 브라민들은 집을 '떠났으며', 그들이 살던 사회의 안정되고 질서잡힌 생활방식에 대한 거부의 표시로 헝클어진 머리를 길게 길렀다. 그러나 이들은 여전히 낡은 종교 규칙들을 꼼꼼하게 준수했으며, 세 개의 성스러운 불을 돌보았다.

붓다는 우루벨라 공동체와 함께 겨울을 보내면서 수많은 기적을 일으켰다. 그는 매우 위험한 코브라를 길들였다. 코브라는 거룩함의 대중적 상징이었으며, 브라민들은 코브라를 거룩한 불이 있는 방에 넣어두었다. 붓다는 또 신들을 영접하였으며, 신들은 밤에 그가 은둔한 곳으로 찾아와 숲 전체를 천상의 광채로 밝혔다. 붓다는 또 불의 의식을 위하여 신비한 방법으로 장작들을 쪼갰으며, 하늘로 올라가 천상의 꽃을 가져왔고, 우루벨라 그룹의 지도자인 캇사파에게 그의 마음을 읽을 수 있다는 것을 보여주었다.

팔리어 텍스트들과 훗날의 전기들에는 붓다가 일으킨 이런 이적과 놀라운 일들에 대한 이야기가 담겨 있는데, 이것은 언뜻 보기에는 놀랍게 느껴진다. 능숙한 요가 수행자들은 요가를 통하여 특별한 힘(잇디)을 얻는다고 여겨졌으며, 이것은 훈련받은 정신이 물질을 지배한다는 것을 보여주는 증거였다. 그러나 요가 수행자들은 일반적으로 잇디의 행사를 경고했다. 영적인 인간이 단순한 마법사로 전락할 수도 있었기 때문이었다.[7] 붓다 자신도 그런 과시에 매우 비판적이었으며, 제자들이 사람들 앞에서 잇디를 행사하는 것을 금했다.

어쨌든 팔리어 텍스트들을 작성한 수도자들은 그런 놀라운 일이 가능하다고 믿었던 것 같으며, 아마도 이런 이야기들을 논쟁의 무기로 사용했던 것 같다. 이런 텍스트들을 작성한 테라바다 승려들은 설교를 할 때 붓다가 이런 놀라운 힘들을 가졌다는 이야기를 하는 것이 유용하다고 생각했을 것이다. 나아가 베다신앙을 가진 브라민이나 관리들과 논쟁을 할 때, 붓다가 옛 신들(불의 방에 있는 거룩한 코브라와 같은 신들)과 싸워 그들을 완전히 물리쳤다고 이야기하는 것도 도움이 된다고 생각했을 것이다. 그는 크샤트리야에 불과하지만 브라민보다 더 큰 힘을 가졌다고 말할 수 있었기 때문이다. 나중에 텍스트들은 붓다가 카스트체제 전체에 도전했다고 말한다. 붓다는 이렇게 주장했다. "어떤 사람을 브라민이나 천민으로 만드는 것은 출생이 아니라 행동(캄마)이다."[8] 종교적 지위는 세습이라는 우연이 아니라 도덕적 행동에 의존한다는 것이었다. 붓다는 축의 시대의 다른 위대한 현자들과 마찬가지로 신앙은 윤리를 특징으로 하며, 윤리 없는 의식(儀式)은 쓸모가 없다고 주장했다.

마침내 카삿파를 설득한 것은 붓다의 기적적인 힘의 행사가 아니라 도덕성이었다. 이것 역시 잇디의 자랑스러운 과시는 역효과를 낼 수 있다는 암시일지도 모른다. 어쨌든 기적이 회의주의자에게 확신을 심어주지 못했던 것은 분명하다. 카삿파는 각각의 기적을 본 뒤 이렇게 혼잣말을 했다. "이 위대한 수도자는 당당하고 막강하지만, 나 같은 아라한트*는 아니다." 결국 붓다는 충격을 주어 그의 자부심과 자만심을 부수었다. 붓다는 이렇게 말했다. "카삿파여, 그대는 아라한트가 아닙니다. 계속

---

* 아라한트 : 아라한(阿羅漢).

이런 식으로 나아간다면, 깨달음을 얻을 수 없습니다." 그런 강고한 아집은 영적인 삶과는 절대 양립할 수가 없었다. 이 비판은 정곡을 찔렀다. 유명한 금욕주의자였던 카샷파도 그러한 자만의 위험을 잘 알고 있었을 것이다. 그는 땅에 엎드려 붓다의 상가에 들어가게 해주기를 간청했다. 그러자 그의 형제들과 1,000명의 제자들 모두가 그 뒤를 따랐다. 이제 신참자들 수가 크게 늘었다. 그들은 덥수룩한 머리를 삭발하고, 거룩한 제기를 버리고, '냇물에 들어간 자'가 되었다.[9] 이어 그들은 모두 가야에 모여 붓다의 세 번째 위대한 설교를 들었다.

붓다는 입을 열었다. "빅쿠들이여, 모든 것이 불타고 있습니다." 감각과 그 감각의 먹이가 되는 외부세계의 모든 것, 몸, 정신, 감정이 모두 불타고 있었다. 무엇 때문에 이런 큰 불이 났는가? 탐욕, 증오, 망상*이라는 세 가지 불 때문이었다.[10] 사람들이 이 불길에 연료를 제공하는 한, 이 불은 계속 타 닙바나의 서늘함에 결코 이를 수 없게 될 것이다. 따라서 다섯 칸다(인격의 '더미' 또는 '구성요소')**는 암묵적으로 장작 '더미'에 비유되었다. '우파다나(집착)'***라는 말에도 이런 말장난 비슷한 것이 있다. 그 어근의 의미가 '연료'이기 때문이다.[11]

우리를 계속 불타게 하고 우리의 깨달음을 방해하는 것은 이

---

* 탐욕(貪慾), 진상(瞋喪), 우치(愚癡).
** 칸다 : 온(蘊).
*** 우파다나 : 취착(取着).

세상의 것들에 대한 우리의 집착에 가까운 욕망이다. 언제나 그렇듯이 이 탐욕과 갈망은 증오와 짝을 이루고 있으며, 증오는 세상의 아주 많은 악과 폭력의 원인이다. 무지의 세 번째 불이 계속 타오르는 한, 사람은 '슬픔, 애도, 고통, 비애, 절망을 안은 채 나고 늙고 죽는' 순환, 불에 타 연기를 내뿜는 순환으로부터 해방을 얻는 데 핵심이 되는 네 가지 고귀한 진리를 깨달을 수 없다.[12] 따라서 빅쿠는 냉정해야 한다. 빅쿠는 깨어 있는 마음이라는 기술을 통하여 자신의 다섯 칸다로부터 멀어지고 불을 꺼야 한다. 그렇게 하면 그는 해방과 닙바나의 평화를 경험할 것이다.

'불의 설교'는 베다 체계에 대한 뛰어난 비판이었다. 베다 체계의 거룩한 상징인 불은 붓다가 삶에서 잘못되었다고 느끼는 모든 것을 상징하는 이미지였다. 이것은 모든 진지한 구도자들이 '떠나야' 하는 따뜻한 가정을 나타내기도 했으며, 인간 의식을 구성하는 불안하고 파괴적인 동시에 덧없는 힘들에 대한 웅변적인 상징이기도 했다. 탐욕, 증오, 무지라는 세 가지 불은 베다의 거룩한 세 가지 불에 대응되었다. 브라민은 그릇된 신앙의 사제 엘리트로서 이 세 가지 불을 돌본다고 하면서 자신의 아집이라는 불에 계속 장작을 집어넣고 있을 뿐이었다. 이 설교는 또한 담마를 듣는 사람을 감안하여 그들의 조건에 맞는 이야기를 하는 붓다의 능력을 보여주는 좋은 예이기도 하다. 이제까지 불을 숭배하던 사람들은 자신의 종교적 의식(意

識)을 강력하게 뒤흔드는 붓다의 설교를 듣고 난 뒤 모두 닙바나를 얻어 아라한트가 되었다.

붓다는 12월 말에 2,000명의 새로운 빅쿠들과 함께 마가다의 수도인 라자가하로 떠났다. 그들이 도착하자 소란이 일어났다. 도시 사람들은 새로운 영성에 굶주려 있었다. 빔비사라 왕은 자신이 붓다라고 주장하는 사람이 도시 밖의 '어린 나무들의 숲'에서 야영하고 있다는 이야기를 듣자마자 브라민을 대거 이끌고 붓다를 방문했다. 그들은 이전에 우루벨라 공동체를 이끌던 캇사파가 붓다의 제자가 된 것을 보고 놀랐으며, 그가 불 숭배를 버린 이유를 설명하자 크게 감명을 받았다. 그들—팔리어 텍스트에서는 12만 명이었다고 전한다.—은 붓다가 설교하는 것을 듣고는 평신도 제자들이 되었으며, 맨 마지막에 빔비사라 왕이 붓다 앞에 엎드려 자신도 평신도 제자로 받아줄 것을 간청했다. 왕은 어렸을 때부터 붓다가 나타나 자신이 이해할 수 있는 담마를 설교해주기를 바랐다. 이제 그는 소원을 이룬 셈이었다. 왕은 그날 밤 붓다를 저녁 식사에 초대했는데, 이것이 붓다와 빔비사라 왕 사이의 오랜 동반 관계의 시작이었다.

식사를 하면서 왕은 붓다의 상가에게 불교 교단 발전에 결정적인 영향을 주게 될 선물을 했다. 라자가하 외곽의 '벨루바나 대나무 숲'이라고 알려진 공원(아라마)*을 빅쿠들의 상가의 본거지로 쓰도록 한 것이다. 이곳은 조용하고 평화로울 뿐만 아니라 도시에서도 가까워 그들에게 자문을 구하고자 하는 사람들도 쉽게 찾아올 수 있었다. 이 숲은 "도시로부터 너무 멀리 떨어져 있지도 않았고, 그렇다고 너무 가깝지도 않았으며 …… 사람들이 쉽게 다가올 수 있었지만, 평화롭고 한적했다."[13] 붓다는 그 선물을 받아들였으며, 이를 통해 그들의 요구를 완벽하게 충족시킬 수 있었다.

그를 따르는 수도자들의 '은둔'은 세상으로부터 완전한 물리적 격리가 아니라 심리적인 것이어야 했다. 교단은 수도자들의 개인적 성화(聖化)가 아니라 민중을 위해 존재했다. 빅쿠들이 닙바나에 이르는 평정과 내적 고독을 계발하기 위해 명상을 하려면 어느 정도 고요가 필요했지만, 담마가 요구하는 대로 남들을 위해 살려면 사람들이 그들을 찾아와 자신의 괴로움을 더는 방법을 배울 수 있도록 해주어야 했다. 이 '대나무 숲' 선물이 선례가 되어, 부자들은 종종 교외의 이런 공원을 붓다에게 선물로 주었으며, 이런 곳들이 떠돌아다니는 빅쿠들의 지역 본부가 되었다.

붓다는 새로운 아라마에 두 달 동안 머물렀는데, 이 시기에 그의 가장 중요한 제자 두 사람이 상가에 들어왔다. 사리풋타와 목갈라나는 둘 다 라자가하 외곽 작은 마을의 브라민 집안 출신이었다. 그들은 같은 날 집을 떠나 산자야가 이끄는 회의

---

* 아라마 : 정사(精舍). 이곳은 죽림정사(竹林精舍)로 부르게 된다.

주의자들의 상가에 들어갔다. 그러나 둘 다 완전한 깨달음을 얻지 못하자, 어느 쪽이든 닙바나를 먼저 얻는 사람이 그 즉시 다른 사람에게 말해주기로 약속했다. 이 두 친구는 라자가하에 살고 있었다. 어느 날 사리풋타는 앗사지(첫 다섯 빅쿠 가운데 한 사람)가 먹을 것을 구걸하는 모습을 보았다. 그는 즉시 이 수도자의 고요와 평정에 감명을 받아, 그가 영적인 해답을 얻은 사람이라고 확신했다. 그는 전통적인 방식으로 그에게 인사를 하고, 그가 어떤 스승과 담마를 따르느냐고 물었다. 앗사지는 자신이 거룩한 생활에 이제 막 들어선 사람에 불과하다고 겸손해 하면서 담마를 아주 간단하게 요약해주었다. 그러나 그것으로 충분했다. 사리풋타는 그 자리에서 '냇물에 들어간 자'가 되었으며, 서둘러 목갈라나에게 달려가 소식을 전했다. 그 친구 역시 '냇물에 들어간 자'가 되었으며, 두 사람은 함께 대나무 숲으로 가서 붓다에게 상가에 받아들여 달라고 청했다. 그들은 자신들만이 아니라 산자야의 제자 250명까지 데려가 산자야의 노여움을 샀다. 붓다는 사리풋타와 목갈라나가 다가오는 것을 보고 본능적으로 그들의 재능을 알아보았다. 그는 빅쿠들에게 말했다. "이들이 나의 으뜸가는 제자들이 될 것입니다. 이들은 상가를 위하여 큰일을 할 것입니다."[14]

실제로 그렇게 되었다. 이 두 친구는 붓다가 죽고 나서 200년 내지 300년 후에 등장하게 될 불교의 두 주요 학파에 큰 영향을 주었다.[15] 좀더 금욕적이고 수도자적인 경향의 테라바다*

는 사리풋타를 불교의 제2 창건자로 본다. 그는 분석적인 정신의 소유자로서, 담마를 기억하기 쉽게 표현할 줄 알았다. 그러나 좀더 대중적인 마하야나 학파**에게는 그의 경건성이 너무 메마르게 느껴졌다. 그들이 생각하는 불교는 좀더 민중적이며, 동정심의 중요성을 강조한다. 마하야나는 목갈라나를 그들의 스승으로 여겼다. 목갈라나는 잇디로 유명했다. 신비하게 하늘로 오르기도 했고, 요가의 힘으로 사람의 마음을 읽는 기이한 능력을 보여주기도 했다. 붓다가 사리풋타와 목갈라나를 둘 다 칭찬했다는 것은 두 학파 모두 예로부터 진정한 불교로 여겨졌음을 보여준다. 사실 이 두 학파는 기독교 세계의 가톨릭교도와 신교도보다 더 평화롭게 공존해왔다.

그러나 모두가 붓다에게 반했던 것은 아니다. 이해할 수 있는 일이지만, 붓다가 대나무 숲에 머무는 동안 라자가하의 많은 시민들은 상가의 갑작스러운 성장을 걱정했다. 처음에는 머리가 헝클어진 브라민, 이번에는 산자야의 회의주의자들. 다음에는 누가 될 것인가? 수도자 고타마가 젊은 남자들을 다 데려가는 바람에 대가 끊어지는 집안이 속출하고 생과부가 늘어갔다. 그러나 누군가가 그런 이야기를 하자, 붓다는 빅쿠들에게 걱정하지 말라고 말했다. 그저 이레간의 불안일 뿐이라고 했다. 아니나 다를까, 일주일 정도가 지나자 소란은 가라앉

---

* 테라바다 : 상좌부(上座部), 소승불교(小乘佛敎)의 한 파.
** 대승불교(大乘佛敎).

붓다가 득도 후, 고향인 카필라밧투를 다시 찾았을 때를 묘사하고 있다.

았다.[16)]

팔리어 텍스트들에 따르면, 이 무렵 붓다는 카필라밧투에 있는 아버지의 집을 찾아갔다. 그러나 자세한 이야기는 나오지 않는다. 훗날의 경전과 주석들은 팔리어 텍스트에 살을 붙였으며, 이런 정전 이후의 이야기들은 붓다 전설의 일부를 이루게 되었다.[17)] 이 이야기들에 따르면, 숫도다나는 이제 유명한 붓다가 된 아들이 라자가하에서 설교를 하고 있다는 이야기를 듣고, 그에게 사절과 함께 엄청난 수행원 무리를 딸려 보내 그를 카필라밧투로 초대했다. 그러나 이 삭카인들은 붓다의 설교를 듣고 모두 아라한트가 되는 바람에 숫도다나의 전갈을 잊어버렸다. 이런 일이 무려 아홉 번이나 되풀이되었다. 마침내 초대의 말이 붓다에게 전달되자, 붓다는 2만 명의 빅쿠들을 거느리고 고향을 찾아갔다.

삭카인들은 카필라밧투 외곽의 니그로다 공원을 빅쿠들에게 내주었는데, 이곳은 삭카 지역의 상가 본부가 되었다. 그러나 자존심과 오만으로 유명한 삭카인들은 붓다에게 경의를 표하려 하지 않았다. 그러자 붓다는 말하자면 그들 수준에 맞추어 놀라운 잇디를 보여주었다. 그는 공중에 뜨기도 하고, 팔다리에서 불과 물을 뿜어내기도 하고, 하늘에 난 보석이 깔린 길을 걷기도 했다. 아마 붓다는 평소와 마찬가지로 삭카인들이 이해할 수 있는 방식으로 말을 하여 그들의 사고방식 안으로 파고들었을 것이다.

그의 아버지 숫도다나는 원래 아들이 착카밧티, 즉 세계의 통치자가 되기를 바랐다. 그 전설적인 인물인 착카밧티 역시 하늘을 당당하게 걸어 다니곤 했다고 전해진다. 붓다는 우루벨라에서 브라만 금욕주의자들에게 자신이 그들의 신을 이길 수 있다는 것을 보여준 적이 있었다. 이제 삭카인들에게 붓다는 자신이 어떤 착카밧티보다 낫다는 것을 보여준 셈이었다. 이런 화려한 모습은 비록 피상적이기는 하지만 효과가 있었다. 삭카인들이 깜짝 놀라 순종하는 태도를 보이면서 붓다 앞에 머리를 숙였다.

그러나 역시 잇디로는 지속적인 결과를 얻을 수 없었다. 다

옛날 숫도다나는 아들이 카필라밧투에서 걸식을 하는 것을 보고 분개했다. 어떻게 저렇게 가문의 이름을 모욕할 수 있는가! 붓다는 아버지를 앉혀놓고 담마를 설명했다. 그러자 숫도다나의 마음이 누그러졌다. 그는 상가에 받아들여 달라고 요청하지는 않았으나, 즉시 '냇물에 들어간 자'가 되었다. 그는 붓다의 밥그릇을 집어들더니 그를 이끌고 집으로 갔다. 붓다를 기념하는 식사 자리가 펼쳐져 있었는데, 그곳에 있던 집안의 모든 여자들이 평신도 제자가 되었다. 그러나 여기에 주목할 만한 예외가 있다. 붓다의 옛 부인은 거리를 두었던 것이다. 이해할 수 있는 일이지만, 작별 인사도 없이 자신을 버린 사람에 대한 적대감 때문이었는지도 모른다.

팔리어 텍스트들에 따르면, 붓다가 카필라밧투를 방문하고 난 후에 삭카의 지도자급에 속하는 젊은이 몇 명이 집을 떠나 상가에 들어갔다. 여기에는 붓다의 일곱 살 난 아들 라훌라도 있었다. 라훌라는 스무 살이 되기를 기다려 승려로 인정받았다. 라훌라 외에도 붓다의 친족이 세 명이나 있었는데, 그의 사촌 아난다, 배다른 형제 난다, 매제 데바닷타 등이었다. 그들은 머리를 깎아줄 이발사 우팔리도 데려왔는데, 우팔리 역시 상가에 들어가게 해달라고 청했다. 그러자 함께 온 귀족들은 삭카인의 자존심을 낮추어 이발사를 그들보다 먼저 받아들여 달라고 청했다.[18]

이 삭카인들 가운데 몇 명은 교단에서 유명한 인물이 되었다. 우팔리는 수도사의 생활규칙의 중요한 전문가가 되었으며, 상냥하지만 꼼꼼한 성격의 아난다는 붓다의 마지막 20년간을 그의 옆에서 수행했다. 아난다는 다른 누구보다 붓다와 가까웠고 또 거의 언제나 함께 있었기 때문에 붓다의 설교와 말에 대해서는 매우 잘 알게 되었지만, 본디 능숙한 요가 수행자는 아니었다. 그는 명상 능력 없이 담마의 가장 박식한 권위자가 되었으나, 붓다 생전에는 닙바나를 얻지 못했다. 앞으로 보게 되겠지만, 경전들은 데바닷타에게는 기독교의 복음이야기에서 유다와 비슷한 역할을 부여한다.

복음이야기가 나와서 말인데, 복음서에는 예수의 제자들의 다채로운 초상이 그려져 있기 때문에 서양의 독자들은 초기 불교도에 대해서도 비슷한 것을 기대한다. 그렇게 떼를 지어 상가로 몰려들었던 이 사람들은 누구인가? 그들은 무엇 때문에 붓다에게 이끌렸는가? 팔리어 텍스트들은 우리에게 거의 답을 주지 않는다. 전설에 따르면, 붓다의 메시지는 '많은 사람들'에게 전해졌고 상가에서는 누구나 환영했지만, 첫 신도들은 대개 브라민과 크샤트리야 카스트 출신이었다. 상인들 또한 이 교단에 끌렸다. 그들은 수도자들과 마찬가지로 발전하는 사회의 '새로운 사람들'이었으며, 기본적으로 카스트가 없는 그들에게는 그들 신분을 반영한 신앙이 필요했다. 그러나 복음서에는 어부들이 그물을 버린 이야기라든가, 세리들이 세관을 버리고 떠난 이야기들이 나오는 반면, 여기에는 개인의 개종에 대한 자세한 이야기가 없다.

아난다와 데바닷타는 빅쿠들의 무리 가운데 두드러졌지만, 그들의 초상은 예수의 제자들 일부에 대한 복음서의 생생한 성격 연구에 비하면 여전히 상징적이고 양식화되어 있다. 심지어 붓다의 최고 제자들이라 할 수 있는 사리풋타와 목갈라나도 언뜻 보기에는 인격이 거의 드러나지 않는 무색무취의 인물들로 제시된다. 붓다와 아들의 관계에 대한 감동적인 삽화도 없다. 라훌라는 팔리어 전설에서 그저 한 사람의 수도자로 나타날 뿐이다. 붓다는 다른 빅쿠들과 마찬가지로 그에게도 명상을 가르친다. 그들의 이야기에는 부자 관계를 암시하는 내용이 나타나지 않는다. 따라서 우리는 인물이 아니라 이미지만 얻게 되는데, 서구인들은 개성에 대한 애착 때문에 이런 점에서 불만족을 느낄 수도 있다.

그러나 이것은 불교적인 경험의 본질을 오해하는 것이다. 이 초기 수도자들 가운데 다수는 다름아닌 아낫타* 교리를 명상함으로써 깨달음을 얻었다. 그들은 이것을 통해 자아를 초월할 수 있었다. 사실 붓다는 항상적인 인격 같은 것은 없다고 주장했다. 붓다라면 자아라는 완강하고 고정된 덩어리에 대한 고집스러운 믿음을 깨달음에 방해가 되는 '서투른' 망상이라고 생

---

* 아낫타 : 무아(無我).

각했을 것이다. 아낫타라는 영성 때문에 팔리어 경전에서는 붓다 자신이 개인이라기보다는 하나의 유형으로 제시되고 있다. 그는 회의주의자, 브라민, 자이나교도 등 다른 유형들과 경쟁을 한다. 붓다는 서구인들이 그들의 영웅에게서 높이 사는 독특한 자질이나 개성을 소멸시킴으로써 해방을 얻었다. 그의 제자들도 마찬가지였다. 붓다와 빅쿠들은 잘 구별되지 않으며, 빅쿠들 역시 모두 작은 붓다로 묘사되고 있다. 빅쿠들 역시 붓다와 마찬가지로 인격이 사라지며, 따라서 개인으로서의 특성도 사라진다.

경전의 텍스트들은 빅쿠들의 마음속에 묻힌 비밀을 파헤치는 것을 거부하여 이런 익명성을 유지한다. 또 깨달음의 성취 이전에 그들에게 있었을 만한 성격상의 기벽—서구인들이라면 매우 흥미롭게 여겼을 만한 것들—도 드러내지 않는다. 여기에서 예외적인 사람들이 데바닷타와 아난다라는 것은 우연이 아닐 수도 있다. 데바닷타는 자기 중심주의로 가득한 사람이었다. 상냥한 아난다는 깨달음을 얻지 못하였다. 그래서 그런지 사리풋타 같은 영적인 거인들과 비교할 때 개인적 특성들이 눈에 많이 띈다. 특히 붓다의 마지막 며칠 동안에는 아난다의 가슴속으로 더 깊이 들어가볼 수 있다. 그러나 앞으로 보게되겠지만, 그는 붓다의 관점을 공유하지는 못했다. 만일 서구인들이 이런 식의 인격 상실을 비난한다면, 빅쿠들은 아마 자아의 포기는 닙바나라는 내적 평화를 얻기 위해 얼마든지 치를 수 있는 대가라고 대답할 것이다. 닙바나는 자아에 갇혀 있는 사람은 얻을 수 없는 것이기 때문이다.

그러나 붓다와 그의 제자들에게 개성이 없다 해서 그들이 차갑다거나 무정하다는 뜻은 아니다. 그들은 상냥하고 동정적이었을 뿐 아니라, 매우 붙임성이 있었다. 그들은 '많은 사람들'에게 다가가려 했으며, 사람들은 아집이 없는 그들의 태도에 강하게 끌렸다.

붓다 역시 그의 수도자들과 마찬가지로 늘 길에 나서서 가능한 한 많은 사람들에게 설교를 했다. 그러나 비가 내려서 여행이 힘든 석 달간의 우기에는 라자가하 외곽의 대나무 숲에 머물렀다. 이 공원은 이제 상가의 본거지가 되었지만, 빅쿠들은 그 안에 집을 짓지 않고 여전히 한데서 살았다. 그러나 부유한 상인이 이 숲을 찾아와 보고 감동하여 수도자들에게 오두막을 60채 지어주겠다고 했고, 붓다는 허락을 했다. 그러자 상인은 붓다와 수도자들을 식사에 초대했다. 그런 엄청난 숫자의 사람들을 먹이는 것은 작은 일이 아니었다.

식사를 하기로 한 날 아침 상인의 집은 하인들이 고깃국, 쌀, 장, 과자 등으로 맛있는 식사를 준비하느라 몹시 어수선했다. 상인도 이리저리 돌아다니며 명령을 내리느라, 사밧티 출신의 상인인 처남 아나타핀디카에게 제대로 인사를 할 시간도 없었다. 처남은 볼 일을 보러 라자가하에 들른 참이었다. "대체 무슨 일입니까?" 아나타핀디카가 놀라서 물었다. 그가 이 집에

와서 이렇게 박대를 받은 일은 처음이었기 때문이었다. "결혼식이 있는 겁니까? 아니면 빔비사라 왕을 맞이하는 겁니까?" "아닐세." 상인이 대답했다. "붓다를 비롯한 수도자들이 식사를 하러 온다네."

아나타핀디카는 자신의 귀를 믿을 수가 없었다. "방금 '붓다'라 하셨습니까?" 그는 믿을 수 없다는 표정으로 물었다. "깨달음을 얻은 붓다가 정말로 이 세상에 오셨단 말입니까? 저도 당장 그분을 뵈러 갈 수 있을까요?" "지금은 안 된다네." 상인은 퉁명스럽게 대꾸하고는 서둘러 자리를 뜨며 덧붙였다. "내일 아침 일찍 가면 이야기를 나눌 수 있을걸세." 아나타핀디카는 가슴이 부풀어 잠을 이룰 수가 없었다. 그는 새벽에 서둘러 대나무 숲을 향해 길을 나섰다. 그러나 도시에서 벗어나자마자 그는 당시 축을 이루는 여러 나라에 널리 퍼져 있던 공포에 짓눌렸다. 그는 자신이 매우 약한 존재라고 느꼈다. "세상에서는 빛이 사라지고, 앞에 보이는 것은 오직 어둠뿐이다." 그는 겁을 집어먹었으면서도 계속 앞으로 나아갔다.

마침내 붓다가 아침 햇빛을 받으며 거니는 모습이 보였다. 붓다는 아나타핀디카를 보더니 자리에 앉으라 하고 그의 이름을 불렀다. 예전의 야사와 마찬가지로 이 상인도 즉시 기쁨을 느꼈다. 붓다의 말에 귀를 기울이고 있으니, 그 가르침이 권위를 가지고 자기 속에서부터 솟아오르는 것 같은 느낌이 들었다. 그의 영혼의 가장 깊은 곳에 그 가르침이 새겨지는 것 같았다. "훌륭합니다, 주여." 그가 소리치며, 자신을 평신도 제자로 받아들여줄 것을 청했다. 다음날 그는 매형의 집에서 붓다를 맞이하면서, 자신의 고향인 코살라 왕국의 수도 사밧티로 와줄 것을 청했다.[19]

사밧티는 아마 기원전 6세기 말 갠지스 강 유역의 모든 도시들 가운데 가장 발전한 곳이었을 것이다. 이 도시는 리바티 강의 남쪽 강변, 두 교역로가 교차하는 곳에 자리잡고 있었다. 약 7만 가구가 살고 있는 이곳은 상업의 중심지로 아나타핀디카와 같은 부유한 상인들의 본거지였다. 사밧티란 이름은 **사르바맛티**라는 말에서 유래하였는데, 이 말은 '모든 것을 얻을 수 있다'는 뜻이다. 사밧티는 튼튼한 성벽과 10미터가 넘는 높은 망루로 보호받고 있었다. 주요 도로들은 남쪽으로부터 도시로 모여들어, 도시 중앙의 커다란 광장에서 합쳐졌다.[20] 그러나 사밧티가 이렇게 번창한 도시임에도 아나타핀디카가 진짜 붓다를 만난다는 생각에 몹시 흥분했다는 것은, 이곳의 많은 사람들이 삶의 공허를 느끼기 시작했음을 보여준다. 이곳이야말로 상가가 들어설 만한 곳이었다.

아나타핀디카는 붓다를 위한 기지를 구축하는 데 비용을 아끼지 않았다. 그는 적당한 곳을 찾다가, 결국 코살라 왕위의 상속 예정자인 제타 왕자가 소유한 공원으로 결정했다. 왕자는 팔기를 꺼렸지만, 아나타핀디카가 금화를 수레 여러 대에 가득 싣고 가, 땅이 보이지 않을 때까지 공원을 돈으로 덮자 마음이 움직였다. 금화로 덮이지 않은 곳은 정문 근처의 작은 공간뿐이었다. 제타 왕자는 뒤늦게 이것이 보통의 거래가 아님을 깨닫고 자신도 기부를 하는 것이 좋다고 생각하여, 문 옆의 땅을 공짜로 주고 그곳에 문을 지키는 집을 지었다. 그러자 아나타핀디카는 상가가 들어올 수 있도록 제타의 숲을 정리했다. 그는 "넓은 테라스를 설치하고, 문을 세우고, 강당을 만들고, 불을 두는 방과 창고를 짓고, 찬장을 설치하고, 연못을 파고, 정자를 세웠다."[21] 결국 이곳은 상가의 가장 중요한 근거지 가운데 하나가 된다.*

이들 근거지들은 '집 없는 상태'를 받아들인 사람들을 위하여 정교하게 꾸며져 있었다. 붓다는 짧은 기간에 라자가하, 카필라밧투, 사밧티 등지에 공원 셋을 얻었다. 수도자들은 연못이 파이고, 망고나무가 우거지고, 야자나무가 그늘을 드리운 곳에서 생활하고 명상할 수 있었다. 곧 다른 기부자들이 아나타핀디카의 본을 받았다. 줌나 강변의 코삼비 출신 은행가 세 명은 붓다가 사밧티에서 가르침을 베풀고 있다는 이야기를 듣자 제타의 숲으로 그의 설교를 들으러 왔으며, 즉시 붓다를 자신들의 도시로 초대했다. 세 은행가는 그곳에 상가를 위하여 각각 '공원(아라마)'을 준비해두었다.

그들은 스스로 돈을 들여 건물을 세웠을 뿐 아니라, 다른 기

---

* 이곳을 나중에 기원정사(祇園精舍)라고 불렀다.

부자들과 마찬가지로 유지비를 대 아라마를 유지해나갔다. 빔비사라 왕은 대나무 숲을 유지하기 위하여 수많은 하인들을 고용했기 때문에, 그들만으로도 마을 하나가 꽉 찼다. 그러나 수도자들이 호화롭게 산 것은 아니다. 공원의 규모는 컸지만 시설은 소박했으며, 오두막 안은 간소하게 꾸며져 있었다. 전체적으로 가운뎃길을 따르는 사람들에게 어울리는 시설이었다. 빅쿠는 저마다 방을 하나씩 가지고 있었지만, 이 방은 그냥 칸을 막아 놓은 공간에 불과한 경우가 많았다. 방안에는 잠을 잘 수 있는 판과 다리를 접을 수 있는 의자가 있었다.[22]

빅쿠들은 이런 아라마에서 계속 생활하는 것이 아니었다. 여전히 대부분의 시간은 길에서 보냈다. 처음에는 대부분의 빅쿠들이 우기에도 여행을 하였지만, 이것을 보고 다른 사람들이 화를 냈다. 다른 종파들, 예컨대 자이나교도는 비가 올 때는 여행을 하지 않았다. 야생 생물에 너무 많은 피해를 주게 되고, 이것은 아힘사의 원칙을 침해하는 행위였기 때문이었다. "왜 사캬무니를 따르는 사람들은 우기에도 돌아다닙니까?" 사람들은 그렇게 묻기 시작했다. "왜 어린 풀을 밟고, 식물을 괴롭히고, 수많은 작은 생물을 해칩니까?" 그들은 우기에는 심지어 독수리도 우듬지에 머물러 움직이지 않는다고 설명했다. "그런데 어째서 붓다의 수도자들만 자신들 외에는 아무에게도 신경을 쓰지 않고 진흙으로 덮인 길을 밟고 돌아다니는 것입니까?"[23]

붓다는 이런 종류의 비판에 민감했다. 그는 이런 불평을 듣자 모든 상가 구성원들이 우기의 은둔(밧사)*을 의무로 지키라고 명령했다. 붓다는 여기에서 그치지 않고 다른 방랑자들보다 한 걸음 더 나아가, 수도원 공동생활을 주도했다. 다른 종파의 수도자들은 밧사 동안에는 혼자 살거나, 있는 곳에 그대로 머물며 완전히 다른 담마를 따르는 금욕주의자들과 숲의 빈터를 함께 썼다. 그러나 붓다는 그의 빅쿠들에게 밧사 동안에 다른 종파의 구성원들과 섞이지 말고 그들끼리 함께 살라고 명령했다. 그들은 아라마 가운데 한 곳이나 수도자들이 매년 새로 짓는 시골의 정착지(아바사)**를 선택할 수 있었다. 각각의 아라마와 아바사에는 고정된 경계가 있었다. 우기 3개월 동안에는 어떤 수도자도 타당한 이유 없이 일주일 이상 은둔지를 떠날 수 없었다. 수도자들 사이에서는 점차 공동체 생활이 이루어지게 되었다. 그들은 간단한 의식들을 만들었는데, 이런 의식은 정착지의 강당에서 열렸다. 아침이면 명상을 하거나, 붓다 또는 선배 수도자의 가르침을 들었다. 이어 그날 먹을 것을 구하러 탁발그릇을 들고 도시에 다녀와서 식사를 했다. 오후에는 낮잠을 자고, 저녁에 다시 명상을 했다.

그러나 무엇보다도 빅쿠들은 서로 사이좋게 사는 법을 배워야 했다. 개인적으로는 마음이 맞지 않을 수도 있는 사람들과

---

* 밧사 : 안거(安居), 이 경우는 우기이므로 우안거(雨安居).
** 아바사 : 주처(住處).

함께 살아가면서 불가피하게 어려움이 생겼을 것이며, 그것은 그들이 명상에서 얻은 평정을 시험하는 계기가 되었을 것이다. 만일 빅쿠들이 서로에게 친절할 수 없다면 땅의 네 방위를 향해 동정심을 비추는 것도 쓸데없는 일이 될 터였다. 가끔 붓다는 수도자들을 꾸짖기도 했다. 한 번은 이질에 걸린 빅쿠를 돌보지 못한다는 이유로 그들을 책망하기도 했다.[24]

한 번은 붓다가 수행원들을 거느리고 사밧티로 여행할 때, 앞서 간 한 무리의 수도자들이 동네 정착지의 침대를 모두 차지해버렸다. 사리풋타는 감기가 심했던 것 같은데, 가엾게도 밖의 나무 밑에서 밤을 보내야 했다. 붓다는 수도자들에게 그런 무례는 상가의 전도 사업 전체를 망가뜨린다고 책망했다. 사람들을 담마로부터 멀어지게 하기 때문이다.[25]

그러나 빅쿠들 가운데 가장 뛰어난 사람들은 점차 자신의 이기적인 경향을 멀리 하면서 동료들을 먼저 생각하게 되었다. 도시에서 걸식을 한 뒤 먼저 돌아온 사람은 다른 사람들을 위해 오두막을 정돈하고, 앉을 곳을 마련하고, 취사에 쓸 물을 길어 왔다. 마지막에 온 사람은 남은 것을 먹고 자리를 정리했다. 수도자들 가운데 한 사람은 붓다에게 그의 공동체에 대하여 이렇게 말했다. "주여, 우리는 몸은 모두 다릅니다. 그러나 오직 하나의 마음만 가지고 있는 것 같습니다." 왜 나는 자신이 좋아하고 싫어하는 것을 무시하고 다른 사람들이 바라는 것만 하지 못할까? 이런 고민을 하던 빅쿠는 벗들과 함께 거룩한 생활을 할 수 있어 행복하다고 생각했다.[26] 밧사의 공동생활 역시 붓다가 수도자들에게 다른 사람들을 위하여 사는 법을 가르치는 또 하나의 방법이었던 셈이다.

코살라의 왕 파세네디는 불교도의 아라마 생활의 다정하고 명랑한 분위기에 큰 감명을 받았다. 그는 붓다에게 그 모습이 궁정 생활과 뚜렷한 대조를 보인다고 말했다. 궁정에서는 이기심, 탐욕, 호전적 태도가 일반화되어 있었다. 왕은 다른 왕들과 싸웠고, 브라민은 다른 브라민들과 싸웠다. 가족과 친구들은 늘 서로 싸웠다. 그러나 아라마에서는 빅쿠들이 "우유와 물처럼 다투지 않고 어울려 살았으며, 다정한 눈길로 서로를 보았다."

다른 교단에 가보면 뼈만 앙상하게 남은 금욕주의자들의 비참한 모습밖에 볼 수 없어, 그들의 생활방식이 그들과 맞지 않는다고 결론을 내릴 수밖에 없었다. "그러나 이곳에서 보니 웃음을 띤 빅쿠들은 정중하며, 진실로 행복하고, …… 긴장을 풀지 않으면서도 차분하며, 당황하는 모습이 없고, 걸식으로 먹고 살며, 마음은 늘 들판의 사슴처럼 부드럽습니다." 왕은 얼굴을 찌푸리더니, 자신이 궁정에서 회의를 하려고 앉으면 늘 누군가 그의 말을 끊고 심지어 조롱을 하기도 한다고 말했다. 그러나 아라마에서 붓다가 말을 할 때면 엄청나게 많은 수도자들이 모여 있음에도 헛기침 소리 하나 나지 않았다.[27] 붓다는 대안적인 삶의 방식을 창조하고 있었으며, 이에 비추어 보면 새로운 도시와 국가들의 약점이 아주 선명하게 드러났다.

일부 학자들은 붓다가 파세네디나 빔비사라와 같은 통치자들을 정치와 사회개혁의 동반자들로 보았다고 주장한다. 사회가 부족적이고 공동체적인 에토스로부터 경쟁적이고 격렬한 시장경제로 진보하면서 개인주의가 득세하기 시작하자, 이에 맞서기 위하여 붓다가 상가를 세웠다는 것이 그들의 설명이다. 상가는 다른 유형의 사회조직의 청사진이며, 그 관념이 점차 민중에게로 스며들게 되었다는 것이다. 그들은 여러 텍스트에서 붓다가 착카밧티와 자주 비교되는 점을 지적하면서, 붓다는 인간의 의식을 개혁하려 하였고 왕들은 사회개혁을 도입하려 했다고 주장한다.[28] 반면 다른 학자들은 붓다가 군주제를 승인하거나 군주들과 함께 일하기는커녕, 왕권에 매우 비판적이었고 자신의 고향 삭카에서 유지되던 공화제 양식의 정부를 선호했다고 주장하기도 한다.[29]

그러나 붓다가 정치적 야망을 가졌을 가능성은 거의 없어 보인다. 그는 어떤 식으로든 사회개혁에 관여하는 것은 세속적 세계에 대한 무익한 '집착'으로 간주했을 것이 틀림없다. 그러나 붓다는 분명 새로운 인간이 되는 방법을 만들어내려 했다. 그의 빅쿠들이 분명한 만족을 나타냈다는 것은 이 실험이 효과가 있었음을 보여준다. 수도자들은 초자연적인 은총을 받은 것도 아니었고, 어떤 신의 명령으로 변화를 겪은 것도 아니었다. 붓다가 고안한 방법은 순수하게 인간이 주도권을 쥐는 것이었다. 그의 수도자들은 자신의 자연적인 능력을 능숙하게 활용하게 되었다. 금 세공장이가 뿌연 금속조각을 가져다 반짝거리는 아름다운 금속으로 만드는 것, 즉 그 금속이 좀더 온전하게 자기 자신이 되도록, 자신의 잠재력을 성취하도록 돕는 것과 마찬가지였다.

사람들이 이기심 없이 행복하게 살도록 훈련하는 것은 가능해 보였다. 거꾸로 만일 붓다의 빅쿠들이 우울하거나 좌절감에 빠졌다면, 그들의 생활방식이 그들의 인간성에 폭력을 행사한다는 증거가 되었을 것이다. 분노, 죄책감, 불친절, 질투, 탐욕 등 '서투른' 상태들은 신이 그것을 금지했거나 그것이 '죄'이기 때문에 피하는 것이 아니라, 그러한 감정에 빠지는 것이 인간 본성에 해를 주기 때문에 피하는 것이었다. 수도자 생활에 요구되는 동정심, 공손한 태도, 배려, 다정함, 친절은 새로운 금욕주의를 만들어냈다. 그러나 새로운 금욕주의는 과거의 극단적인 타파*와는 달리 조화와 균형을 중시했다. 이런 태도를 열심히 계발하면, 닙바나의 체토-비뭇티,** 즉 또 하나의 지극히 자연스러운 심리 상태에 도달할 수 있었다.

그러나 완전한 담마는 수도자들에게만 가능했다. 인도의 일반적인 가정의 소란 속에서는 명상과 요가가 불가능했다. 따라서 이러한 세계를 떠난 수도자만이 닙바나를 얻을 수 있었다.

---

* 타파 : 고행(苦行).

** 체토-비뮤티 : 심해탈(心解脫).

욕망을 기초로 하는 상업에 종사하고 후손을 재생산하는 아나타핀디카 같은 사람은 탐욕, 증오, 망상의 세 가지 불을 끄기를 바랄 수 없었다. 평신도 제자가 바랄 수 있는 최대한의 상태는 다음 생에는 깨달음에 좀더 유리한 환경에서 태어나는 것이었다. 고귀한 진리들은 일반인을 위한 것이 아니었다. 이 진리들은 '깨달아야' 하는 것이었으며, 이 '직접적인' 지식은 불교를 완전히 소화하는 데 필수적인 요가 없이는 얻을 수 없었다.[30] 깨어 있는 마음의 훈련이 없으면 아낫타 같은 교리는 아무런 의미가 없었다. 그러나 붓다는 일반인들을 간과하지 않았다. 그의 설교에는 크게 두 가지 줄기가 있었던 것으로 보이는데, 하나는 수도자들을 위한 것이었고 또 하나는 일반인들을 위한 것이었다.

이것은 아나타핀디카의 죽음과 관련된 통절한 이야기에서 분명하게 나타난다. 아나타핀디카가 죽을 병에 걸렸을 때, 사리풋타와 아난다가 그를 찾아갔다. 사리풋타는 초연한 태도의 중요성에 대해 짧게 설교를 했다. 아나타핀디카에게 감각에 집착하지 말라고 가르치면서, 외적 세계와 그런 식으로 접촉하게 되면 삼사라의 덫에 걸릴 수밖에 없다고 설명했다. 이것은 불교의 기본적인 가르침이라고 할 수 있다. 그러나 아나타핀디카로서는 처음 듣는 이야기였다.

그 이야기를 듣는 아나타핀디카의 눈에서 눈물이 주르르 흘러내렸다. "무슨 일입니까, 가장이여? 몸이 더 편찮으십니까?" 아난다가 불안한 표정으로 물었다. 그러나 아나타핀디카는 아니라고, 그것이 문제가 아니라고 답했다. 그는 "그렇게 오랫동안 스승과 명상하는 빅쿠들의 시중을 들었지만, 이러한 담마는 처음 듣기 때문에" 슬프다고 말했다. "이 가르침은 일반인들에게는 주지 않는 것입니다." 사리풋타는 그렇게 설명했다. 이것은 가족생활을 떠난 사람들에게만 주는 것이었다. "그것은 옳지 않습니다." 아나타핀디카가 대꾸했다. 가족을 가진 자들도 그런 가르침을 받아야 했다. 그들 가운데도 깨달음을 얻을 만큼 성숙하여 욕망이 거의 남지 않은 사람들, 실제로 닙바나를 얻을 수 있는 사람들이 있기 때문이다.[31]

아나타핀디카는 그날 밤에 죽었으며, 오직 일곱 번의 생만 남은* '냇물에 들어간 자'로서 하늘 세계에 다시 태어났다고 전해진다. 물론 이것은 축복으로 보아야 하지만, 아나타핀디카의 베푸는 태도와 헌신적인 봉사를 생각하면 변변치 않은 보답으로 보일 수도 있다. 그리고 이런 핵심적인 가르침을 일반인이라고 해서 전해주지 않은 것도 부당해 보일 수 있다. 그러나 모두가 똑같은 영적 발판 위에 서 있다는 생각은 본디 근대의 산물이다. 근대 이전의 종교는 거의 언제나 두 층으로 나뉘어 있었으며, 그 가운데 위층은 평생 경전을 연구하고 묵상하며,

---

* 그래서 예류를 극칠반생(極七返生)이라고도 부른다.

당연히 자신들보다 무지할 수밖에 없는 일반인들에게 가르침을 베푸는 엘리트층이었다. 완전한 종교적 평등은 모두가 문자를 해독하여 경전을 읽을 수 있을 때에야 비로소 가능해진 일이다. 불교 정전은 기원전 1세기가 되어서야 문서로 작성되었다. 그때도 정전은 귀했다. 담마를 듣고 싶은 사람은 붓다나 수도자에게 가야 했다.

상가는 일반인들에게 무엇을 가르쳤을까? 일반인들은 처음부터 붓다에게서 "피난처를 구했다." 일반인들은 수도자들에게 먹을 것을 주고 그들을 부양함으로써, 좋은 조건에서 다시 태어날 수 있는 공덕을 쌓았다. 수도자들은 일반인들에게 도덕적으로 살고 선한 일을 함으로써, 캄마를 정화하여 좀더 나은 영적인 전망을 가질 수 있는 방법을 가르쳤다. 모두들 이것을 정당한 교환으로 여겼다.

아나타핀디카 같은 일반인들은 붓다나 빅쿠들과 많은 시간을 보냈다. 수도자들은 그들에게 다섯 가지 도덕적 맹세*를 하도록 권장했는데, 이것이 초보자들을 위한 담마였던 셈이다. 우선 생명을 빼앗지 말아야 한다. 훔치거나, 거짓말을 하거나, 술 취하지 말아야 한다. 성적으로 난잡하지 않아야 한다. 이것은 자이나교의 평신도 제자들에게 요구되는 사항들과 비슷했다. 불교의 평신도들은 매달 4분의 1이 되는 날(우포사타)** 옛

---

* 오계(五戒) : 불살생(不殺生), 불투도(不偸盜), 불망어(不妄語), 불음주(不飮酒), 불사음(不邪淫).

베다의 우파바사타의 금식과 금욕을 대체하는 특별한 수양을 했다. 그것은 24시간 동안 상가에 갓 입문한 사람처럼 사는 것이었다. 성적인 욕구를 억제하고, 눈을 즐겁게 하는 것을 보지 않고, 수수한 옷을 입고, 한낮이 될 때까지 씹어야 하는 음식을 먹지 않았다.[32] 이런 훈련을 통해 그들은 수도자 생활을 맛볼 수 있었을 것이며, 그들 가운데 일부는 실제로 수도자가 되기도 했을 것이다.

불교 수도자들은 명상을 시작하기 전에 다른 요가 수행자들과 마찬가지로 동정심, 자제, 깨어 있는 마음에 대한 도덕적 훈련을 받아야 했다. 일반인들은 결코 진지한 요가 수행자가 될 수 없었다. 따라서 그들은 붓다가 그들의 생활조건에 맞게 만들어놓은 이 도덕성(실라)*** 훈련에 집중했다. 일반인들은 이런 식으로 좀더 완전한 영성의 기초를 닦아나갔으며, 이를 통해 다음 생에는 좀더 좋은 조건에서 태어날 수 있었다. 수도자들은 명상의 '능숙한' 기술을 배우는 반면, 일반인들은 '능숙한' 도덕성에 초점을 맞추었다.[33] 일반인들은 빅쿠들에게 먹을 것을 주고, 언제나 진실을 말하고, 다른 사람들에게 친절하고 정의롭게 행동하는 것을 통해 좀더 건강한 마음 상태를 계발할 수 있었으며, 아집의 불을 완전히 밟아 끄지는 못하더라도 어느 정도 약화시킬 수 있었다. 이런 도덕성에는 실제적인 이점

** 우포사타 : 포살(布薩).
*** 실라 : 계(戒).

도 있었다. 다른 사람들도 비슷한 방식으로 행동하도록 유도할 수 있다는 것이었다. 그 결과 평신도들은 다음 생을 위한 공덕을 쌓는 것 외에 이 생에서 더 행복하게 사는 방법도 배울 수 있었다.

담마는 베다 체계에서 자기 자리를 찾지 못하는 아나타핀디카 같은 상인이나 은행가들에게 매우 매력적이었다. 사업가들은 붓다의 '능숙한' 윤리를 높이 평가했다. 이 윤리는 빈틈없는 투자 원리에 기초하고 있었기 때문이다. 이 윤리는 이 생과 다음 생에서 많은 이득을 안겨주었다. 수도자들은 자신들의 덧없는 정신 상태에 마음이 깨어 있도록 훈련을 받았다. 평신도는 경제적이고 사회적인 거래에서 **압파마다**(주의 깊은 태도)*로 나아가도록 인도되었다.[34]

붓다는 그들에게 위급할 때를 대비하여 저축을 하고, 자신에게 의지하는 사람들을 돌보고, 빅쿠들에게 보시를 하고, 빚을 피하고, 가족의 일상적 요구에 필요한 돈을 확보하고, 돈을 세심하게 투자하라고 말했다.[35] 또 절약을 하고, 분별력을 유지하고, 취하지 말라고 했다. 〈시갈라바다 숫타〉를 보면 시갈라는 일반인들에게 행해지는 도덕성에 대한 가장 높은 수준의 설교를 들었는데, 그 내용은 술과 밤늦게 돌아다니는 것과 도박과 게으름과 나쁜 벗을 피하라는 가르침이었다.[36] '불의 설교'

---

* 압파마다 : 불방일(不放逸).

를 일반인용으로 바꾸어놓은 설교도 있다. 이 설교에서 사람들은 세 가지 '좋은 불'을 잘 돌보라는 가르침을 받는다. 그것은 자신의 부양가족을 돌보고, 처자식과 하인을 돌보고, 모든 상가의 빅쿠들을 부양하는 것이다.[37]

그러나 언제나 그렇듯이 기본적인 덕목은 동정심이었다. 어느 날 파세네디 왕 부부는 토론을 하다가 자기 자신보다 더 귀중한 것은 없다는 사실을 인정하게 되었다. 이것은 붓다가 동조할 수 없는 견해임이 분명했다. 그러나 왕이 붓다에게 이 대화에 대하여 이야기를 하자 붓다는 그를 꾸짖지도 않았고, 아낫타에 대한 토론에 들어가지도 않았으며, 여덟 가지 길에 대하여 설교하지도 않았다. 대신 그는 평소와 마찬가지로 파세네디의 관점 속으로 들어가, 그의 마음속에 있는 것—붓다가 그의 마음속에 있어야 한다고 생각한 것이 아니라—에 의지하여 이야기를 했다. 붓다는 그에게 자아는 망상이라고 말하지 않았다. 정식 요가를 하는 생활이 없다면 왕이 그것을 '볼' 수 없었기 때문이다. 대신 붓다는 이런 생각을 해보라고 했다. 만일 왕이 자기 자신보다 더 귀한 것이 없다고 생각한다면, 다른 사람들 역시 자신의 '독립된 자아'를 소중하게 여길 것이다.

따라서 붓다는 "자신을 사랑하는 사람은 다른 사람의 자아에 해를 주지 말아야 한다."라고 결론을 내렸다.[38] 다시 말해서 왕은 다른 전통에서 '황금률'이라고 부르는 것을 따라야 했다. "다른 사람이 자신에게 하기를 원치 않는 짓을 다른 사람에게

붓다와 두 수제자인 사리풋타와 목갈라나를 그린 19세기 타이의 탱화.

하지 말라."[39] 일반인들은 자기 중심주의를 완전히 없앨 수 없었다. 그러나 이기심의 경험을 통하여 다른 사람들의 약한 면에 공감할 수는 있었다. 이들은 이것을 통하여 자아 과잉을 넘어 아힘사로 들어갈 수 있었다.

칼라만 사람들에게 한 유명한 설교에서는 붓다가 일반인들을 가르친 방식을 엿볼 수 있다.[40] 칼라만인은 갠지스 강 유역의 북쪽 끝 변두리에 사는 사람들로, 한때 부족 공화국을 세웠으나 이 나라는 코살라의 속국이 되었다. 그들은 점차 새로운 도시문명으로 끌려들어가, 딛고 선 바닥이 흔들리는 듯한 불안을 경험하고 있었다. 붓다가 그들의 도시 케사풋타를 지나가자, 그들은 대표를 보내 조언을 청했다. 이전에도 금욕주의자나 스승이 여러 번 그들에게 다녀갔는데, 이런 수도자나 브라민들은 다른 사람들을 욕하면서 자기들 교리만 강조했다. 이 담마들은 서로 모순될 뿐 아니라, 세련된 주류 문화로부터 왔기 때문에 그들에게 이질적이기도 했다.

"이 스승들 가운데 누가 옳고 누가 그른 것입니까?" 그들이 물었다. 붓다는 칼라만인들이 왜 그렇게 혼란을 느끼는지 알겠다고 대답했다. 붓다는 평소와 마찬가지로 그들의 입장 속으로 완전히 들어갔다. 그는 자신의 담마를 줄줄 이야기하거나 기존의 교리와 경쟁할 또 하나의 교리를 던져줌으로써 그들의 혼란을 가중시키지 않았다. 붓다는 즉석에서 칼라만인들이 스스로 문제를 해결하는 데 도움을 줄 수 있는 가르침을 베풀었다(소크라테스나 공자 같은, 축의 시대의 다른 현자들의 질문과 대답 방법을 떠올리게 한다). 그는 우선 그들이 혼란을 느끼는 이유 가운데 하나는 다른 사람들이 답을 말해주기를 바라기 때문이라고 지적했다. 이어 자신의 마음을 들여다보면, 옳은 것이 무엇인지 이미 알고 있었다는 사실을 확인하게 될 것이라고 덧붙였다.

붓다는 말했다. "자, 칼라만인들이여, 들은 이야기에 만족하지 마십시오. 남의 말만 믿고 진리라고 받아들이지 마십시오." 사람들은 도덕성의 문제에 대하여 스스로 결정을 내려야 한다. 예를 들어 탐욕은 좋은가 나쁜가? "나쁩니다, 주여." 칼라만인들이 대답했다. 어떤 사람이 욕망에 사로잡혀 자신이 원하는 것을 갖겠다고 결심하면, 그는 살인이나 도둑질이나 거짓말을 할 수도 있지 않은가? 그렇다, 칼라만인들은 그런 경우를 보았다고 대답했다. 이런 유형의 행동 때문에 이기적인 사람은 인기를 잃고, 따라서 불행해지지 않는가? 증오는 어떤가? 사물을 있는 그대로 보려 하지 않고 망상에 집착하는 것은 어떤가? 이 감정들은 모두 고통과 괴로움을 낳지 않는가?

붓다는 한 단계씩 칼라만인들이 자신의 경험을 되돌아보게 하였으며, 탐욕, 증오, 무지의 '세 가지 불'의 결과를 보게 해주었다. 토론이 끝날 무렵, 칼라만인들은 실제로 자신들이 붓다의 담마를 이미 알고 있었다는 사실을 확인하게 되었다. 붓다는 결론을 내렸다. "그래서 내가 어떤 스승에게도 의지하지 말라고 한 것입니다. 여러분 자신 속에서 이런 것들이 '도움이 되고(쿠살라)' 저런 것들이 '도움이 되지 않는다(아쿠살라)'는 것을 알게 되면, 다른 누가 뭐라 하든 간에 도움이 되는 것을 실행에 옮기고 그것을 고수하십시오."⁴¹⁾

붓다는 또 칼라만인들에게 탐욕, 증오, 망상을 피하면서 동시에 그 정반대되는 덕들, 즉 '비탐욕, 비증오, 비망상'을 실행에 옮기면 분명 유익이 있을 것이라고 설득했다. 만일 그들이 자비, 친절, 관용의 마음을 계발하고 삶을 올바르게 이해하고자 한다면, 그들은 더 행복해질 수 있을 것이다. 만일 또 다시 태어나야 한다면(붓다는 환생의 교리에 익숙하지 않은 칼라만인들에게 그 교리를 강요하지 않았다), 이 선한 캄마를 통해 다음 생에는 하늘에서 신으로 태어나게 될 수도 있다. 다른 세상이 없다 해도, 이런 사려 깊고 다정한 행동은 다른 사람들도 그들에게 비슷한 방식으로 행동하도록 유도할 수 있다. 적어도 자신이 올바르게 행동을 했다는 것은 알 수 있을 것이며, 이것은 언제나 위안이 된다.

붓다는 칼라만인들이 이런 '능숙한' 심리를 구축하는 데 도움을 주기 위하여 그들에게 명상 기술을 가르쳐주었는데, 이것은 '가없는 마음'의 일반인용 판본이라 할 만했다. 우선 그들은 마음에서 질투, 악의, 망상을 없애야 했다. 그런 다음에 자비의 감정을 사방으로 향하게 해야 했다. 그렇게 하다 보면 고양되고 확장된 존재를 경험하게 될 터였다. 자신이 '풍부하고, 고양되고, 가없는 자비'에 물들어 있음을 알게 될 터였다. 자신의 한정된 시야의 테두리를 부수고 온 세상을 끌어안을 수 있을 터였다. 자기 중심주의의 편협함을 초월하여, 잠시 자기 자신에게서 벗어나 '위, 아래, 주위, 모든 곳'으로 뻗어나가는 황홀경을 경험하게 될 터였다. 그들의 마음이 사욕 없는 평정심을 얻어 확장되는 것을 느낄 터였다.[42] 일반인들은 지속적인 닙바나를 얻지 못할 수도 있지만, 그 궁극적 해방의 암시 정도는 받을 수 있었다.

붓다는 수도자와 일반인 모두에게 호전적인 새로운 사회에 만연한 자기 중심주의, 인간이 삶의 거룩한 영역에 다가가는 것을 막는 자기 중심주의를 동정심으로 공격하여 완화시키라고 가르쳤다. 붓다가 장려하려 한 능숙한 상태는 팔리어 정전의 다음과 같은 시에 잘 표현되어 있다.

> 모든 존재가 행복하게 하라!
> 약하든 강하든, 높든 중간이든 낮든,
> 작든 크든, 보이든 보이지 않든, 가깝든 멀든,
> 살아 있든 태어날 것이든 모두가 온전히 행복할지어다!
>
> 아무에게도 거짓말하지 말고,
> 어디에 있는 누구도 경멸하지 말라.
> 분노 때문이든 증오 때문이든 살아 있는 것이
> 해를 입기를 바라지 말라!

> 어머니가 하나뿐인 자식을 소중히 여기듯이
> 모든 생물들을 소중하게 여기라!
> 우리의 사랑의 마음들이 위든 아래든 옆이든
> 가없이 온 세상을 채울지어다.
> 속박 없고, 증오와 적의에서 자유로운,
> 가없는 호의로 온 세상을 대할지어다![43]

이런 태도에 이른 일반인은 영성의 길에서 한참을 나아간 사람이라 할 수 있다.

경전에는 상가 밖에서 명상을 하여 닙바나에 이른 평신도 제자의 예가 몇 명 나오지만, 홀로 이런 수준에 이르는 것은 예외적인 일이었다. 보통 아라한트는 가장 노릇을 계속할 수 없다고 여겼다. 그래서 깨달음을 얻은 뒤에는 즉시 상가에 가입하거나 아니면 죽었다. 붓다의 아버지 숫도다나가 바로 후자의 예에 속한다고 할 수 있는데, 그는 아들이 가르침을 베풀러 나선 지 5년째 되는 해에 닙바나를 얻었고 그 다음날 죽었다. 붓다는 그 소식을 듣고 카필라밧투에 돌아가 니그로다 공원에 한동안 머물렀다. 이 사건으로 인해 상가에는 새로운 경향이 나타났는데, 붓다는 처음에는 이런 경향을 반기지 않았던 것 같다.

붓다는 니그로다 아라마에 있을 때 아버지의 미망인 파자파티 고타미의 방문을 받았다. 그녀는 붓다의 이모였으며, 붓다의 어머니가 죽은 뒤 양모 노릇을 했다. 이제 그녀는 자유로운 몸이 되었기 때문에 조카에게 상가에 들어가고 싶다고 말했다. 붓다는 완강하게 반대했다. 여자들을 교단에 받아들일 생각이 없었기 때문이었다. 파자파티가 세 번이나 재고를 간청해도 붓다는 마음을 돌리려하지 않았고, 결국 그녀는 아주 슬퍼하며 붓다 곁을 떠났다.

며칠 뒤 붓다는 갠지스 북쪽 강변의 비데하 공화국의 수도 베살리를 향해 출발했다. 붓다는 그곳의 아라마에 자주 머물렀는데, 이 아라마에는 높이 박공 지붕을 얹은 회당이 있었다. 어느 날 아침 아난다는 파자파티가 삭카의 많은 여자들과 함께 회당 현관에서 흐느끼는 것을 보고 기겁을 했다. 그녀는 머리를 자른 뒤 노란 수도자복을 입고 카필라밧투에서부터 먼 길을 걸어 그곳까지 왔다. 아난다가 소리쳤다. "고타미여, 여기서 그런 차림으로 무엇을 하시는 겁니까? 왜 울고 계십니까?" "'축복받은 분'께서 여자들을 상가에 받아들이지 않기 때문입니다." 파자파티가 대답했다. 아난다는 걱정을 했다. "여기서 기다리십시오. 타타가타께 여쭈어보겠습니다."

그러나 붓다는 여전히 이 문제를 다시 생각해보려 하지 않았다. 심각한 순간이었다. 붓다가 계속 상가에 여자를 받아들이지 않는다면, 인류의 반은 깨달음을 얻을 만한 이해력이 없다고 생각한다는 뜻으로 해석될 수도 있었다. 그러나 담마는 본디 모두를 위한 것이었다. 신, 동물, 강도를 구분하지 않았고,

카스트도 문제가 되지 않았다. 어째서 여기에 여자만 예외라는 것인가? 그들이 할 수 있는 일은 고작해야 남자로 다시 태어나기만을 바라는 것일 뿐이란 말인가?

아난다는 새로운 방법으로 접근해보았다. "주여, 여자가 '냇물에 들어간 자', 나아가서 아라한트가 될 수 있습니까?" 붓다가 대답했다. "될 수 있습니다, 아난다여." "그렇다면 파자파티를 상가에 받아들이시는 것은 틀림없이 좋은 일이 될 것입니다." 아난다는 기회를 놓치지 않고 그렇게 간청한 뒤에, 스승에게 그의 어머니가 죽은 뒤 파자파티가 보여주었던 친절한 태도에 대해 이야기했다. 붓다는 내키지 않는 표정으로 패배를 인정했다.

파자파티는 여덟 가지 엄격한 규칙*을 받아들이면 상가에 들어올 수 있었다. 이 조항들은 여성 수도자(빅쿠니)들이 열등하다는 것을 분명하게 보여주는 것이었다. 여성 수도자는 남성 빅쿠가 있을 때는 설사 그 빅쿠가 어리거나 자신보다 늦게 상가에 들어온 사람이라 해도 반드시 서 있어야 했다. 여성 수도자들은 남성 수도자들과 함께 아라마에서 밧사를 해야지, 그들끼리 할 수는 없었다. 여성 수도자들은 2주일에 한 번씩 빅쿠로부터 가르침을 받아야 했다. 여성 수도자들은 자기들끼리 의식을 거행할 수 없었다. 큰 죄를 지은 여성 수도자는 빅쿠니들만

---

* 팔경법(八敬法).

불교 전설에서 붓다는 전생에 여러 차례 여성으로 태어나기도 했다. 붓다의 전생을 담은 〈베산타라 자타카〉의 한 장면.

이 아니라 남성 수도자들 앞에서도 회개를 해야 했다. 여성 수도자는 남성 상가와 여성 상가 양쪽으로부터 받아들여져야 했다. 남성 수도자들은 여성 수도자를 꾸짖을 수 있지만, 여성 수도자는 빅쿠를 절대 꾸짖을 수 없었다. 또 여성 수도자는 빅쿠에게 설교할 수 없었다.

파자파티는 기꺼이 이런 규칙들을 받아들이고 정식으로 상가에 들어갔다. 그래도 붓다는 여전히 마음이 편치 않았다. 붓다는 아난다에게 말했다. "만일 여자를 받아들이지 않았다면 담마는 1,000년 동안 실행되었을 것입니다. 그러나 이제는 500년밖에 실행되지 못할 것입니다." 여자가 지나치게 많은 부족은 약해져서 망하기 쉬웠다. 마찬가지로 여자 구성원이 있는 상가는 오래 지속될 수 없었다. 여자들은 흰가루병이 논을 망치듯이 교단을 망칠 터였다.[44]

이런 강한 여성 혐오를 어떻게 생각해야 할까? 붓다는 늘 남자만이 아니라 여자들에게도 가르침을 베풀었다. 그가 일단 허락을 하자 수천 명의 여자들이 빅쿠니가 되었으며, 붓다는 그들의 영적인 성취를 칭찬하면서 그들도 남성 수도자들과 같아질 수 있다고 말했다. 또 자신은 지혜로운 남성 수도자들과 여성 수도자들, 그리고 남성 신도들과 여성 신도들이 충분히 생기기 전에는 죽지 않을 것이라고 예언했다.[45] 언뜻 보면 텍스트들 사이에 모순이 있는 것처럼 보인다. 이것 때문에 일부 학자들은 붓다가 여자를 받아들이는 것을 못마땅해하면서 여덟 가지 규칙을 제시한 이야기는 후대에 덧붙여진 것이며, 훗날 교단 내의 남성 우월주의를 반영한 것이라고 주장했다.

사실 기원전 1세기에 수도자들 가운데 일부는 자신의 성적 욕망을 여자 탓으로 돌리면서, 그것이 깨달음에 장애가 된다고 주장했다. 그들은 여자를 영적 진보의 장애물로 여겼다. 또 일부 학자들은 붓다가 깨달음을 얻기는 했지만 당시의 사회적 조건을 피할 수 없었으며, 부권적이지 않은 사회는 상상할 수가 없었다고 주장하기도 한다. 그러면서도 그들은 붓다가 처음에 망설이기는 했지만 결국 여자들을 상가에 받아들인 것은 급진적인 행동이었으며, 여자들은 아마 역사상 처음으로 가사 외의 대안을 가지게 되었을 것이라고 추측했다.[46]

이것이 사실이기는 하지만, 사실 여자들에게는 얼렁뚱땅 넘어갈 수 없는 어려움이 있었다. 붓다는 깨달음을 불가능하게 만들어버리는 '욕정'과 여자를 떼어서 생각할 수 없었을 것이다. 붓다는 구도를 위해 집을 나설 때, 일부 구도자들과는 달리 부인을 데려간다는 생각은 해본 적이 없었다. 그는 부인이 해방의 동반자가 될 수 없다고 생각했다. 그러나 이것은 기독교 교회의 교부들과는 달리 그가 성을 역겨운 것으로 생각했기 때문이 아니라, 부인에게 애착을 느꼈기 때문이다.

경전에는 다음과 같은 구절—학자들이 동의하듯이 후대에 수도자들이 삽입한 것이 거의 확실하다.—이 나온다. "주여, 여자를 어떻게 대접해야 합니까?" 붓다가 세상을 뜨기 며칠 전에 아난다가 물었다. "여자를 보지 마십시오, 아난다여." "보지 않으면 어떻게 대접합니까?" "여자에게 말을 하지 마십시오, 아난다여." "꼭 말을 해야 할 일이 생기면 어쩝니까?" "반드시 깨어 있는 마음이어야 합니다, 아난다여."[47] 붓다는 개인적으로는 이런 완전한 여성 혐오에 동의하지 않았을지 모르지만, 이것이 붓다 자신에게 완전히 사라지지 않고 남아 있던 불편한 마음을 반영한 것임은 틀림없다.

붓다 자신이 여자들에 대하여 부정적인 생각을 갖지 않았다 해도, 그것은 축의 시대의 전형적인 태도였다. 안타까운 일이지만 문명은 여자들에게 친절하지 않았다. 고고학적 연구를 보면, 여자들이 도시 이전 사회에서는 간혹 높은 대접을 받는 일도 있었지만, 군국주의가 나타나고 도시에서 전문화가 이루어지면서 여자들의 지위는 쇠퇴했다. 여자는 남자의 소유물이 되었으며, 대부분의 직업에서 배제되었고, 간혹 어떤 고대 법전에서 나타나듯이 남편으로부터 엄한 통제를 받기도 했다. 엘리트에 속한 여자들은 간혹 권력의 조각을 붙들기도 하였지만, 붓다가 인도에서 설교를 할 무렵, 축을 이루는 나라들에서는 여자들의 지위가 더 크게 하락했다. 이란과 이라크에서, 그리고 나중에 헬레니즘 국가들에서 여자들은 베일을 쓰고 하렘에 갇혔다.

이와 더불어 여성 혐오 사상이 판을 쳤다. 고전시대 아테네(기원전 500~323년)의 여자들은 특히 불리한 조건에 놓여 있었으며, 사회로부터 거의 완전히 배제를 당했다. 그들에게 최고의 미덕은 침묵과 복종이었다고 전해진다. 헤브라이의 초기 전승은 미리암, 드보라, 야엘 등과 같은 여자들의 공적을 찬양하지만, 예언자들의 신앙개혁 이후 여자들은 유대율법에서 2급의 지위로 떨어졌다. 처음에는 축의 시대에 참여하지 못했던 이집트와 같은 나라에서 여자들에게 더 관대한 태도가 나타나는 것은 주목할 만하다.[48] 새로운 영성에는 여성에 대한 적대감이 내재해 있었던 것 같으며, 그것은 지금까지 이어지고 있다.

붓다의 구도는 영웅주의라는 측면에서 남성적이었다. 단호한 결의로 모든 제약을 벗어던지고, 가정과 여자를 거부하고, 홀로 투쟁하고, 새로운 영역으로 뚫고 들어가는 것. 이러한 것들은 남성적 미덕의 상징처럼 굳어진 태도들이다. 근대가 되어서야 비로소 이런 태도에 대하여 문제가 제기되기 시작했으며, 여자들은 자기 나름의 '해방'(그들은 심지어 붓다와 똑같은 말도 사용했다)을 찾기 시작했다. 여자들 역시 낡은 권위들을 거부하고, 홀로 길을 나섰다.

붓다는 여자들이 교단을 파괴할 것이라고 예언했으나, 사실 상가의 첫 번째 큰 위기는 남성 수도자들 사이의 자아 충돌로 인해 일어났다.[49] 붓다의 원리에 따르면 잘못을 한 사람이 스스로 그렇다는 사실을 깨닫기 전에는 그 잘못을 비난할 수 없었다. 코삼비에서 진지하고 학식이 풍부한 수도자가 징계를 받는 일이 생겼다. 그러나 이 수도자는 이 벌이 부당하다고 항의

했다. 자신이 잘못을 했음을 깨닫지 못했다는 것이 그 이유였다. 코삼비 빅쿠들은 즉시 패가 갈려 서로 적대하게 되었다. 붓다는 이런 분열에 크게 괴로워했다. 한 번은 숲에 들어가 혼자 살면서, 호전적인 동료들 때문에 고통을 겪는 코끼리와 사귀기도 하였다. 붓다의 말에 따르면, 증오는 결코 더 큰 증오로 가라앉힐 수 없었다. 오직 우정과 공감으로만 해소할 수 있을 뿐이었다.[50]

붓다는 양 진영의 말이 다 일리가 있다고 생각했다. 그러나 빅쿠들의 자기 중심주의가 개입되어 있었기 때문에, 붓다가 각 분파에게 상대의 입장을 이해시키려 해도 서로 상대의 관점을 볼 수가 없었다. 붓다는 사리풋타와 이제 여자들의 상가의 책임을 맡고 있는 파자파티를 불러, 양 진영을 존중해주라고 일렀다. 아나타핀디카에게는 양 진영에 공평하게 기부를 하라고 지침을 내렸다. 그러나 붓다는 해결책을 강제하지는 않았다. 답은 당사자들 자신으로부터 나와야 했다. 결국 징계를 당한 빅쿠가 물러섰다. 그가 당시에는 몰랐다 하더라도 잘못을 한 것은 사실이었다. 그는 잘못을 인정한 뒤에 즉시 복권되었으며 싸움은 끝이 났다.[51]

이 이야기는 초기 상가에 대하여 많은 것을 알려준다. 이 상가는 꽉 짜인 조직도 아니었고, 중앙의 권위도 없었다. 이 조직은 새로운 군주제보다는 회의에 참여하는 모든 구성원이 평등한 지위를 유지하는 옛 공화국의 상가에 가까웠다. 붓다는 권위적이고 통제적인 통치자가 되기를 거부했으며, 이런 점에서 훗날 기독교 교단의 수도원장과도 달랐다. 사실 **하나의** 교단이 있었던 것처럼 이야기하는 것도 부정확할지 모른다. 사실 수많은 여러 교단이 있었으며, 그 각각은 갠지스 강 유역의 특정한 지역에 자리잡고 있었다. 그럼에도 그 구성원들은 모두 똑같은 담마를 공유하고 있었으며, 똑같은 생활방식을 따랐다. 흩어져 있던 빅쿠와 빅쿠니들은 6년마다 한 자리에 모여서 '파티목카(유대)'*라고 부르는 공동 신앙고백문을 암송했다.[52] 그 이름이 말해주듯이, 그 목적은 상가를 하나로 묶는 것이었다.

> 모든 해를 주는 일을 삼가며,
> 능숙한 것을 얻으며,
> 자신의 마음을 정화하니,
> 이것이 곧 붓다들의 가르침이다.

> 자제와 인내는 모든 금욕 가운데에서도 가장 높은 것이며,
> 붓다들은 닙바나가 최고의 가치라고 선포하였다.
> 다른 사람을 해치는 자는 진정으로 '떠난' 것이 아니다.
> 다른 사람에게 상처를 입히는 자는 진정한 수도자가 아니다.

---

* 파티목카 : 계본(戒本).

흠을 잡지 말며, 해를 주지 말며, 근신하라.
먹을 것과 하나의 침상과 의자에 관한 규칙을 지키며,
명상으로부터 나오는 더 높은 지각에 몰두하라.
이것이 깨달은 자들의 가르침이다.[53]

붓다는 이 의식을 매우 중요하게 생각하였는데, 이것은 공화국의 특징인 전원회의와 비슷했다. 파티목카 모임에 빠지는 것은 허용되지 않았다. 이것이 초기의 상가를 결속하는 유일한 수단이었기 때문이다.

붓다가 죽고 나서 한참 뒤에 이 간단한 암송 모임은 좀더 정교하고 복잡한 모임으로 바뀌었으며, 이 모임은 각 지역공동체에서 2주일에 한 번 우포사타 날에 열렸다. 이러한 변화는 상가가 하나의 종파로부터 교단으로 바뀌는 것을 보여준다. 남녀 수도자들은 다른 종파들과 구별되는 담마를 외우는 대신 이제 상가의 규칙을 외우고 서로 잘못한 일을 고백했다.* 이 무렵에는 붓다 시절보다 상가의 규제들이 훨씬 늘어났다. 일부 학자들은 '규칙'이 〈비나야〉에 기록된 최종적 형태로 확립되기까지 200~300년이 걸렸을 것이라고 주장한다. 그러나 다른 학자들은 교단의 정신이 적어도 내용적으로는 붓다 자신으로까지 거슬러올라갈 수 있다고 생각하기도 한다.[54]

---

* 자자(自恣).

상가는 불교의 핵심이다. 그 외적인 생활방식이 닙바나라는 내적 상태를 구현하기 때문이다.[55] 남녀 수도자들은 가정생활만이 아니라, 그들 자신의 자아로부터도 '떠나야' 했다. 빅쿠와 빅쿠니들, 걸식을 하는 남자와 여자들은 얻고 소비하는 일과 관련된 '갈망'을 버리고, 오로지 남이 주는 것에만 의존하면서 최소한의 것으로 행복해지는 법을 배워야 했다. 상가의 구성원들은 상가의 생활방식 덕분에 명상을 할 수 있었으며, 그 결과 우리를 괴로움의 수레바퀴에 얽어매는 무지, 탐욕, 증오의 불을 멀리할 수 있었다. 동정심과 공동체 내의 사랑이라는 이상은 그들에게 자기 중심주의를 버리고 다른 사람들을 위해 살도록 가르쳤다. 남녀 수도자들은 이런 태도를 습관화하여 흔들림 없는 내적 평화를 얻을 수 있었는데, 이것이 곧 거룩한 생활의 목표인 닙바나였다.

상가는 자발성에 기초한 제도 가운데 지상에 남아 있는 가장 오래된 제도로 꼽을 수 있다. 비슷한 역사를 자랑할 수 있는 곳은 오직 자이나교단뿐이다. 그 지속성은 우리에게 인간성과 인간생활에 대하여 중요한 점을 가르쳐준다. 엄청난 숫자의 병사들을 바탕으로 한 커다란 제국은 모두 무너졌다. 그러나 빅쿠들의 공동체는 약 2,500년간 유지되었다. 초기 불교 전설에서는 붓다와 착카밧티를 양 극단으로 예시하고 있다. 이것은 자신을 보호하고 방어하는 것이 아니라 자신을 내어주어야만 살아남을 수 있다는 것을 보여주는 메시지로 보인다.

상가의 구성원들 모두가 주민 다수의 생활방식에 등을 돌렸음에도, 사람들은 보통 그들에게 화를 내는 것이 아니라 오히려 큰 매력을 느꼈다. 사람들은 빅쿠와 빅쿠니들을 가정을 버린 냉혹한 사람들로 여겨 외면한 것이 아니라, 오히려 그들을 찾아다녔다. 이것은 다시 말해, 붓다가 고안한 생활방식이 비인간적으로 여겨진 것이 아니라, 매우 인간적으로 여겨졌음을 보여준다. 아라마는 외로운 변경의 집단 거주지가 아니었다. 왕, 브라민, 상인, 사업가, 고급 창부, 귀족, 다른 종파의 구성원들이 그곳으로 모여들었다.

파세네디와 빔비사라는 자주 그곳에 들러 붓다의 조언을 구했다. 붓다는 저녁이면 연못가에 앉아 있거나, 그의 오두막 현관에 누워 나방이 촛불로 날아드는 것을 지켜보았다. 금욕주의자 무리도 불교 정착지로 쏟아져 들어왔다. 사람들은 대표자를 뽑아 붓다에게 질문을 했다. 귀족과 상인들이 코끼리를 타고 찾아오기도 하고, 지역의 부유한 젊은이들이 무리를 지어 찾아와 붓다를 식사에 초대하기도 했다.

이런 고조된 분위기와 활발한 활동 한가운데 붓다라는 고요하고 통제된 상태의 인물, '깨달음을 얻은' 새로운 인간이 있었다. 붓다는 완전히 자기를 버릴 수 없는 사람들에게는 금방 이해될 수 없는 모호한 존재이다. 깨달음을 얻은 뒤 그는 비인격적인 존재—결코 메마르다거나 차갑다는 의미는 아니다.—가 되었기 때문이다. 그는 타타가타,* 즉 가버린 자가 되었다.

그에게는 개인적 애착이 없었다. 교조적인 의견을 강하게 내세우지도 않았다. 팔리어 텍스트들을 보면, 그는 자주 인간이 아닌 존재들에 비유된다. 그가 인간으로서 부자연스럽다고 생각해서가 아니라, 그를 어떻게 분류해야 할지 몰랐기 때문에 나온 비유들일 것이다.

어느 날 한 브라민은 붓다가 나무 아래에서 차분한 표정으로 명상에 잠겨 있는 것을 보았다. "그의 기관들은 쉬고 있고, 그의 마음은 고요하며, 그의 모든 것이 자제와 고요의 분위기를 드러내고 있었다." 브라민은 그 모습을 보고 경외감에 젖었다. 그는 붓다를 보면서 엄니가 큰 코끼리를 떠올렸다. 그 코끼리를 보았을 때와 마찬가지로 엄청난 힘과 커다란 잠재력이 통제된 상태에서 큰 평화와 연결되고 있다는 느낌을 받았다. 규율, 자제, 완전한 고요. 브라민은 이런 사람을 본 적이 없었다. "선생님은 신이십니까?" 그가 물었다. "아니오." 붓다가 대답했다. "천사가 되어가는 중입니까, …… 아니면 영이 되어가는 중입니까?" 브라민이 다시 물었다. 이번에도 대답은 "아니오."였다. "선생님은 인간이십니까?" 브라민은 마지막으로 물었다. 그러나 이번에도 붓다의 대답은 "아니오."였다. 붓다는 다른 어떤 것이 되어 있었다.

세상은 수천 년 전 이전 붓다가 세상에 살았을 때 이후로 이

---

* 타타가타 : 여래(如來).

런 인간을 본 적이 없었다. 붓다는 자신이 전생에 신이었던 적도 있다고 대답했다. 그는 동물로 산 적도 있고 보통 사람으로 산 적도 있지만, 그를 쇄신되지 못한 낡은 인간성에 얽매이던 모든 것은 이제 소멸했다. "뿌리에서 잘려나갔으며, 야자나무 줄기처럼 베어져 넘어갔으며, 없어졌다."

붓다는 "당신은 물 밑에서 삶을 시작한 뒤 연못 위로 올라와 마침내 수면과 닿지 않는 곳에 빨간 꽃을 피운 연(蓮)을 본 적이 있습니까?" 하고 물었다. "나 역시 이 세상에서 나고 자랐지만, 세상을 초월하였으며 이제는 세상과 닿지 않습니다." 그는 이 생에서 닙바나를 얻음으로써 인간 본성의 새로운 잠재력을 드러냈다. 이 고통의 세계에서 스스로를 통제하고, 자신을 비롯한 모든 생물들과 조화를 이루어 평화롭게 사는 것이 가능했다.

그러나 이러한 고요한 면역 상태에 도달하려면 자기 중심주의에서 벗어나 오로지 다른 존재를 위해 살아야 했다. 이러한 자아의 죽음이 보통 사람들에게는 무시무시하게 보일지 몰라도, 그것은 결코 어둠이 아니었다. 이 죽음을 통해 사람들은 자신의 본성을 완전히 깨달을 수 있었으며, 그럼으로써 자신의 능력을 최대한 발휘하며 살 수 있었다. 브라민은 붓다를 어떻게 분류해야 할지 알 수 없었다. 그러자 붓다는 그에게 말했다.

"나를 깨어난 사람으로 기억해주십시오."[56]

6

최후의 안식

buddha

붓다가 깨달음을 얻은 지 45년이 되던 해 어느 날 오후, 코살라의 파세네디 왕이 삭카의 한 도시 메달룸파로 갑자기 그를 찾아왔다. 이제 노인이 된 파세네디 왕은 그 무렵 붓다에게 정치생활이 점점 거칠어진다고 말한 적이 있었다. 왕들은 "권위에 취하고", "탐욕에 사로잡혔으며", 끊임없이 "코끼리, 말, 마차, 보병을 동원해 전쟁을 하는 데" 몰두했다.[1] 갠지스 강 유역은 파괴적인 이기심으로 불타오르는 것 같았다. 코살라는 오랫동안 마가다의 군대를 막아내고 있었다. 마가다는 그 지역에서 혼자 패권을 차지하려고 안간힘을 쓰고 있었다. 파세네디는 쓸쓸했다. 사랑하던 부인이 얼마 전 죽은 뒤 그는 깊은 우울에 사로잡혔다. 죽기 마련인 한 인간에게 자신을 의지할 때 생길 수밖에 없는 일이었다. 파세네디는 이제 세상 어디를 가나 편치가 않았다. 그는 편력하는 수도자들의 '떠남'을 흉내내듯 궁을 떠나 군대를 이끌고 한참을 달려보기도 하고, 이곳저곳을 정처 없이 떠돌아 다녀보기도 했다.

그는 이런 식으로 특별한 목적 없이 돌아다니다가 삭카에 들렀는데, 그곳에서 붓다가 근처에 묵고 있다는 말을 들었다. 그는 당장 그를 만나고 싶다는 갈망에 사로잡혔다. 그는 붓다를 보면 거대한 나무가 떠오른다고 생각했다. 붓다는 고요했고, 초연했으며, 세상의 자잘한 소요를 훌쩍 뛰어넘은 사람 같았다. 위기가 오면 그에게 가서 피할 수 있을 것 같았다. 파세네디는 즉시 메달룸파로 달려갔다. 큰 길이 끝나자 그는 말에서 내려 디가 카라야나 장군에게 검과 왕의 터번을 맡기고, 붓다의 오두막까지 걸어서 갔다.

붓다가 문을 열어주자, 파세네디는 그의 발에 입을 맞추었다. "어찌하여 이 가엾은 늙은 몸에게 이런 영광을 베푸십니까?" 붓다가 물었다. "아라마가 나에게 큰 위안이 되기 때문입니다." 왕은 대답했다. "상가의 평화가 저의 궁정의 이기심이나 폭력이나 탐욕과는 크게 다르기 때문입니다." 그러나 그런 것들 말고도 특별한 이유가 있었다. 파세네디는 마지막으로 그 이유를 말했다. "축복받으신 분도 여든이고, 저도 여든이기 때문입니다."[2] 그들 둘 다 노인이었다. 그것이 이 어두운 세상에서 서로 애정을 표현해야 할 이유 같았다.

파세네디는 오두막을 떠나 디가 카라야나와 헤어졌던 곳으로 돌아왔을 때, 장군이 왕의 증표를 가지고 떠난 것을 알게 되었다. 서둘러 군대가 진을 쳤던 곳으로 가보았지만, 그곳도 텅 비어 있었다. 시녀 하나만 말 한 마리, 검 한 자루와 함께 남아 있었다. 그녀는 왕에게 디가 카라야나가 사밧티로 돌아가, 파세네디의 후계자인 비두다바 왕자를 왕위에 올리려는 모반을 꾸미고 있다고 말했다. 그러면서 목숨을 귀중히 여긴다면 사밧티로 돌아가지 말라고 주의를 주었다.

늙은 왕은 마가다로 가기로 했다. 혼인으로 마가다 왕조와 인척관계를 맺어두었기 때문이다. 먼 길이었다. 파세네디는 가는 길 내내 변변치 못한 음식을 먹었고 냄새가 나는 물을 마셨다. 라자가하에 이르렀으나 성문은 닫혀 있었고, 그는 누추한 여인숙에서 잠을 자야 했다. 그날 밤 그는 이질에 걸려 심하게 앓다가 동이 트기 전에 죽었다. 늙은 왕을 위해 정성을 다했던 시녀는 큰 소리로 도시 전체를 깨웠다. "나의 주인이시며 두 나라를 다스리던 코살라의 왕께서 거지처럼 돌아가셨습니다. 지금 남의 나라 도시 외곽의 천한 거지들이 쉬는 집에 누워계십니다!"[3]

붓다는 노년이 죽음을 피할 수 없는 모든 존재를 괴롭히는 둑카의 상징이라고 생각했다. 그러나 파세네디가 말했듯이, 이제 붓다 자신도 늙었다. 역시 젊지 않았던 아난다는 그 무렵 스승의 변화에 놀라고 있었다. 피부에는 주름이 잡혔고, 팔다리는 흐느적거렸고, 몸은 굽었고, 감각기관들은 제 역할을 하지 못했다. "그렇습니다, 과연 그렇습니다, 아난다여." 붓다도 동의했다.[4] 사실 노년은 잔인했다. 그러나 붓다의 말년에 관한 이야기는 나이가 들면서 생김새가 볼품 없어지는 면보다는 노인의 공격에 약한 면에 초점을 맞추고 있다. 야심이 큰 젊은이들은 선배들에 맞서 일어서며, 아들은 자기 아버지를 죽인다.

텍스트들은 붓다 삶의 마지막 단계를 다루면서, 성스러움에 대한 느낌이 모두 사라져버린 세계의 공포를 강조한다. 이 세계에서는 자기 중심주의가 최고의 자리를 차지한다. 동정심과 자비에 의해 완화되지 않은 질투, 증오, 탐욕, 야심이 기승을 부린다. 사람들은 자신의 갈망에 장애가 되는 사람을 무자비하게 제거한다. 품위와 존중은 모두 사라져버렸다. 경전들은 붓다가 거의 50년 동안 대항해왔던 위험들을 강조한다. 때문에 우리는 붓다가 사심 없는 태도와 자비를 앞세운 운동을 시작하며 맞섰던, 사회의 무자비함이나 폭력과 다시 한 번 마주하지 않을 수 없다.

상가조차 이런 세속적 정신으로부터 면역이 되지 않았다. 8년 전 교단은 다시 한 번 분열의 위기를 맞았다. 37년 동안 붓다를 헌신적으로 모셨던 늙은 빔비사라 왕의 암살 음모에 연루되었던 것이다. 이 반역에 대한 자세한 이야기는 〈비나야〉에만 나온다. 이 이야기가 사실 그대로는 아닐지 모르지만, 어쨌든 여기에서 중요한 교훈은 얻을 수 있다. 심지어 상가의 원칙들조차 전복될 수 있고, 치명적인 무기가 될 수 있다는 것이다. 〈비나야〉에 따르면 범인은 붓다의 처남 데바닷타였다. 그는 붓다가 고향 카필라밧투로 첫 여행을 한 뒤에 상가에 들어왔다. 훗날의 주석에 따르면 데바닷타는 어렸을 때부터 심술궂었으며, 고타마와 함께 자랄 때도 사이가 몹시 나빴다고 한다. 그러나 팔리어 텍스트들에는 이런 이야기가 전혀 없으며, 데바닷타를 매우 헌신적인 수도자로 묘사하고 있다.

데바닷타는 뛰어난 웅변가였던 것으로 보인다. 그는 붓다가 나이가 들어감에 따라, 붓다의 교단 장악에 반발하기 시작했다. 그는 자신의 권력 기반을 만들기로 했다. 데바닷타는 종교 생활은 완전히 저버리고, 무자비하게 출세의 길로 나서기 시작했다. 그럴수록 시야는 좁아졌다. 그는 사랑으로 땅의 네 구석까지 넓게 뻗어나가는 대신 자신의 출세에만 집중했으며, 증오와 질투로 자신을 소모했다. 그는 우선 빔비사라 왕의 아들이자 후계자이며 마가다 군의 총사령관인 아자타샷투 왕자에게 접근했다. 그는 잇디를 화려하게 선보여 왕자의 마음을 사로잡았는데, 이것이 그가 요가의 힘을 세속화했다는 분명한 증거였다.

어쨌든 왕자는 데바닷타의 후원자가 되었다. 왕자는 매일 라자가하 외곽의 독수리봉 아라마에 있는 데바닷타에게 500대의 수레에 빅쿠들을 위한 음식을 잔뜩 싸보냈다. 데바닷타는 궁정에서 총애하는 수도자가 되었다. 그는 아첨에 눈이 멀어 상가를 장악하겠다고 결심했다. 붓다는 처남의 행동에 대하여 미리 이야기를 들었음에도 동요하지 않았다. 이런 엄청나게 서툰 행동은 오직 데바닷타가 고약한 종말을 맞이하는 것으로 끝날 수밖에 없었기 때문이다.[5]

데바닷타는 붓다가 라자가하 외곽의 대나무 숲에 머물 때 첫 번째 행동에 나섰다. 그는 빅쿠들이 많이 모인 자리에서 공식적으로 붓다에게 사임을 하고 상가를 자신에게 넘기라고 요구했다. "축복받은 자는 이제 연로하여 세월의 짐을 지고 계시며 …… 삶의 마지막 단계에 이르렀습니다. 이제 그만 쉬게 해드려야 합니다." 그는 이런 식으로 매끄럽게 말을 했다. 붓다는 완강하게 거부했다. 나는 심지어 가장 뛰어난 제자인 사리풋타와 목갈라나에게도 상가를 넘기지 않았다. 하물며 데바닷타와 같은 길 잃은 영혼을 그런 자리에 앉히겠는가? 데바닷타는 모욕과 분노를 느꼈다. 그는 복수를 맹세하며 아라마를 떠났다.

붓다는 교단의 지도 문제에 대해서는 별 걱정을 하지 않았다. 그는 늘 상가에는 중앙의 권위적 인물이 필요 없다고 주장했다. 각 수도자는 스스로 책임을 져야 했기 때문이다. 붓다는 데바닷타의 행동이 분열의 씨앗을 뿌린다고 생각하여 몹시 싫어했다. 자기 중심주의, 야심, 적대감, 경쟁심의 분위기는 영적 생활과 결코 어울릴 수 없는 것이었으며, 상가의 존재 근거를 부정하는 것이었다. 따라서 붓다는 공개적으로 데바닷타와 관계를 끊고, 사리풋타를 통해 라자가하에서 데바닷타를 탄핵하게 했다. "전에 데바닷타는 한 가지 본성을 가졌습니다. 그러나 이제는 다른 본성을 가지고 있습니다." 그것이 붓다의 설명이었다. 그러나 이미 피해를 본 뒤였다. 도시 주민 가운데 일부는 데바닷타가 왕자에게 총애를 받게 된 것을 붓다가 질투한다고 믿었다. 그러나 현명한 사람들은 판단을 유보했다.[6)]

한편 데바닷타는 아자타샷투 왕자에게 다가가 제안을 했다. 그는 옛날에는 사람들이 더 오래 살았다고 말했다. 따라서 빔비사라 왕이 계속 목숨을 유지하여 아자타샷투가 왕위에 오르지 못할지도 모른다는 거였다. "그러니 왕자는 아버지를 죽이고, 나 데바닷타는 붓다를 죽이는 것이 어떠한가?" 데바닷타와 아자타샷투가 힘을 합치면 놀라운 일들을 해낼 수 있다. 왕자는 그 제안이 마음에 들었다. 그러나 허벅지에 단검을 묶고 왕의 밀실로 몰래 들어가려다가 체포되어 모든 것을 자백하고 말았다.

군대의 장교들 가운데 일부는 데바닷타가 암살 음모에 연루된 사실을 파악하고 상가 전체를 말살하려 하였으나, 빔비사라는 붓다가 이미 데바닷타와 절연한 사실을 알았고, 그 이단자의 행위에 상가 전체가 책임질 필요가 없다고 생각했다. 아자타샷투가 앞으로 끌려나오자 왕은 그에게 자신을 죽이려 한 이유를 물었다. "왕국을 갖고 싶었습니다, 전하." 왕은 그 솔직함에 오히려 긴장이 풀려버렸다. 게다가 빔비사라 역시 오랜 기간 붓다의 제자였다. "왕자여, 왕국이 갖고 싶다면 가져라." 왕은 간단하게 대답했다.[7] 빔비사라도 파세네디와 마찬가지로 정치에 요구되는 서툴고 호전적인 정열들을 잘 알고 있어, 자신의 말년은 영적 생활에 바치고 싶었는지도 모른다. 그러나 왕의 퇴위는 별 효과가 없었다. 아자타삿투는 군대의 지원을 받아 아버지를 체포하더니 굶겨 죽여버렸다.

이어 새로운 왕은 붓다를 죽이겠다는 데바닷타의 계획을 지원하여, 그에게 군대에서 훈련받은 암살자들을 제공했다. 그러나 첫 암살자는 활과 화살을 들고 붓다에게 다가가다가 공포에 질려 그 자리에 서버렸다. 붓다는 부드러운 목소리로 말했다. "어서 오십시오, 친구여. 두려워하지 마십시오." 암살자는 자신의 행동의 잘못을 알았기 때문에 죄를 용서받았다. 붓다는 그에게 어울리는 가르침을 베풀었으며, 암살자는 곧 회개하고 붓다의 제자가 되었다. 다른 암살자들도 차례차례 같은 길을 걸었다.[8]

결국 데바닷타는 일을 직접 처리할 수밖에 없었다. 우선 그는 절벽 위에서 바위를 떨어뜨려 붓다를 죽이려 했다. 그러나 바위는 붓다의 발을 스쳐갔을 뿐이다. 다음에는 사납기로 소문난 날리기리라는 이름의 코끼리를 데려다가 풀어놓아 붓다를 밟아 죽이게 했다. 그러나 날리기리는 붓다를 보자마자 그로부터 뿜어져 나오는 사랑의 물결에 감복하여 코를 낮추고 꼼짝 않고 서 있었다. 붓다는 날리기리의 이마를 쓰다듬으며 폭력을 쓰는 것은 그의 다음 생에 도움이 되지 않을 것이라고 타일렀

데바닷타가 보낸 난폭한 코끼리 날리기리를 감화시킨 붓다.

다. 날리기리는 코로 붓다의 발의 먼지를 닦아 그것을 자기 이마에 뿌리더니, 뒤로 물러나 붓다가 시야에서 사라질 때까지 갈망이 가득한 눈길로 그를 바라보았다. 이윽고 날리기리는 조용히 자기 우리로 걸어갔고, 그날 이후로 유순한 짐승이 되었다.[9]

붓다에게 이런 공격들이 통하지 않자, 음모자들은 전술을 바꾸었다. 왕국의 권력 장악에 성공한 아자타삿투는 데바닷타를 버리고 붓다의 평신도 제자의 한 사람이 되었다. 홀로 남은 데바닷타는 상가 내에서 지지 세력을 구하려 했다. 그는 베살리의 젊고 미숙한 수도자들 일부에게 붓다의 가운뎃길은 전통에서 벗어난, 용납할 수 없는 교리라고 주장했다. 데바닷타는 불교도들이 좀더 전통적인 금욕주의자들의 더 엄격한 이상으로 돌아가야 한다면서 다섯 가지 새로운 규칙을 제시했다. 상가의 모든 구성원은 우기에 아라마가 아니라 숲에서 살아야 한다. 오로지 걸식만 하며, 일반인의 식사 초대에는 응하지 말아야 한다. 새로운 수도자복 대신 길에서 주운 넝마만 걸쳐야 한다. 오두막이 아니라 한데서만 자야 한다. 모든 생명체의 고기는 절대 먹지 말아야 한다.[10]

이 다섯 가지 규칙은 데바닷타의 변절 이야기가 지닌 역사적 의미를 보여준다. 붓다 생전에 보수적인 빅쿠들 가운데 일부는 상가의 기준이 느슨해지고 있다고 비판하면서, 상가의 본체와 결별하려고 시도했던 것으로 보인다. 데바닷타는 이런 개혁운동과 연결되어 있었을 것이다. 그래서 그의 적들, 즉 붓다의 가운뎃길을 옹호하는 사람들이 우리가 지금 〈비나야〉에서 보게 되는 이 극적인 전설들을 꾸며내어, 데바닷타의 이름에 먹칠을 하려 한 것일 수도 있다.

데바닷타가 자신의 다섯 가지 규칙을 공표하고 붓다에게 그것을 전체 상가의 의무로 채택할 것을 요청하자, 붓다는 거절하였다. 그런 식으로 살고 싶은 수도자는 그렇게 살아도 무방하지만, 이런 문제에서 강압적인 방법을 사용하는 것은 교단의 정신에 어긋난다는 설명이었다. 수도자들은 스스로 결심을 하는 것이지, 다른 누구의 지침을 억지로 따르는 것이 아니었다. 데바닷타는 기뻐했다. 붓다가 자신의 경건한 요청을 거부한 셈이었기 때문이다! 그는 의기양양하게 자신의 추종자들에게 붓다가 사치와 자기 방종에 빠졌으며, 그들은 부패한 형제들을 떠날 수밖에 없다고 선언했다.[11] 데바닷타는 500명의 젊은 수도자들을 이끌고 라자가하 외곽의 가야시사 산으로 갔다. 그러자 붓다는 사리풋타와 목갈라나를 보내 반역을 일으킨 빅쿠들을 데려오라고 했다.

데바닷타는 그들이 다가오는 것을 보고는, 그들 역시 붓다를 버리고 그의 편이 되려 한다고 생각했다. 그는 들뜬 마음에 제자들을 모아놓고 밤 늦도록 이야기를 했다. 이윽고 데바닷타는 등이 아프다면서 침상으로 물러났고, 사리풋타와 목갈리나에게 발언할 기회가 왔다. 이 충성스러운 원로들이 말을 시작하자 빅쿠들은 곧 마음이 움직여 붓다에게 돌아갔고, 붓다는 아무런 보복 없이 그들을 받아주었다.[12] 어떤 텍스트들은 데바닷타가 자살을 했다고 전한다. 또 어떤 텍스트들은 붓다와 화해하지 못하고 죽었다고 전한다. 이런 이야기들 가운데 무엇이 사실이든, 늙는 것의 괴로움만큼은 분명히 전해주고 있다. 이 이야기들은 또한 상가라 하더라도 공적 생활에 흘러넘치는 이기심, 야심, 분열로부터 면역이 된 것은 아니라는 교훈도 전해준다.

붓다는 그의 삶 마지막 해에 이런 위험에 대해 깊이 생각했다. 그는 이제 여든 살이었다. 이 무렵 아자타삿투 왕은 마가다의 왕위를 확고히 다지고 붓다를 자주 찾아왔다. 그는 말라, 비데하, 릭차비, 콜리야, 밧지 등 그의 왕국 동쪽에 있는 공화국들에 대한 공격을 계획하고 있었다. 이에 대하여 공화국들은 방어동맹을 구축했는데, 이들을 집단적으로 '밧지 사람들'이라고 불렀다. 아자타삿투 왕은 이 공화국들을 지도상에서 쓸어버리고 자신의 왕국으로 흡수하겠다고 결심하고 있었지만, 그는 공격을 시작하기 전에 장관인 브라민 밧사카라를 붓다에게 보내 자신이 하려는 일을 설명하고 붓다의 조언을 들으려 했다. 붓다는 불가해한 이야기를 하였다. 그는 밧사카라에게 밧지 사람들이 공화국 전통을 충실하게 고수한다면, "여러 사람들이 참석하여 자주 회의를 연다면," 서로 일치를 이루어 함께 산다면, 나이든 사람들을 공경하고 그들의 조언을 듣는다면, 조상의 법과 신앙을 준수한다면, 아자타삿투 왕은 그들을 이길 수 없을 것이라고 말했다.

밧사카라는 귀를 기울여 듣더니, 밧지 사람들이 현재 그 모든 조건에 맞으니 그들은 사실상 난공불락이라고 대답하고는, 왕에게 소식을 전하기 위하여 돌아갔다.[13] 그러나 불교 전승에 따르면, 이런 일이 있은 직후 아자타삿투 왕은 밧지 사람들에게 승리를 거두었다. 그는 공화국들에 첩자를 보내 그 지도자들 사이에 불화를 일으킴으로써 승리를 거둘 수 있었다. 따라서 밧사카라가 나가고 문이 닫힌 뒤 붓다가 상가에 대해서 한 말에는 통절함과 다급함이 느껴진다. 그는 상가에도 밧지 사람들에게 했던 말이 적용된다고 생각했다. 그 구성원들이 선배 빅쿠들을 존경하고, 자주 회의를 열고, 담마에 절대적으로 충실하면, 상가는 지속될 것이라는 이야기였다.

부족 공화국들은 망할 운명이었다. 이 공화국들은 과거에 속해 있었으며, 곧 새로운 군국주의적 군주국에 의해 쓸려나갈 터였다. 파세네디 왕의 아들은 붓다의 민족인 삭카인들에게 승리를 거두고 그들을 학살한다. 그러나 붓다의 상가는 낡은 공화국 정부를 영적으로 능숙하게 개편한 새로운 첨단 조직이었다. 상가는 폭력적이고 강압적인 군주국들에서 잊혀지고 말 가치들을 고수하게 될 터였다. 그러나 위험한 세상이었다. 상가는 데바닷타 사건 동안 표면으로 떠올랐던 내부의 불화, 선배에 대한 불경, 자비의 결여, 천박한 태도를 극복해야만 살아남을 수 있었다. 빅쿠와 빅쿠니들은 깨어 있는 마음을 유지하고, 영적으로 긴장하고, 깨달음을 얻을 수 있는 유일한 방법인 명상훈련에 온전히 힘을 쏟아야 했다.

교단은 수도자들이 '잡담, 빈둥거림, 사교'와 같은 서툰 일을 피한다면, "원칙이 없는 친구를 사귀지 않고 그런 사람의 영향을 받지 않는다면, 구도의 중간에 멈추어 서거나 평범한 영적 수준에 만족하지 않는다면" 쇠퇴하지 않을 터였다.[14] 만일 그렇게 하지 못한다면 상가는 세속의 제도와 다를 것이 없으며,

그러면 상가에도 군주국의 악덕이 침투하고, 결국 대책 없이 부패할 수도 있었다.

붓다는 밧사카라와 만난 뒤, 베살리에서 밧사(안거)를 하기 위해 라자가하를 떠나 북쪽으로 여행하기로 했다. 마치 밧지 사람들을 "멸절하고 파괴한다"는 아자타삿투의 계획을 듣고 역겨움을 느낀 나머지 아자타삿투에게 포위를 당한 공화국들에게 자신이 느끼는 친근감을 보여주려는 행동 같았다. 붓다는 처음 전도에 나서면서부터 대부분의 기간을 코살라와 마가다에서 생활했으며, 또 그곳에서 중요한 일들을 이루었다. 그러나 이제 이 왕국들의 정치생활의 바탕이 되는 호전성으로 인해 스스로 고생을 겪기도 한 노인 붓다는 갠지스 강 유역 가운데 주변에 속한 지역으로 갔다.

붓다는 수도자들을 대거 이끌고 마가다의 영토를 천천히 움직였다. 먼저 날란다에 들르고, 그 다음에는 파탈리가마(지금의 파트나)에 들렀다. 파탈리가마는 훗날 위대한 불교도 왕 아소카(기원전 269~223년경)가 수도로 삼았던 곳인데, 아소카는 폭력을 피하면서 담마가 가르치는 동정의 윤리를 구현한 군주국을 만들려 하였다. 붓다는 파탈리가마에서 마가다의 장관들이 다가올 밧지 사람들과의 전쟁에 대비하여 튼튼한 요새를 짓는 것을 보고, 이 도시가 장차 커질 것이라고 예언했다. 이곳에서는 평신도 제자 대표단이 붓다가 쉴 수 있는 집을 마련하여, 양탄자를 깔고 커다란 등불을 걸어두었다. 붓다는 밤새도록 일반인들의 수준에 맞게 고친 담마를 설교했다. 그는 덕이 있는 사람이 세심하게 능숙한 행동을 하면 이 세상에서도 유익을 얻을 수 있으며, 다음 생에서는 깨달음을 향해 더욱 전진하게 될 것이라고 말했다.[15]

붓다는 마침내 베살리에 도착했다. 처음에는 모든 것이 전과 다름없어 보였다. 붓다는 이 도시의 유명한 고급 창부인 암바팔리 소유의 망고 숲 안에서 묵었다. 암바팔리는 훌륭한 마차들을 끌고 나와 붓다를 영접하였고, 그의 발치에서 담마에 귀를 기울였으며, 그를 식사에 초대했다. 붓다가 막 그러마고 했을 때, 베살리에 살던 릭차비 부족 사람들이 떼를 지어 나와 자기들이 붓다를 초대하겠다고 말했다.

그들은 화려하게 채색한 마차들을 타고 당당한 행렬을 이루어 왔다. 놀라운 광경이었다. 붓다는 그것을 보고 웃음을 지으며, 빅쿠들에게 이제 하늘의 신들의 웅장함이 어떤지 조금은 알 것 같지 않냐고 말했다. 릭차비 사람들은 붓다 둘레에 앉았으며, 붓다는 담마의 이야기로 "그들을 자극하고, 고무하고, 격려했다." 이 강론이 끝나자 릭차비 사람들은 그를 저녁식사에 초대했다. 붓다가 이미 암바팔리와 함께 식사를 하기로 했다고 말하자, 그들은 여전히 좋은 기분으로 손가락을 튕기며 소리쳤다. "아, 망고 여자가 우리를 이겼구나. 망고 여자가 우리보다 똑똑했구나!" 그날 밤 식사 자리에서 창부는 망고 숲을 상가에 바쳤다. 붓다는 그 숲에서 한동안 머물며 빅쿠들에게 설교를 했다. 붓다 둘레에서는 평소와 다름없이 소란과 매력과 흥분을 느낄 수 있었지만, 그 핵심에는 늘 깨어 있는 마음과 명상으로 이루어진 내적 삶을 살아가라는 훈계가 있었다.[16]

그러나 이윽고 어두운 분위기가 느껴지기 시작한다. 붓다는 수도자들과 함께 베살리를 떠나, 근처의 벨루바가마카라는 마을에서 쉬었다. 그곳에 한동안 머문 뒤에 붓다는 갑자기 수도자들을 해산했다. 베살리로 돌아가, 각자 가능한 곳에서 우기 동안 은둔하라고 한 것이다. 붓다와 아난다는 벨루바가마카에 그대로 머물 계획이었다. 이로써 붓다의 삶에 새로운 고독이 찾아왔다.

이 시점부터 붓다는 큰 도시들을 피해 점점 더 이름 없는 곳을 찾아나섰던 것 같다. 이미 세상을 떠나기 시작한 것처럼 보이기도 한다. 빅쿠들이 떠난 뒤 붓다는 심하게 아팠다. 그러나 엄청난 자기 통제의 힘으로 고통을 누르고 병을 극복했다. 아직 죽음을 통하여 보디나무 아래에서 이루었던 깨달음을 완성할 '궁극적 닙바나(파리닙바나)'*를 얻을 때가 되지 않았기 때문이다. 우선 그는 상가와 작별 인사를 해야 했다. 그래서 붓다는 병을 떨쳐버렸고, 병실을 떠나 그가 묵고 있는 오두막 현관에 아난다와 함께 나와 앉았다.

---

* 파리닙바나 : 반열반(般涅槃).

붓다가 병이 들자 아난다는 중심이 흔들릴 정도로 큰 충격을 받았다. "저는 축복받은 분의 건강하고 튼튼한 모습을 보는 데 익숙합니다." 아난다는 몸을 떨며 옆에 앉은 붓다에게 말했다. 아난다는 처음으로 스승이 죽을 수 있다는 것을 깨달았다. 아난다는 말을 이었다. "제 몸이 뻣뻣하게 굳습니다. 똑바로 볼 수가 없습니다. 정신이 혼란스럽습니다." 그러나 아난다는 한 가지 생각으로 위안을 받았다. 붓다가 상가의 계승이나 관리와 관련하여 실질적인 준비를 하기 전에는 죽지 않을 것이라는 생각이었다.

상가는 스승이 떠나고 나면 변할 수밖에 없었다. 붓다는 한숨을 쉬었다. "상가는 나에게서 무엇을 기대합니까, 아난다여?" 붓다는 인내심을 가지고 물었다. 빅쿠들은 그의 가르침을 모두 알고 있었다. 소수의 선택받은 지도자들을 위한 비밀 교리 같은 것은 없었다. 깨달은 자에게는 "내가 상가를 다스려야 한다."거나 "상가가 나에게 의지하고 있다."라는 생각 같은 것은 없었다. 붓다는 담담하게 말을 이어갔다. "나는 늙은이입니다, 아난다여, 여든이 되었습니다. 내 몸은 낡은 수레처럼 임시변통의 수단이 있어야만 돌아다닐 수 있습니다."

붓다가 평안과 상쾌한 기분을 얻을 수 있었던 한 가지 활동은 명상이었다. 붓다는 명상을 통해 평화와 닙바나의 해방으로 들어갔다. 모든 빅쿠와 빅쿠니도 그래야 했다. "여러분은 각자 스스로를 섬으로 만들어야 합니다. 자신만을 의지하며, 다른 누구도 의지하지 말아야 합니다." 불교도는 다른 사람을 의지할 수 없었으며, 그들 가운데 하나가 교단을 이끌 필요도 없었다. "담마, 오직 담마만이 의지할 곳입니다."[17] 빅쿠들은 어떻게 자신을 의지할 것인가? 그들은 이미 답을 알고 있었다. 명상, 집중, 깨어 있는 마음, 스스로 절제하여 세상과 거리를 두는 것 등이 그 방법이었다. 상가에는 다스릴 사람이 필요 없었으며, 중앙의 권위가 필요 없었다. 불교의 생활방식의 핵심은 그러한 의존을 보잘것없는 것으로 만드는 내적 자원을 얻는 데 있었다.

그러나 아난다는 아직 닙바나를 얻지 못했다. 그는 능숙한 요가 수행자가 아니었으며, 아직 높은 수준의 자족에는 이르지 못했다. 그는 스승에게 개인적인 애착을 가지고 있었으며, 요가를 통해 결단력 있게 나아가지는 못하지만 붓다에 대한 좀더 인간적인 헌신(바크티)*을 통하여 스스로를 격려해 나아가는 그런 불교도들의 원형이 된다. 아난다는 며칠 뒤 사리풋타와 목갈라나가 날란다에서 죽었다는 소식을 듣고 또 한 번 충격을 받았다. 그러나 붓다는 아난다가 괴로워하는 것을 보고 약간 화를 냈다. "무엇을 기대합니까? 어떤 것도 영원히 지속되지 않으며, 우리가 사랑하는 모든 것들 그리고 모든 사람들과 늘 헤어진다는 것이 담마의 정수 아니었나요? 사리풋타가 떠나면

---

* 바크티 : 심(心), 경(敬).

서 불교도의 삶의 기본이 되는 법률과 통찰도 가져갔다고 생각하는 것인가요? 덕의 규칙과 명상의 지식 역시 상가를 떠났다고 생각하는 것입니까?" "아닙니다, 주여." 불운한 아난다는 대답했다. 사리풋타가 그들 모두에게 매우 관대했고, 지칠 줄 모르고 담마를 설명하여 그들을 돕고 또 풍요롭게 해주었다는 기억 때문이었다.

죽음의 소식을 알리러 온 초심자가 붓다에게 가져온 수도자복과 탁발그릇*을 보자 아난다는 가슴이 찢어지는 것 같았다. 붓다가 다시 말했다. "아난다여, 모두가 스스로를 섬으로 만들어야 합니다. 자신만을 의지하며, 다른 누구도 의지하지 말아야 합니다. 모두 담마를 섬으로 삼고, 담마만 의지하며 다른 어느 것도 의지하지 말아야 합니다."[18]

붓다는 가장 가까운 두 제자의 죽음에 괴로워하기는커녕, 그들이 죽을 운명이라는 허약한 상태로부터 벗어나 파리닙바나를 얻은 것을 기뻐하였다. 상가 전체로부터 많은 사랑을 받는 제자 둘을 두었다는 것이 그에게는 큰 기쁨이었다! 그들이 구도의 궁극적 목표에 이르렀는데 어떻게 슬퍼하고 탄식할 수 있단 말인가?[19]

그럼에도 깨닫지 못한 사람들은 붓다의 종말을 보면서 통절함과 슬픔을 느끼게 된다. 아난다를 제외하고는 내부 핵심 가

---

* 의발(衣鉢).

운데 아무도 남지 않았다. 텍스트들은 위장을 하려 하지만, 이제 더 이상 흥분한 군중도 친구들과의 즐거운 식사도 없었던 것이 분명하다. 붓다와 아난다 두 노인은 둘만 남은 채 생존의 피로를 경험하고, 노년의 진정한 비극인 벗들의 죽음을 겪었다. 붓다도 그런 상실감을 느끼고 또 그런 심정을 넌지시 비추었던 것 같다.

이것은 그의 생애에 마지막으로 그의 그림자 자아인 마라가 나타난 것에서 확인할 수 있다. 붓다와 아난다는 베살리의 많은 성소 가운데 한 곳에서 단둘이 하루를 보냈다. 붓다는 자신처럼 완전히 깨달은 사람은 역사의 이 시기를 끝까지 살아내는 것이 가능하다고 말했다. 텍스트들이 전하는 바에 따르면, 붓다는 아난다에게 거의 드러내놓고 암시를 주었다. 아난다가 붓다에게 그의 지도를 필요로 하는 신과 인간들에 대한 동정심으로 이 세상에 머물러 달라고 간청을 한다면, 붓다는 계속 살아갈 수도 있다는 것이었다. 그러나 이번에도 가엾은 아난다는 기대에 부응하지 못했다. 그는 붓다의 말을 이해하지 못했으며, 그래서 붓다에게 이번 역사시대가 끝날 때까지 상가와 함께 있어 달라고 요청하지 않았다.

초기 상가의 몇몇 수도자는 이 점 때문에 아난다를 비난했다. 오랜 세월 스승에게 헌신적으로 봉사한 대가치고는 보잘것없는 대접이었다. 그러나 붓다 자신은 틀림없이 이 점을 고마워했을 것이다. 어쨌든 붓다가 그런 암시를 주었을 때 아난다는 그 의미를 알지 못했으며, 그래서 정중하지만 어물쩍거리는 대꾸를 하고는 근처 나무 그늘에 가서 앉았다.

어쩌면 붓다조차도 자신의 생명이 다 닳아 없어지는 이 상황에서 잠시나마 자신의 마음을 좀더 이해할 수 있는 벗이 그리웠을지 모른다. 그래서 그랬는지 바로 이 시점에서 그의 그림자 자아인 마라가 나타났다. "타타가타가 지금 파리닙바나를 얻게 하라." 마라가 작은 소리로 유혹했다. "왜 계속 사는가? 그도 이제 최종적인 안식을 얻을 자격이 있다. 더 몸부림쳐보았자 소용없다." 붓다는 마지막으로 마라를 물리쳤다. 그는 자신의 사명이 끝나기 전에는, 교단과 거룩한 생활이 제대로 섰다는 확신이 들기 전에는 '마지막 닙바나'의 행복을 맛보지 않을 생각이었다. 그러나 붓다는 그때가 매우 가까워 왔다고 덧붙였다. 그는 마라에게 말했다. "이제 석 달 뒤면 타타가타는 파리닙바나를 얻을 것이다."[20]

경전들에 따르면, 붓다는 이 무렵 베살리의 카팔라 성소에서 의식적으로 그리고 의도적으로 "살려는 의지를 버렸다."[21] 이 결정은 우주 전체에 반향을 일으켰다. 인간세계는 지진으로 흔들렸으며, 이것을 보고 아난다조차 뭔가 중요한 일이 일어날 것임을 깨달았다. 하늘에서는 북소리가 엄숙하게 울려퍼지기 시작했다. 아난다는 붓다에게 계속 살아 달라고 간청했다. "이미 늦었습니다." 붓다는 뉘우치는 아난다에게 말했다.

붓다는 이제 상가에 이야기를 하여, 수도자들에게 공식적으로 작별 인사를 해야 했다. 그는 베살리 아라마의 커다란 채색 강당 근처에서 살고 있는 모든 빅쿠들에게 이야기를 했다. 새롭게 덧붙일 말은 없었다. "나는 여러분에게 나 스스로 온전히 경험한 것들만 가르쳤습니다." 붓다는 말했다. 붓다는 남의 말을 믿고 어떤 것을 받아들인 일이 없으며, 상가의 구성원들 역시 담마를 스스로 현실로 만들어야 한다. 그들은 붓다가 가르친 모든 진리를 철저하게 배우고, 명상을 통해 그것을 살아 있는 경험으로 만들어야 한다. 그래야 그들 역시 요가 수행자의 "직접적 지식"으로 그 진리들을 알 수 있다. 무엇보다도 그들은 남들을 위해서 살아야 한다. 거룩한 삶은 단지 깨달은 자들에게 도움을 주려고 만든 것이 아니다. 닙바나는 빅쿠가 이기적으로 혼자만 간직하는 보답이 아니다. 그들은 "민중을 위하여, 다수의 복지와 행복을 위하여, 온 세상에 대한 동정심으로, 신과 인간들의 선과 안녕을 위하여" 담마를 살아야 한다.[22]

다음날 아침 붓다는 아난다와 함께 도시에서 걸식을 한 뒤, 몸을 돌려 오랫동안 베살리를 바라보았다. 마지막으로 보는 베살리였다. 이어 그들은 좁은 길을 따라 반다가마 마을로 갔다. 이 시점부터 붓다는 문명세계를 피해 다닌 것으로 보인다. 그는 반다가마에 잠시 머물며 그곳의 빅쿠들에게 가르침을 베푼 뒤, 아난다와 함께 천천히 북쪽으로 여행을 했다. 그들은 핫티가마, 암바가마, 잠부가마, 보가나가마 등의 마을(지금은 흔적도 없이 사라졌다)을 거쳐 마침내 파바에 이르렀으며, 그곳에서 금

춘다가 붓다에게 올릴 음식을 만드는 모습. 위의 두 신은 음악의 신과 인드라 신이다.

세공인의 아들인 춘다라는 사람의 숲에 묵었다.

춘다는 붓다에게 경의를 표하고 그의 가르침에 열심히 귀를 기울였으며, 수카라맛다바('돼지의 부드러운 음식') 등을 차린 훌륭한 식탁에 초대했다. 이 음식이 무엇인지 아무도 정확하게 모른다. 일부 주석에서는 그것이 시장에서 팔던 즙이 많은 돼지고기라고 말한다(붓다는 자신을 위해 특별히 도살한 짐승의 고기는

6. 최후의 안식 269

먹지 않았다). 일부에서는 이것이 다진 돼지고기이거나, 아니면 돼지들이 즐겨 먹는 버섯인 송로라고 주장한다. 일부에서는 특별한 약이라고 말하는데, 춘다는 붓다가 그날 죽어 파리닙바나를 얻을 것이 걱정되어 그 약으로 붓다의 생명을 무한히 연장하려 했다는 것이다.[23] 어쨌든 붓다는 수카라맛다바를 먹겠다고 고집하면서, 빅쿠들에게는 상 위의 다른 음식을 먹으라고 했다. 붓다는 식사를 마치자 춘다에게 다른 누가, 심지어 신도 그것을 먹지 못하도록 남은 것을 묻으라고 말했다. 이것은 춘다의 요리 솜씨에 대한 혹평일 수도 있으나, 현대의 일부 학자들은 붓다가 수카라맛다바에 독이 든 것을 알았다고 주장한다. 그들은 붓다가 외딴 곳에서 말년을 보낸 것이 상가와 붓다 사이에 거리가 생겼다는 증거라고 보며, 붓다 역시 늙은 두 왕과 마찬가지로 타살되었다고 믿는다.[24]

그러나 팔리어 텍스트들은 이런 끔찍한 가능성을 염두에 두지도 않는다. 붓다가 춘다에게 음식을 묻으라고 한 것은 이상한 일이지만, 어쨌든 그는 그 전부터 아팠으며 곧 죽을 것으로 보였다. 그날 밤 그는 피를 토하기 시작했고, 격심한 통증을 느꼈다. 그러나 그는 다시 병을 극복하고 아난다와 함께 쿠시나라로 떠났다. 붓다는 말라 공화국에 들어섰다. 그곳 주민은 붓다의 생각에 관심이 없는 것 같았다. 텍스트들에 따르면 붓다는 평소와 마찬가지로 수도자들과 동행했으나, 아난다 외에 교단의 원로는 없었다. 붓다는 쿠시나라로 가는 길에 피곤을 느껴 물을 달라고 청했다. 냇물은 썩은 흙탕물이었으나, 아난다가 붓다의 그릇을 들고 다가가자 물이 맑아졌다. 경전들은 이 마지막 나날의 황량한 고독을 완화하기 위해 그런 사건들을 강조한다.

붓다는 마지막 여행 길에 지나가던 말라 사람을 개종시켰다. 그는 공교롭게도 붓다 자신의 옛 스승인 알라라 칼라마의 추종자였다. 이 사람은 붓다의 집중에 강한 인상을 받아, 그 자리에서 세 가지 피난처에 의탁*을 했으며, 붓다와 아난다에게 황금천으로 만든 수도자복 두 벌을 선사했다. 붓다가 그것을 입자 아난다는 놀라며, 붓다의 살갗이 너무 밝아 가사가 오히려 칙칙해 보인다고 소리쳤다. 붓다는 자신이 쿠시나라에 이르렀을 때 마지막 닙바나를 얻을 것이라는 표지라고 설명했다. 얼마 뒤 붓다는 아난다에게 자신이 죽은 뒤 누구도 춘다를 비난해서는 안 된다고 말했다. 붓다가 마지막 파리닙바나를 얻기 전에 마지막 공양을 한 것은 오히려 커다란 공덕을 쌓은 행동이라는 설명이었다.[25]

이 파리닙바나는 무엇인가? 이것은 단지 소멸인가? 그렇다면 왜 이러한 '무(無)'를 그렇게 찬란한 업적으로 간주하는가? 이 '최종적인' 닙바나는 붓다가 보디나무 아래에서 얻었던 평

---

* 삼귀의(三歸依).

화와 어떻게 다른가? 돌이켜보면 닙바나라는 말은 '시원해진다' 또는 '꺼진다'라는 의미이다. 텍스트들을 보면, 이 생에서 닙바나를 얻는다는 용어는 사-우파디-세사이다. 아라한트는 갈망, 증오, 무지의 불을 끄지만, 몸 안에 살면서 감각과 정신을 사용하고 감정을 경험하는 한 여전히 '연료(우파디)'의 '찌꺼기(세사)'는 가지고 있었다. 따라서 다시 불이 붙을 가능성이 있었다. 그러나 아라한트가 죽으면 이 칸다*에는 다시 불이 켜질 수 없었고, 새로운 존재의 불의 연료가 될 수도 없었다.[26] 따라서 아라한트는 삼사라로부터 자유로워지며, 닙바나의 평화와 면역에 온전히 빠져들 수 있었다.

그러나 그것은 또 무슨 의미인가? 붓다는 늘 닙바나를 정의하지 않으려 했다. 감각과 정신의 영역을 초월하는 이 경험을 표현할 적절한 용어가 없기 때문이었다. 신을 소극적 술어로 이야기하기** 좋아하는 일신교도들처럼 붓다도 가끔 닙바나를 그것이 아닌 것을 통해 설명하는 것을 좋아했다. 붓다는 제자들에게 닙바나가 다음과 같은 상태라고 말했다.

> 땅도 없고 물도 없으며, 빛도 없고 공기도 없는 상태이다. 무한도 허공도 아니다. 이성의 무한이 아니지만 절대적 공허도 아니다. …… 이 세상이 아니지만 다른 세상도 아니다. 그것은 해이며 달이

---

* 칸다 : 온(蘊).
** 무엇이 아니라는 식으로 이야기한다는 뜻.

다.[27)]

이것은 닙바나가 '무'가 아니라는 뜻이다. 아라한트가 닙바나 속에서 존재를 중단한다는 주장이 불교에서는 이단이 되었음을 우리는 이미 보았다. 닙바나는 자아를 넘어선 상태였으며, 어떤 이기심도 없기 때문에 행복한 상태였다. 깨닫지 못한 우리들, 아집에 의해 여전히 시야가 제한되어 있는 우리들은 이런 상태를 상상할 수 없다. 그러나 자아의 죽음을 성취한 사람들은 자아가 없는 것이 공허가 아니라는 것을 알고 있었다.

붓다는 제자들에게 심리의 핵심에 자리잡은 이 평화로운 에덴이 무엇인지 암시를 주려 할 때 소극적 술어와 적극적 술어를 섞어서 사용했다. 그는 닙바나가 '탐욕, 증오, 망상의 소멸'이라고 말했다. 닙바나는 '세 번째 고귀한 진리'였다. '오점이 없고', '침해할 수 없는' 것이며, '번민이 없는 상태', '괴로움이 없는 상태', '적개심이 없는 상태'였다. 이런 수식어들로 닙바나가 우리 삶에서 견딜 수 없다고 생각되는 모든 것을 없앤다고 강조했다.

닙바나는 소멸의 상태가 아니었다. 그것은 '죽음 없는' 상태였다. 그러나 닙바나에 대해 적극적으로 말할 수 있는 것들도 있었다. 그것은 '진리', '미묘한 것', '건너편 언덕'*, '영속적

---

* 피안(彼岸).

인 것', '평화', '더 나은 목표', '안전', '순수, 자유, 독립, 섬, 피난처, 항구, 의지할 것, 넘어선 것'이었다.[28] 닙바나는 인간과 신 모두에게 최고의 선이었으며, 불가해한 평화였으며, 완벽하게 안전한 피난처였다. 이런 이미지들 가운데 다수는 일신교도가 신을 묘사할 때 사용하는 개념들을 연상시킨다.

사실 닙바나는 붓다 자신과 매우 흡사하다. 훗날 마하야나파*의 불교도들은 붓다가 닙바나와 완전히 융합되어 있기 때문에 그가 닙바나와 동일하다고 주장한다. 기독교인들이 인간 예수를 생각하면서 신이 이러할 것이라고 생각했듯이, 이들 불교도 역시 붓다를 닙바나 상태의 인간적 표현으로 보았다. 사람들은 붓다 자신의 삶에서도 닙바나에 대한 암시를 보았다. 붓다는 어떤 세속적 범주나 천상의 범주에도 맞지 않았기 때문에 브라민은 그를 어떤 식으로도 분류할 수가 없었다. 그들은 닙바나와 마찬가지로 붓다 역시 '뭔가 다른 것'이라고 느꼈다. 붓다는 그들에게 자신이 '깨어난 자', 세속적 인류의 황량하고 고통스러운 구속을 벗어버리고 그 '너머'의 어떤 것을 성취한 자라고 말했다. 파세네디 왕 역시 붓다를 피난처, 어떤 안전하고 순결한 장소로 여겼다. 붓다는 집을 떠났을 때 자신의 인간 본성을 실험하여 결국 내부에서 평화의 새로운 영역, 즉 닙바나를 발견했다. 그러나 그가 그런 유일한 존재는 아니었다. 진

---

* 마하야나파 : 대승불교(大乘佛敎).

지하게 거룩한 생활에 몰두하는 사람은 누구나 자신의 내부에서 이 에덴과 같은 고요를 발견할 수 있었다.

붓다는 자기 중심적 태도가 없는 인간으로 45년 동안 살았다. 따라서 그는 고통과 더불어 살 수 있었다. 그러나 이제 삶의 마지막에 다가가고 있었기 때문에 그는 노년이란 마지막 고통을 벗어던질 참이었다. 칸다, 즉 젊은 시절의 탐욕과 망상으로 불타던 '장작더미'는 오래전에 꺼졌지만, 이제 그것을 완전히 던져버릴 기회가 왔다. 그는 이제 건너편 물가에 다다를 참이었다. 그래서 붓다는 비록 다리에는 힘이 없었지만 큰 자신감을 품고 파리닙바나를 얻을 이름 없는 작은 도시로 걸어갔다.

두 노인 붓다와 아난다는 빅쿠들 무리와 함께 히란냐바티 강을 건너 쿠시나라로 통하는 길가에 있는 살나무* 숲에 들렸다. 이제 붓다는 고통을 느끼고 있었다. 그는 자리에 누웠다. 꽃이 필 때가 아니었음에도, 살나무들은 즉시 꽃을 피워 붓다에게 꽃잎을 떨어뜨렸다. 붓다는 자신의 마지막 승리를 보러온 신들이 그곳을 가득 메웠다고 말했다. 그러나 붓다에게 더 큰 명예가 되었던 것은 그를 따르는 사람들이 그의 담마에 보여준 충성심이었다.

---

* 사라쌍수(娑羅雙樹).

붓다는 누워 죽어가면서 자신의 장례에 대한 지침을 내렸다. 그의 유해는 착카밧티의 유해와 같은 대접을 받을 터였다. 그의 시신은 천으로 싸서 향기가 나는 나무와 함께 화장하고, 유해는 큰 도시의 교차로에 묻어야 했다. 붓다는 처음부터 마지막까지 착카밧티와 짝을 이루었다. 깨달음을 얻은 뒤에는 공격과 강제에 기초한 권력에 대한 대안을 세상에 제시했다. 그의 죽음 역시 착카밧티들의 죽음과 대비가 되었다. 젊은 고타마가 마가다와 코살라에 이르렀을 때 큰 권력을 휘두르는 것처럼 보이던 위대한 두 왕은 이미 사라졌다. 그들의 죽음에 관련된 폭력성과 잔혹성은 군주국이 이기심, 탐욕, 야망, 질투, 증오, 파괴를 연료로 움직인다는 것을 보여주었다. 군주국들은 번영과 문화적 발전을 가져왔다. 그들은 진보의 전진을 상징했으며, 많은 사람들에게 유익을 주었다. 그러나 그렇게 폭력적이지도 않고 강압적이지도 않은 또 다른 삶의 방식이 있었다. 이 방식은 자기 확장에 몰두하지 않았으며, 사람들을 더 행복하게, 더 인간적으로 만들었다.

장례 준비는 아난다로서는 감당하기 힘든 일이었다. 붓다의 마지막 며칠간 그가 겪은 곤경은 깨닫지 못한 자와 아라한트 사이의 엄청난 간극을 보여준다. 아난다는 머리로는 불교에 대해 모르는 것이 없었다. 그러나 이러한 지식은 요가 수행자의 '직접적 지식'을 대체할 수 없었다. 스승을 잃는 고통을 겪기 시작하자 그의 지식은 아무런 도움이 되지 않았다. 이것은 사

살나무 아래서 파리닙바나에 든 붓다.(2~3세기)

리풋타의 죽음과는 비교할 수 없는 고통이었다. 아난다는 세속적이고 이성적인 정신으로 '괴로움이라는 고귀한 진리'를 이해하고 있었지만, 그것을 그의 전 존재와 융합할 만큼 소화하지는 못했다. 그는 모든 것이 변하고 지나가버린다는 사실을 여전히 받아들일 수 없었다. 아난다는 능숙한 요가 수행자가 아니었기 때문에 이런 교리를 '꿰뚫어' 살아 있는 현실로 만들 수 없었다.

그는 요가적인 확신을 느끼는 대신 오직 가혹한 고통만 느꼈다. 아난다는 붓다가 자신의 유해를 처리하는 방법에 대해 아무런 감정 없이 말하는 것을 다 듣고난 뒤, 스승의 곁을 떠나 숲의 다른 오두막으로 달아났다. 그는 상인방에 머리를 기대고 서서 한참을 울었다. 그는 엄청난 좌절을 맛보았다. 이 늙은 빅쿠는 울면서 말했다. "나는 여전히 초보자에 불과하구나. 나는 거룩한 삶의 목표에 이르지 못했구나. 나의 구도는 이루어지지 않았구나." 아난다는 닙바나에 이른 영적 거인들의 공동체에서 살았다. "이제 누가 나를 도와줄까? 누가 나에게 신경이나 쓸까? 나의 스승, 나에게 늘 친절했던 동정심 많은 스승은 이제 파리닙바나를 얻으려 한다."

붓다는 아난다가 운다는 이야기를 듣고 그를 불러오라고 했다. 붓다는 말했다. "그만 하십시오, 아난다여. 슬퍼하지 마십시오. 비통해하지 마십시오. 어떤 것도 영원하지 않고, 헤어짐은 삶의 법칙이라고 누구이 말하지 않았습니까." 붓다는 말을 맺었다. "아난다여, 그대는 변함 없는 사랑과 착한 마음으로 오랫동안 내 시중을 들었습니다. 그대는 내 육신의 요구들을 보살폈으며, 그대의 말과 생각으로 나를 지원했습니다. 그대는 나를 돕기 위해 그 모든 일을 기쁘게, 또 그대의 온 마음을 바쳐 해왔습니다. 그대는 공덕을 쌓았습니다. 아난다여, 계속 노력하십시오. 그대도 곧 깨달음을 얻을 것입니다."[29]

그러나 아난다는 여전히 갈등하고 있었다. 아난다는 소리쳤다. "주여, 이 황량한 작은 도시에서, 흙벽으로 둘러싸인 이곳에서, 이 이방 변경의 밀림에서, 이 벽촌에서 마지막 안식에 들어가지 마십시오." 붓다는 전도에 나선 후 삶의 대부분의 시간을 라자가하, 코삼비, 사밧티, 바라나시 등 큰 도시에서 보냈다. 이곳에서 이 무지한 불신자들 사이에서 죽지 말고, 그런 도시로 돌아가, 고귀한 제자들에게 둘러싸여 구도를 마무리짓지 못할 이유가 어디 있는가?

텍스트들은 스승이 멀리 밀림으로 들어가 쿠시나라라는 보잘것없는 마을에서 죽은 것에 대해 초기 상가가 당황했음을 보여준다. 붓다는 쿠시나라가 한때는 번창하던 도시이자 착카밧티의 위대한 수도였다는 사실을 이야기하며 아난다의 기운을 북돋우려 했다. 그러나 붓다가 쿠시나라를 고른 데는 그보다 더 깊은 뜻이 있었던 것이 확실하다. 불교도는 결코 과거의 성취에 안주할 수 없었다. 상가는 언제나 더 넓은 세계를 돕기 위해 앞으로 밀고 나가야 했다. 붓다는 깨닫지 못한 자들과는 다른 눈으로 쿠시나라를 보았을 것이다.

그는 오랫동안 인간의 판단을 흐리고 왜곡하는 자기 중심주의로부터 벗어나 완전히 다른 견지에서 현실을 볼 수 있도록 의식적, 무의식적 정신을 훈련해왔다. 우리가 자아에 대한 느낌을 지탱하기 위해 의존하는 외적인 위엄이 그에게는 필요하지 않았다. 그는 타타가타*였으며, 그의 자기 중심주의는 '사라졌다.' 붓다는 죽음을 맞이해서도 자신을 생각할 여유가 없었다. 그는 마지막까지 계속 다른 사람들을 위해 살았으며, 자신의 승리를 나누기 위해 쿠시나라의 말리 사람들을 숲으로 초대했다. 아난다는 붓다가 아프고 지쳤다고 반대했지만, 지나가

---

* 타타가타 : 여래(如來).

던 탁발 수도자에게도 가르침을 베풀었다. 그는 다른 종파에 속해 있었지만 붓다의 가르침에 이끌리던 사람이었다.

마지막으로 붓다는 아난다를 돌아보고, 평소와 다름없이 공감하는 마음을 통하여 그의 생각 안으로 들어갔다. "그대의 생각은 이렇군요, 아난다여. '스승의 말씀은 이제 과거의 것이 되었다. 이제 우리에게는 스승이 없다.' 그러나 그렇게 생각해서는 안 됩니다. 내가 간 뒤에도 내가 그대에게 가르친 담마와 규율을 그대의 스승으로 삼도록 하십시오."[30] 그는 예전부터 자신을 따르는 사람들에게 자신을 보지 말고 담마를 보라고 말했다. 자신은 전혀 중요하지 않다고 말했다. 이윽고 붓다는 자신의 마지막 여행에 동행한 빅쿠의 무리를 보면서 다시 한 번 강조했다. "모든 개별적인 것들은 지나갑니다. 부지런히 자신의 해방을 구하십시오."[31]

붓다는 따르는 사람들에게 마지막 조언을 한 뒤 혼수상태에 빠졌다. 수도자들 가운데 일부는 그가 명상을 통해 자주 탐사했던 의식의 더 높은 상태를 통과하고 있다는 것을 추측할 수 있었다. 그러나 붓다는 감각경험에 의해 지배되는 인간들에게 알려진 모든 경지를 넘어선 곳으로 가버렸다. 신들이 기뻐하고, 땅이 떨고, 아직 깨달음을 얻지 못한 빅쿠들이 우는 가운데, 붓다는 소멸을 경험했다. 이것은 역설적으로 존재의 최고 상태이자 인간의 마지막 목표였다.

바람에 꺼진 불이
쉼을 얻어 규정되지 않듯이,
깨달음을 얻어 자아로부터 자유로운 자는
쉼을 얻어 규정되지 않는다.
그는 모든 형상들을 넘어선 곳으로 갔다.
말의 힘을 넘어선 곳으로 갔다.[32]

■ 역자 후기

　저자인 카렌 암스트롱이 이야기하듯이, 종교는 말을 넘어선 상태를 지향하기 마련이다. 그럼에도 말을 통해 우리에게 다가오고, 말의 형식을 빌려 우리에게 달라붙어 있는 면도 무시할 수 없다. 예컨대 옮긴이는 지금까지도 개역성서로 복음서를 읽어야 진짜로 예수가 한 말을 듣는 것 같은 느낌을 받는다. 공동 번역 성서로 읽으면 왠지 한 다리 건넌 듯한, 자기 비하적인 표현을 사용하자면, '번역'된 듯한 느낌을 떨쳐버리기 힘들다. 물론 이것은 옮긴이의 주관적인 경험으로 아마 어렸을 때부터 공동 번역 성서를 접한 사람들은 정반대의 경험을 할지도 모르겠다.

　우리 나라 불교의 역사는 기독교와 비교할 수 없을 정도로 길며, 그 언어는 일상어로도 많이 굳어져 사람들이 그 유래를 알지 못하고 쓰는 경우도 많다고 한다. 따라서 붓다는, 또는 부처는 우리에게 우리말로, 또는 한자어로, 또는 한자로 표기된

먼 나라 말로 이야기를 한 지 오래라고 할 수 있다. 이런 상황에서 다른 분야도 아니고 말을 넘어서는 종교와 관련된 인물인만큼, 한번 붓다에게 앉은 말의 더께를 벗겨내고 말갛게 드러난 그 진신(眞身)을 보고 싶은 마음은 누구라도 한 번쯤 가져보았을 것이다. 그러나 그것이 만만치 않은 일이라면, 다른 언어를 통해 접근해보는 것도 차선의 방법쯤은 될지 모르겠다.

편집자가 서양인이 쓴 붓다 책을 선택하고, 거기에 불교에 무지한 역자를 갖다붙인 것은 아마 그런 의도였을 것이다. 실제로 유명한 종교학자인 저자는 서양에 축적된 붓다 연구를 바탕으로 가장 오래된 불교 경전으로 여겨지는 팔리어 경전에 포착된 붓다의 생애에 접근해 들어간다. 그러나 저자의 의도는 붓다의 생애 자체를 복원해내는 것이 아니다. 그것이 이 시점에서 가능한 일도 아니겠지만. 저자는 현대 서구인의 조건과 관점을 염두에 두고 그것과 붓다의 조건과 관점을 비교해 나가면서, 붓다의 삶과 불교가 현대 서구인에게 어떤 의미를 갖는지 묻고 있다(이 책의 영어판을 낸 펭귄출판사가 선택한 저자답게, 그 서술은 쉽고 명료하면서도 깊은 울림을 간직하고 있어, 불교나 붓다의 생애에 익숙한 사람이라도 새로움을 느낄 수 있을 것이다). 따라서 현대 한국인으로서는 현대 서구인에게 반향된 붓다의 목소리를 들어볼 기회를 얻을 수도 있고, 부차적으로는 붓다를 매개로 자신이 현대 서구인과 어디가 어떻게 다른가 하는 생각도 해볼 수 있을 것이다.

다시 말하자면 붓다를 낯설게 드러내자는 것이 이 번역서의 의도였고, 그런 점에서 옮긴이가 끼어들 여지가 생겼던 것인데, 실제로 번역을 하다 보니 낯선 것은 낯익은 것이 있을 때에만 비로소 자기 자리가 잡힌다는 생각이 머리를 떠나지 않았다. 그래서 영어로 표현된 불교의 여러 개념이나 언어들을 각주에 한자어로 표기를 해두게 되었고, 결국 이 번역서는 어설프나마 이중적인 구조를 가진 책이 되었다. 즉 낯선 붓다의 얼굴과 낯익은 붓다의 얼굴을 어느 정도 비교해 가면서 읽을 수 있게 되었다는 것이다. 물론 어느 것이 낯선 얼굴이고 어느 것이 낯익은 얼굴인지 분간은 안 되지만, 그냥 그 얼굴을 한번 보고 싶은 사람들—옮긴이 같은 사람들—은 각주 부분을 무시하고 저자의 본문만 읽으면 대단히 윤곽이 선명하고 아름다운 얼굴을 하나 만나게 될 것이다.

그 얼굴이 곧 자신의 얼굴임을 알아본 사람, 거기까지는 아니더라도 자신의 얼굴과 닮기는 했다고 느끼는 사람은 복을 받은 사람이리라. 그러나 역시 옮긴이처럼 그런 사람을 부러워만 하는 많은 사람들은 그 얼굴이 한없이 측은해하는 표정으로 입을 열어 "아난다야!" 하고 말하는 소리를 듣게 될지도 모른다.

실제로 옮긴이는 오래전부터 붓다 하면 가장 먼저 연상되는 것이 그 "아난다야!" 하는 말이었다. 가끔 예수의 "베드로야!" 하는 말과 겹쳐 들리기도 하는 그 말은 이상하게도 글로 본 것이 아니라, 그 딱해하는 목소리를 직접 들은 것 같은 느낌이 들곤 한다. 아마 어렸을 때 어디에선가 읽은 붓다에 관한 책의 어떤 대목이 기억의 장난을 통해 그렇게 변형된 것일 텐데, 옮긴이 나름으로는 옮긴이가 꾸지람을 들을 만한 짓을 너무 많이 하고 다녔기 때문이거나, 아니면 그렇게 사랑하는 마음으로 꾸짖어줄 스승을 그리워하기 때문일 것이라고 해석을 해보고 있다.

그런데 그리 두껍지 않은 이 책에서 저자가 아난다에게 상당한 지면을 할애한 것을 보고, 왠지 저자에게서 옮긴이 같은 사람을 위로하고 싶어하는 마음을 발견한 것 같아 내심 흐뭇해하기도 했다. 사실 이것이 카렌 암스트롱이라는 저자의 매력이자 힘인지도 모르겠다. 이 책은 사실 상당히 폭넓은 시야에서 불교나 붓다를 '객관적'으로 기술하고 있음에도, 저자가 굳이 속내를 감추려고 애를 쓰지 않는다는 묘한 생각이 들기 때문이다. 그래서인지 어느새 마음을 열고 공감을 하면서 이런 저런 생각을 해보고는, 마치 좋은 음악을 들은 것처럼 좋은 경험을 했다는 느낌을 받게 된다. 이런 점에서 저자와 붓다는 잘 어울리는 짝이 되는 것 같다. 붓다도 우리가 붓다를 많이 아는 것보다는 한 번이라도 붓다를 경험하는 것을 더 좋아할 것 같기 때문이다.

■ 용어 해설

고타미(gotamī) 고타마 부족에 속하는 여자의 성.

니야마(niyama, 권계勸戒) 요가 명상에 필수적인 신체와 심리 훈련.

니카야(nikāya, 아함阿含) 팔리 경전에서 설교 '묶음'

닙바나(nibbāna, 열반涅槃) '소멸, 불어 끔'. 고통(둑카)으로부터 해방과 깨달음을 가져오는 자아 소멸. 산스크리트로는 니르바나(nirvana).

다라나(dhārāna) '집중'을 뜻하는 요가 용어. 내적인 시각화의 과정으로, 요가 수행자는 이 과정에서 자신의 의식을 의식하게 된다.

담마(dhamma, 법法) 원래는 사물의 자연적 상태, 본질, 존재의 근본 법칙의 뜻이었으나, 나중에는 종교적 진리, 특정 종교체계를 구성하는 교리와 관행으로 쓰였다. 산스크리트로는 다르마(dharma).

둑카(dukkha, 고苦) '뒤틀리고, 결함이 있고, 불만족스럽다.' 단순하게 '괴로움'으로 번역되는 경우가 많다.

바사나(vāsanā, 습기習氣) 정신의 무의식적 활동.

바이샤(vaiśya) 아리아인 사회에서 농부와 가축을 기르는 사람들로 이루어진 세 번째 카스트.

밧사(vassa, 안거安居) 팔리어로 '우기(雨期)'라는 뜻. 6월부터 9월까지 우기의 은둔.

베다(veda) 아리아인의 종교체계에서 브라민들이 암송하고 해석하는 텍스트.

보디삿타(bodhisatta, 보살菩薩) 깨달음을 얻을 운명을 가진 남자나 여자. 산스크리트로는 봇디사트바(boddhisatva).

붓다(buddha, 불佛) 깨달은 사람 또는 깨어난 사람.

브라마차리야(brahmacariya, 범행梵行) 순결을 지키는 거룩한 생활, 깨달음과 고통으로부터 해방을 얻기 위한 구도.

브라만(brahman, 범梵) 베다와 우파니샤드 신앙에서 우주의 근본적이고 절대적인 최고 원리.

브라민(brahmin, 바라문婆羅門) 아리아인 사회의 사제 카스트의 구성원으로, 희생제의를 주재했으며, 베다의 전달을 맡았다.

비나야(vinaya, 율律) 불교 교단의 수도자들의 규칙. 티피타카의 '세 개의 광주리' 가운데 하나.

빅쿠(bhikkhu, 비구比丘) '빌어먹는 사람'. 일용할 양식을 구걸하는 탁발 수도자. 여성형은 빅쿠니(bhikkhunī, 비구니比丘尼).

사마디(samādhi, 선정禪定) 요가의 집중, 명상. 깨달음에 이르는 여덟 가지 길(팔정도八正道)의 구성요소 가운데 하나.

사캬무니(sakyamūni, 석가모니釋迦牟尼) '삭카 공화국의 현인'. 붓다의 칭호.

산카라(sankhāra, 행行) '형성'. 캄마의 형성 요소로, 그 사람의 다음 존재를 결정하고 형성한다.

삼마 삼붓다(sammā sambuddha, 삼야삼불三耶三佛) 깨달음의 스승. 이 스승은 3만 2,000년마다 한 번씩 온다. 싯닷타 고타마는 우리 시대의 삼마 삼붓다이다.

삼사라(saṃsāra, 윤회輪廻) '계속 진행됨'. 사람을 한 생에서 다음 생으로 몰아가는 죽음과 재출생의 순환. 세속적 존재의 무상과 불안.

삼캬(sāmkhya) '분별'. 기원전 7세기에 현자 카필라가 처음 설교한 요가 비슷한 철학.

상가(sangha, 승가僧家) 원래는 인도 북부의 옛 공화국들의 고대 통치기구인 부족회의를 가리키는 말. 그 뒤 특정한 스승의 담마를 받드는 종파를 뜻하다가 지금은 빅쿠들의 불교 교단을 가리킨다.

숫타(sutta, 경經) 종교적 설교. 산스크리트로는 수트라(sutra).

아낫타(Anattā, 무아無我) '영혼이 없음'. 항상적이고 안정되고 분리된 인격의 존재를 부인하는 교리.

아라마(Arāmā, 정사精舍) 불교 교단의 거주를 위하여 기부받은 공원.

아라한트(Arahant, 아라한阿羅漢) '이룩한 자'. 닙바나를 얻은 자.

아바사(Avāsā, 주처住處) 시골의 정착지로 불교 수도자들이 매년 우안거를 위해 아무것도 없는 곳에 새로 짓곤 했다.

아사나(āsana, 좌坐) 등을 곧게 펴고 두 다리를 꼬는, 요가 명상의 올바른 자세.

아야타나(āyatana, 처處) 매우 숙련된 요가 수행자가 성취한 명상의 높은 차원.

아쿠살라(Akusala, 불선不善) 깨달음을 향한 탐구를 방해하는, '서툴고', '무익한'('도움이 되지 않는') 상태.

아트만(ātman, 아我) 요가 수행자, 금욕주의자, 삼캬철학 추종자들이 구하는 영원불변의 '자아'. 〈우파니샤드〉에서는 브라만과 동일하다고 본다.

아힘사(ahimsā, 불살생不殺生) '해치지 않음'. 새로 등장한 국가들의 호전성에 대응하기 위하여 인도 북부의 금욕주의자들 다수가 채택한 윤리.

야마(yama, 금계禁戒) 요가 수행자들과 금욕주의자들이 준수하는 '금지 사항들'. 이들에게는 도둑질, 거짓말, 성교, 음주, 살인, 상해가 금지되었다.

에카그라타(ekāgratā) 요가에서 '한 점에' 정신을 집중하는 것.

요가(yoga) 의식과 통찰의 대안적 상태를 계발하기 위해 정신의 힘을 '멍에로 묶는' 수행.

우파니샤드(upaniṣd) 베다에 대한 신비하고 영적인 이해를 발전시킨 비교적(秘敎的) 텍스트. 힌두교의 기초를 이룬다.

우파다나(upādāna, 취取) '달라붙음'. 집착. 어원적으로 연료라는 뜻의 'upādi'와 관련이 있다.

우포사타(uposatha, 포살布薩) 베다 전통에서 금식과 금욕의 기간.

잇디(Iddhi, 신력神力) 정신의 물질 지배. 요가에 능숙하면 얻는다고 여겨지는 '기적적인' 힘. 예를 들어 공중에 뜨거나 형태를 마음대로 바꾸는 능력.

자나(jhāna, 선禪) 요가의 황홀경. 통일된 사고의 흐름으로, 점점 깊어지면서 네 단계로 나뉜다. 산스크리트로는 댜나(dhyāna).

지나(jina, 여래如來) 정복자. 자이나교도가 사용하는 붓다의 명예로운 칭호.

착카밧티(cakkavatti, 전륜왕轉輪王): 인도 민담에 나오는 '세계의 지배자' 또는 '만국의 왕'으로, 전 세계를 다스리고 힘으로 정의를 강제한다.

체토-비뭇티(ceto-vimutti, 심해탈心解脫) '정신의 해방'. 깨달음이나 닙바나 성취와 동의어.

캄마(kamma, 업業) 행동·행위. 산스크리트로는 카르마(karma).

칸다(khandha, 온蘊) '무더기, 묶음, 덩어리.' 붓다의 아낫타 이론에서 인간 인격의 구성요소들. 다섯 가지 '더미'는 몸(色), 느낌(受), 지각(想), 의지(行), 의식(識)이다.

쿠살라(kusala, 선교善巧) 불교도가 깨달음을 얻기 위하여 계발하는 정신과 마음의 '숙련되고' '유익한' ('도움이 되는') 상태.

크사트리야(ksatriya) 전사, 귀족의 카스트로서, 아리아인 사회에서 정부와 방위를 책임진다.

타나(tanhā, 애愛) 괴로움의 가장 중요한 원인인 '갈망'이나 '욕망'.

타파(tapas, 고행苦行) 금욕주의. 고행.

타타가타(tathāgata, 여래如來) '그렇게 사라졌다.' 깨달음을 얻은 뒤의 붓다를 부르는 칭호. 때때로 '완벽한 자'로 번역되기도 한다.

티피타카(tipitaka, 삼장三藏) 문자 그대로는 '세 개의 광주리'. 팔리어 경전을 크게 셋으로 나누어 놓은 것.

파리닙바나(parinibbāna, 반열반般涅槃) '최후의 닙바나'. 깨달은 사람이 죽으면서 성취하는 최후의 안식. 깨달은 사람은 다른 존재로 다시 태어나지 않기 때문이다.

파티목카(pātimokkha, 계본戒本) '유대'. 초기의 수도자들이 6년마다 함께 모여 불교 담마를 암송하던 의식. 나중에 붓다가 죽은 뒤에는 교단 수도자들의 규칙의 암송과 허물의 고백으로 바뀌었는데, 이 모임은 2주일에 한 번씩 열렸다.

팔리(pāli) 불교 경전의 가장 중요한 묶음에 사용되는 인도 북부 방언.

팝밧자(pabbajjā, 출가出家) '떠남'. 승려의 거룩한 삶을 살기 위해 세상을 버리는 행동. 훗날에는 불교 승려가 되는 첫 단계를 가리키는 말이 되었다.

푸루샤(puruṣa) 삼캬철학에서 문물에 스며 있는 절대정신.

프라나야마(prāṇāyāma) 요가의 호흡법. 이를 통해 황홀경과 행복을 얻을 수 있다.

프라크트리(prakṛti) 자연. 삼캬철학에서 자연세계.

프라탸하라(pratyāhāra, 제감制感) 요가에서 '감각의 철회'. 지성으로만 대상을 생각하는 능력.

■ 원주

머리말
1) *Majjhima Nikāya*, 89.

1. 버림
1) 고타마의 출생과 집을 '떠난' 연도는 현재 논란의 대상이다. 서구의 학자들은 한때 그가 기원전 563년경에 태어났으며, 이에 근거하여 534년경에 출가했다고 추론했다. 그러나 최근에는 고타마가 기원전 450년에 집을 나섰을 것이라고 이야기하는 학자들도 있다. Heinz Berchant, 'The Date of the Buddha reconsidered', *Indologia Taurinensin*, 10.
2) 고타마의 아들 이름은 라훌라(Rāhula)였으며, 이 이름은 전통적으로 '족쇄'를 뜻한다고 알려져 왔다. 그러나 현대의 일부 학자들은 여기에 대해 의문을 제기하기도 한다.
3) *Majjhima Nikāya*, 36, 100.
4) 위의 책, 26, 36, 85, 100.
5) *Jātaka*, I:62.
6) 〈누가복음〉 9:57~62; 14:25~27; 18:28~30.
7) *Majjhima Nikāya*, 26.
8) *Anguttara Nikāya*, 3:38.
9) Mircea Eliade, *The Myth of the Eternal Return or Cosmos and History*, Willard J. Trask 역, Princeton, NJ, 1954.

10) *Majjhima Nikāya*, 26.
11) *Udāna*, 8:3.
12) *Sutta-Nipāta*, 3:1.
13) Karl Jaspers, *The Origin and Goal of History*, Michael Bullock, London, 1953.
14) 위의 책, pp.2~12.
15) 위의 책, pp.7, 13.
16) 위의 책, pp.28~46.
17) 〈창세기〉 2~3.
18) Joseph Campbell, *Oriental Mythology, The Masks of God*, New York, 1962, pp.211~218.
19) *Vinaya: Cullavagga*, 6:4; 7:1.
20) *Majjhima Nikāya*, 4.
21) Alfred Weber, *Kulturgeschichte als Kultursoziologie*, Leiden, 1935; *Das Tragische und die Geschichte*, Hamburg, 1943.
22) Richard F. Gombrich, *Theravāda Buddhism: A Social History from Ancient Benares to Modern Columbo*, London and New York, 1988, pp.33~59.
23) 위의 책, pp.33~34; Hermann Oldenberg, *The Buddha: His Life, His Doctrine, His Order*, trans. William Hoey, London, 1882, pp.19~21, 44~48; Trevor Ling, *The Buddha: Buddhist Civilization in India and Ceylon*, London, 1973, pp.66~67.
24) Sukumar Dutt, *Buddhist Monks and Monasteries of India*, London, 1962, p.73.
25) Jaspers, *Origin and Goal*, pp.48~49.
26) 위의 책, p.55.
27) Marshall G.S. Hodgson, *The Venture of Islam, Conscience and History in a World Civilization*, 3 vols., Chicago and London, 1974, pp.108~135.
28) Ling, *The Buddha*, pp.38~55; Michael Carrithers, *The Buddha*, Oxford and New York, 1983, pp.13~18; Gombrich, *Theravāda Buddhism*, pp.50~59.

29) Ling, *The Buddha*, pp. 48~49.
30) Gombrich, *Theravāda Buddhism*, pp. 349~350; Carrithers, *The Buddha*, pp. 12~14.
31) Ling, *The Buddha*, pp. 53~63; Michael Edwardes, *In the Blowing Out of a Flame: The World of the Buddha and the World of Man*, London, 1976, pp. 27~29.
32) Richard F. Gombrich, *How Buddhism Began: The Conditioned Genesis of the Early Teachings*, London and Atlantic Highlands, NJ, 1996, pp. 31~33; *Theravāda Buddhism*, pp. 46~48; Carrithers, *The Buddha*, pp. 24~25; Ling, *The Buddha*, pp. 47~52.
33) Ling, *The Buddha*, pp. 65~66; Oldenberg, *The Buddha*, pp. 41~44.
34) *Chandogya Upaniṣad*, 6:13.
35) Oldenberg, *The Buddha*, pp. 59~60.
36) 위의 책, p.64; Campbell, *Oriental Mythology, The Masks of God*, pp. 197~198.
37) Dutt, *Buddhist Monks*, pp. 38~40.
38) *Jātaka*, I, 54~65; Henry Clarke Warren, *Buddhism in Translation*, Cambridge, Mass., 1900, pp. 48~67.
39) *Dīgha Nikāya*, 2:21~29.
40) *Jātaka*, I:54.
41) 위의 책, I:61.
42) 위의 책, I:63.

2. 구도

1) *Sutta-Nipāta*, 3:1.
2) Ling, *The Buddha*, pp. 76~82; Oldenberg, *The Buddha*, pp. 66~71; Carrithers, *The Buddha*, pp. 18~23; Dutt, *Buddhist Monks*, pp. 38~50.
3) Ling, *The Buddha*, pp. 77~78.
4) Gombrich, *Theravāda Buddhism*, p.47.
5) 위의 책, pp. 48~49.
6) Oldenberg, *The Buddha*, p.67.

7) Carrithers, *The Buddha*, p.25.
8) Ling, *The Buddha*, pp.78~82; Campbell, *Oriental Mythology*, pp.218-234.
9) Ling, *The Buddha*, p.92; Mircea Eliade, *Yoga, Immortality and Freedom*, William J. Trask역, London, 1958, pp.102.
10) *Sāṃkhya Karita*, 59.
11) Eliade, *Yoga*, pp.8~35.
12) *Majjhima Nikāya*, 26, 36, 85, 100.
13) 고전적 요가에 대한 논의로는 Eliade, *Yoga*, pp.35~114 참조.
14) 위의 책, pp.4~5.
15) 〈갈라디아서〉 4:1~11.
16) 〈창세기〉 18; 〈사도행전〉 14:11~17 참조. 〈사도행전〉에 따르면, 루스드라 사람들은 바울과 바나바를 각각 제우스와 헤르메스라고 생각했다.
17) 〈이사야〉 6:5.
18) 〈예레미야〉 44:15~19.
19) 〈에스겔〉 4:4~17; 12; 24:15~24.
20) Eliade, *Yoga*, pp.59~62.
21) *Yoga-Suttas* 2:42.
22) Eliade, *Yoga*, pp.53~55.
23) 위의 책, pp.55~58.
24) 위의 책, p.56.
25) 위의 책, pp.47~49.
26) 위의 책, pp.68~69.
27) 위의 책, pp.70~71.
28) 위의 책, pp.72~76; pp.167~73; Carrithers, *The Buddha*, pp.32~33; Edward Conze, *Buddhist Medatation*, London, 1956, pp.20~22.
29) Carrithers, *The Buddha*, PP. 30, 34~35.
30) 위의 책, p.33; Eliade, *Yoga*, pp.77~84.
31) Karen Armstrong, *A History of God*, London and New York, 1993.
32) *Majjhima Nikāya*, 26, 36, 85, 100.
33) 위의 책, 같은 곳.
34) 위의 책, 12, 36, 85, 200.

35) 위의 책, 36.
36) 위의 책, 같은 곳.

3. 깨달음

1) Campbell, *Oriental Mythology*, p.236.
2) *Majjhima Nikāya*, 36.
3) 위의 책, 같은 곳.
4) *Aṅguttara Nikāya*, 9:3; *Majjhima Nikāya*, 38, 41.
5) *Majjhima Nikāya*, 27, 38, 39, 112.
6) 위의 책, 100.
7) *Dīgha Nikāya*, 327.
8) *Saṁyutta Nikāya*, 2:36.
9) *Vinaya: Mahāvagga*, 1:6.
10) *Udāna*, 3:10.
11) *Majjhima Nikāya*, 38.
12) 위의 책, 같은 곳.
13) *Majjhima Nikāya*, 2.
14) Oldenberg, pp.299~302; Edward Conze, *Buddhism: Its Essence and Development*, Oxford, 1957, p.102.
15) *Aṅguttara Nikāya*, 8:7:3; Gombrich, *How Buddhism Began*, pp.60~61.
16) Carrithers, *The Buddha*, pp.75~77.
17) *Aṅguttara Nikāya*, 8:20.
18) *Majjhima Nikāya*, 100.
19) 위의 책 36; *Saṁyutta Nikāya*, 12:65.
20) *Saṁyutta Nikāya*, 12:65.
21) *Majjhima Nikāya*, 36.
22) *Vinaya: Mahāvagga*, 1:5.
23) *Dīgha Nikāya*, 1:182.
24) *Majjhima Nikāya*, 36.
25) *Aṅguttara Nikāya*, 10:95.
26) Oldenberg, *The Buddha*, pp.279~282.

27) *Sutta-Nipāta*, 5:7.
28) *Jātaka*, I:68~76; Warren, *Buddhism in Translation*, pp. 71~83.
29) *Jātaka*, I:70.
30) 위의 책, I:71.
31) Mircea Eliade, *The Sacred and the Profane: The Nature of Religion*, Willard R. Trask 역, New York and London, 1957, pp. 33~37, 52~54, 169; Joseph Campbell, *The Hero With a Thousand Faces*, Princeton, NJ, 1986년판, pp. 40~46, 56~58; (Bill Moyers 공저) *The Power of Myth*, New York, 1988, pp. 160~62.
32) *Jātaka*, I:72.
33) 위의 책, 1:73.
34) 위의 책, 1:74.
35) 위의 책, 1:75.
36) *Vinaya: Mahāvagga*, 1:4.
37) 위의 책, 1:5.
38) 위의 책, 같은 곳.
39) Eliade, *Sacred and Profane*, p.200; Campbell, *The Power of Myth*, pp. 174~175.
40) *Vinaya: Mahāvagga*, 1:5.
41) 위의 책, 같은 곳.
42) 위의 책, 1:6.

4. 진리

1) *Vinaya: Mahāvagga*, 1:6.
2) 위의 책, 같은 곳.
3) 위의 책, 같은 곳.
4) *Majjhima Nikāya*, 22.
5) *Saṁyutta Nikāya*, 53:31.
6) *Majjhima Nikāya*, 63.
7) Vinaya: *Mahāvagga*, 1:6; *Saṁyutta Nikāya*, 56:11.
8) 위의 책, 같은 곳.

9) 훗날의 불교 전설에 따르면, 콘단냐는 갓난 고타마를 살피러 왔다가 아기가 훗날 붓다가 될 것이라고 예언했던 브라민이다. 그는 이 개종의 경험 때문에 훗날 안냐타 콘단냐, 즉 '아는 콘단냐'라고 일컬어지게 된다.
10) *Vinaya: Mahāvagga*, 1:6.
11) 위의 책, 같은 곳.
12) 위의 책, 같은 곳. 이 첫 불교도들은 즉시 '냇물에 들어간 자'를 졸업하여, 삼사라로부터 해방되어 완전히 깨달은 인간 아라한트가 되기까지 일곱 번의 생만을 남겨두게 되었다고 한다. 훗날의 전승에서는 대부분의 사람들에게 중간에 두 단계가 있다고 가르쳤다. [1] 지상의 삶이 한 번밖에 남지 않은 '한 번 돌아오는 자' (사카다가민[사다함斯陀含]). [2] 하늘에서 신으로만 다시 태어나게 되는 '다시 돌아오지 않는 자' (아나가민[불환不還]).
13) *Majjhima Nikāya*, 26; Tillman Vetter, *The Ideas and Meditative Practices of Early Buddhism*, London, New York, Copenhagen and Cologne, 1986, xxix.
14) *Vinaya: Mahāvagga*, 1:6.
15) *Saṁyutta Nikāya*, 12:65; *Dīgha Nikāya*, 14; *Vinaya: Mahāvagga*, 1:1; *Udāna*, 1:1–3.
16) *Vinaya: Mahāvagga*, 1:1.
17) Carrithers, *The Buddha*, pp.68~70; Oldenberg, *The Buddha*, pp.224~252; Karl Jaspers, *The Great Philosophers: The Foundations*, trans. Ralph Meinheim, London, 1962, pp.39~40; Vetter, *Ideas and Meditative Practices*, pp.240~242.
18) Gombrich, *Theravāda Buddhism*, pp.62~63; Oldenberg, *The Buddha*, pp.240~242; Carrithers, *The Buddha*, p.66.
19) Vetter, *Ideas and Meditative Practices*, pp.50~52; Oldenberg, *The Buddha*, pp.243~247.
20) Vetter, *Ideas and Meditative Practices*, pp.49~50.
21) Oldenberg, *The Buddha*, pp.248~251; Carrithers, *The Buddha*, pp.57~58.
22) *Aṅguttara Nikāya*, 6:63.
23) Vinaya: *Mahāvagga*, 1:6; *Saṁyutta Nikāya*, 22:59.

24) 위의 책, 같은 곳.
25) *Saṁyutta Nikāya*, 12:61.
26) *Dīgha Nikāya*, 9.
27) *Vinaya: Mahāvagga*, 1:6.
28) 위의 책, 같은 곳.
29) *Majjhima Nikāya*, 1.
30) *Vinaya: Mahāvagga*, 1:7.
31) 위의 책, 같은 곳.
32) 위의 책, 1:8. 사실 학자들은, 붓다의 생애 동안 제자들이 단지 붓다만 '유일한 피난처'로 여겼으며, 세 가지 피난처는 붓다가 죽은 다음에야 관습이 되었다고 생각한다.
33) Vinaya: *Mahāvagga*, 1:11.
34) Sukumar Dutt, *Buddhist Monks and Monasteries of India*, London, 1962, p.33.

5. 전도

1) *Saṁyutta Nikāya*, 22:87.
2) Andrew Skilton, *A Concise History of Buddhism*, Birmingham, U.K., 1994, p.19.
3) *Vinaya: Cullavagga*, 6:4.
4) *Vinaya: Mahāvagga*, 1:12; Sukumar Dutt, *Buddhist Monks* p.22.
5) *Vinaya: Mahāvagga*, 1:13.
6) 위의 책, 1:14~20.
7) Mircea Eliade, *Yoga*, pp.85~90.
8) *Sutta-Nipāta*, 136; *Udāna*, 1:4.
9) *Vinaya: Mahāvagga*, 1:20.
10) 위의 책, 1:21; *Saṁyutta Nikāya*, 35:28.
11) Gombrich, *Theravāda Buddhism*, pp.65~69.
12) *Vinaya: Mahāvagga*, 1:21.
13) 위의 책, 1:22.
14) 위의 책, 1:23.

15) Conze, *Buddhism*, pp. 91~92.
16) *Vinaya: Mahāvagga*, 1:24.
17) *Jātaka*, I:87; Aṅguttara Nikāya에 대한 주석, 1:302; Edward J. Thomas, *The Life of Buddha in Legend and History*, London, 1969, pp. 97~102; Bhikkhu Nānamoli 편역, *The Life of the Buddha, According to the Pāli Canon*, Kandy, Sri Lanka, 1972, pp. 75~77.
18) Thomas, *Life of Buddha*, pp. 102~103.
19) *Vinaya: Cullavagga*, 6:4; *Saṁyutta Nikāya*, 10:8.
20) Ling, *The Buddha*, pp. 46~47.
21) *Vinaya: Cullavagga*, 6:4; *Saṁyutta Nikāya*, 10:8.
22) Dutt, *Buddhist Monks*, p. 58.
23) *Vinaya: Mahāvagga*, 3:1.
24) 위의 책, 8:27.
25) *Vinaya: Cullavagga*, 6:5~9.
26) *Majjhima Nikāya*, 128; *Vinaya: Mahāvagga*, 10:4.
27) *Majjhima Nikāya*, 89.
28) Ling, *The Buddha*, pp. 140~152; Edwardes, *In the Blowing Out of a Flame*, pp. 30~31.
29) Gombrich, *Theravāda Buddhism*, pp. 81~86; Carrithers, *The Buddha*, pp. 95~97.
30) *Dīgha Nikāya*, 3:191.
31) *Majjhima Nikāya*, 143.
32) Ling, *The Buddha*, pp. 135~137; Gombrich, *Theravāda Buddhism*, pp. 75~77.
33) Carrithers, *The Buddha*, pp. 86~87.
34) Gombrich, *Theravāda Buddhism*, p. 78.
35) *Aṅguttara Nikāya*, 2:69~70.
36) *Dīgha Nikāya*, 3:180~83.
37) *Aṅguttara Nikāya*, 4:43~45.
38) *Saṁyutta Nikāya*, 3:1~8.
39) Shabbat, 31A; 〈마태복음〉 7:12 참조; Confucius, *Analects*, 12:2.

40) *Aṅguttara Nikāya*, 3:65.
41) 위의 책, 같은 곳.
42) 위의 책, 같은 곳.
43) *Sutta-Nipāta*, 118.
44) *Vinaya: Cullavagga*, 10:1.
45) *Dīgha Nikāya*, 16; Isalene Blew Horner, *Women Under Primitive Buddhism*, London, 1930, p.287.
46) Rita M. Gross, 'Buddhism', Jean Holm과 John Bowker 편, *Women in Religion*, London, 1994, pp.5~6; Anne Bancroft, 'Women in Buddhism', Ursula King 편, *Women in the World's Religions, Past and Present*, New York, 1987.
47) *Dīgha Nikāya*, 16.
48) Leila Ahmed, *Women and Gender in Islam*, New Haven and London, 1992, pp.11~29.
49) *Majjhima Nikāya*, 128.
50) *Dhammapada*, 5~6.
51) *Vinaya: Mahāvagga*, 10:5.
52) Dutt, *Buddhist Monks*, p.66.
53) *Dhammapada*, 183~85.
54) Gombrich, *Theravāda Buddhism*, p.92; Oldenberg, *The Buddha*, xxxiii.
55) Gombrich, *Theravāda Buddhism*, pp.88~89.
56) *Aṅguttara Nikāya*, 4:36.

6. 최후의 안식

1) *Saṁyutta Nikāya*, 3:25.
2) *Majjhima Nikāya*, 89.
3) Bhikkhu Nāṇamoli Ed.&Trans., *The Life of the Buddha*, p.285. 이 이야기는 정전에는 없고 주석에만 나온다.
4) *Majjhima Nikāya*, 104.
5) Vinaya: *Cullavagga*, 7:2.
6) 위의 책, 7:3.

7) 위의 책, 같은 곳.
8) 위의 책, 같은 곳.
9) 위의 책, 같은 곳.
10) 위의 책, 같은 곳.
11) 위의 책, 같은 곳.
12) 위의 책, 같은 곳.
13) *Dīgha Nikāya*, 16.
14) 위의 책, 같은 곳.
15) 위의 책, 같은 곳.
16) 위의 책, 같은 곳.
17) 위의 책, 같은 곳.; *Saṁyutta Nikāya*, 47:9.
18) *Dīgha Nikāya*, 16; *Aṅguttara Nikāya*, 8:10.
19) 위의 책, 47:14.
20) *Dīgha Nikāya*, 16; *Aguttara Nikāya*, 8:10.
21) *Dīgha Nikāya*, 16.
22) 위의 책.
23) Nānamoli, *Life of Buddha*, 357~58.
24) Edwardes, *In the Blowing Out of a Flame*, p.45.
25) *Dīgha Nikāya*, 16.
26) Gombrich, *Theravāda Buddhism*, pp.65~69.
27) *Udāna*, 8:1.
28) *Saṁyutta Nikāya*, 43:1~44.
29) *Dīgha Nikāya*, 16.
30) 위의 책; *Aṅguttara Nikāya*, 4:76.
31) *Dīgha Nikāya*, 16; *Aṅguttara Nikāya*, 4:76.
32) *Sutta-Nipāta*, 5:7.

옮긴이 정영목
서울대학교 영문학과를 졸업했으며, 현재 번역가로 활동하고 있다. 이화여대 번역대학원 겸임교수. 역서로는 《마르크스 평전》, 《신의 가면3: 서양 신화》, 《신의 가면4: 창작 신화》, 《모든 것은 땅으로부터》, 《호치민 평전》, 《바텍》, 《영원한 이방인》 등이 있다.

스스로 깨어난 자 붓다

첫판 1쇄 펴낸날 2003년 10월 24일
17쇄 펴낸날 2023년 10월 31일

지은이 카렌 암스트롱
옮긴이 정영목
발행인 김혜경
편집인 김수진
편집기획 김교석 조한나 유승연 김유진 곽세라 전하연
디자인 한승연 성윤정
경영지원국 안정숙
마케팅 문창운 백윤진 박희원
회계 임옥희 양여진 김주연

펴낸곳 (주)도서출판 푸른숲
출판등록 2003년 12월 17일 제2003-000032호
주소 서울특별시 마포구 토정로 35-1 2층, 우편번호 04083
전화 02)6392-7871, 2(마케팅부), 02)6392-7873(편집부)
팩스 02)6392-7875
홈페이지 www.prunsoop.co.kr
페이스북 www.facebook.com/prunsoop   **인스타그램** @prunsoop

ⓒ푸른숲, 2003
ISBN 89-7184-392-6 (03990)
     89-7184-391-8 (세트)

* 잘못된 책은 구입하신 서점에서 바꾸어 드립니다.
* 본서의 반품 기한은 2028년 10월 31일까지입니다.